KB272553

맑스주의와 포스트모더니즘

포스트모더니즘

신좌파 다원주의 이데올로기 비판

맑스주의와 포스트모더니즘

맑스레닌주의 총서5

신좌파 다원주의 이데올로기 비판

전국노동자정치협회

혼돈과 절망의 포스트모더니즘을 넘어 승리의 새 시대로!

세상은 변화하는가? 변화한다. 변화할 뿐만 아니라 더 나아가 변화무쌍하다. 그러나 겉으로 보아서는 빠르게 변화하는 현실 그 이면에서 변화하지 않은 불변의 현실이 있다. 그것은 이 사회의 근본모순이다. 이 세상의 본질적 모순과 질곡은 변화하지 않는다. 혁명이라는 격변에 의해 다른 사회로 이행하지 않는 한 모순과 질곡은 그대로 유지된다. 비록 겉모습은 변화한다 하더라도 본질은 더 고도화되거나 세련된 모양을 취하기도 하면서 그대로 유지된다.

포스트구조주의(탈구조주의), 포스트맑스주의, 포스트모더니즘을 주장하는 이들은 자신의 주의에 포스트(Post)라는 접두사를 붙임으로써 세상의 본질적 모순과 질곡들이 변화했다고 주장한다. 후기, 이후, 탈(脫)은 무엇으로부터의 후기이고 탈출인가?

계급과 계급투쟁, 착취와 불평등, 분단과 민족, 제국주의와 민족억압, 노동과 노동자중심성, 계급동맹과 통일전선, 집단과 집단주의….

이러한 '거대담론'들은 현실의 모순과 질곡들을 반영하여 나온 개념들이 아니라 변화된 현실을 반영하지 못하는 시대착오적인 개념들이라고 주장한다. 더욱이 이러한 '거대' 담론들은 거대하기 때문에 개인의 인권, 차별들을 부각하고 해결하지 못한다고 비판한다.

해외에서 이러한 포스트모더니즘 담론들은 후르시초프의 스탈린 격하운동 이후에 시작되어 1968년 프랑스혁명을 전후로 부각되었다가 1970년대부터 세계적으로 만연하게 되었다. 이러한 담론들은 초기에는 미국의 베트남 침공을 규탄하는 반전운동과 여성 투표권 운동, 차별과 억압에 저항하는 진보적 성격을 띠었다. 그러나 제국주의는 이러한 담론들이 현존했던, 현존하는 사회주의에 대해 비판적일뿐더러 진보세력 내부를 분열시키고 자본주의 착취질서와 제국주의 억압구조를 철폐하는 운동이 아니라고 판단, 이를 적극적으로 수용하고 제국주의에 유리한 이데올로기로 전파하기 시작했다.

각종 포스트 담론에 영향을 받은 신좌파 다원주의 이데올로기는 자본주의와 제국주의 착취, 억압질서를 무너뜨리고 권력을 잡은 현실 사회주의가 다시 새로운 억압질서를 만들고 관료지배를 창출했다고 인식한다. 또한, 자본주의 국가권력을 타도하고 생산수단을 국유화하는 중앙집중계획은 사회주의 건설의 현실적 경로가 아니라 시대착오적인 구좌파의 인식에 불과하다고 주장한다.

이들은 현실 사회주의의 프롤레타리아 독재는 인민대중의 독재가 아니라 당중앙 독재에서 그 중심에 있는 지도자 독재로 전락했다고 주장한다. 그러나 이로부터 올바른 프롤레타리아 인민대중 독재로 나아가자고 주장하지 않는다. 프롤레타리아 독재가 당독재, 지도자 독재로의 변모는 필연적이라고 주장함으로써 자본주의 정치권력을 타도하고 몰수와 국유화로 생산수단의 사회화를 부정하는 것으로 나아간다. 이들은 무정부주의의 특성이 그러하듯, 생산수단 국유화는 아래로부터의 '자유인들의 연합체'가 아니라 관료적인 생산질서라고 주장한다. 또한, 모든 국가권력 자체를 부정적으로 인식함으로써 사회주의 국유화가 근로인민대중의 자발적이고, 아래로부터의 의지를 억압하는 생산방식이라고 주장한다. 자본주의 사회 내에서 공공적 소유와 국가의 복지에 대해 찬사를 보내면서도 정작 전 사회적 차원에서 국유화와 협동조합적 소유를 마련하고 무상주택, 무상의료, 무상교육, 무상보육 등 무상복지 체제를 만든 현실 사회주의에 대해서는 부정하는 이중적 인식을 보인다.

이들 신좌파 다원주의 이데올로기는 현실 사회주의가 프롤레타리아 독재의 강화가 아니라 인민대중 독재가 약화되어 무너지고 다당제를 도입하고 대대적인 사유화와 복지 체제를 붕괴시킴으로써 해체되었음에도, 이를 거꾸로 인식하며 동시에 진보성을 상실했다. 맑스주의의 혁명적 사상의 약화가 '해빙'을 낳고 당을 분열, 약화시키고 결속력을 약화시켰음에도 불구하고 맑스주의를 부정하는 것으로 나아갔다.

한국에서는 서구와는 다른 시기에 이러한 포스트모더니즘 이데올로기가 유포되었다. 한국에서는 1980년 5월 광주 이후에 혁명적 운동이 다시 부활했다. 그러나 1980년대 말 1990년대 초 동유럽과 소련 사회주의의 해체, 조선의 '고난의 행군'과 쿠바의 '특별한 시기'를 거치면서 청산주의가 급격하게 대두됐다. 이때부터 맑스주의의 위기, 노동운동의 위기, 전망의 상실 운운하면서 혁명적 운동을 청산하는 것이 시대적 흐름이 됐다.

1980년대 한국사회와 모순을 총체적으로 인식하고 근본적으로 변화시키기 위한 사회 성격 논쟁, 사회 구성체 논쟁은 더 이상 벌어지지 않게 되었다. 혁명적 전망과 낙관 대신에 낙담과 절망, 회의와 동요가 넘쳐났

    맑스주의와 포스트모더니즘 신좌파 다원주의 이데올로기 비판

다. 자신의 삶을 다 바쳐 투쟁했던 투사들 내에서는 자기 삶과 진보적 세계관을 부정하는 '고백'이 넘쳐나기 시작했다. 혁명 세력들은 합법주의로 경도되거나 운동을 청산하기 시작했다. 부르주아, 제국주의에 대항하는 문예 사조들 역시 이러한 영향 속에 후일담 소설이 넘쳐나고 인민대중의 진실한 삶을 반영하는 사실주의, 민중예술이 후퇴하기 시작했다.

포스트모더니즘은 사상적 동요, 혼돈으로 방황하고 있던 많은 지식인과 청년들을 사로잡았다. 곧 노동운동과 진보운동 전반에 영향을 미치기 시작했다. 사상이 무너지고 조직이 무너지고 운동이 분열됐다. 전망 없는 운동은 갈 길을 모르고 항해하다 좌초하는 배와 같다. 전망 없는 운동은 이 사회가 아무리 억압적이라 하더라도 다른 대안이 없으니 이 체제에 순응하라고 강요한다.

다원주의 사상은 하나의 객관적 진리, 통일된 인식을 부정한다. 다원주의는 사회의 모순을 총체적으로 인식하는 것을 부정한다. 이성과 합리성을 부정하기에 과학적 사고를 부정한다. 생태, 여성, 노동, 장애, 인권 등 다양한 모순들을 나열하고 개별적으로 나뉘어 모순을 해결하려 한다. '특권 계급' 운운하며 노동이 이 사회의 주된 모순이고 그 모순을 해결할 중심 계급으로서의 노동자 중심성도 인정하지 않는다. 이 개별화된 모순들은 분단이나 해방 등 구조적 문제를 해결하려는 방식도 동의하지 않는다. 개별적 사고는 운동을 분열시킨다.

거대담론은 역사적·구조적 모순을 반영한다. 인간은 사회적 인간이고 정치적 인간이다. 이 사회의 역사적·구조적 모순 한 시대의 지배적 생산양식 지배형식과 분리되거나 초연한 개인은 어디에도 없다. 제국주의, 자본주의 체제와 분리된 개인은 없다.

포스트모더니즘은 자본주의, 제국주의 질서에 맞서 정면으로 싸운 적이 단 한 번도 없다. 이 사회의 진보에 기여하거나 진보적 운동을 단결시킨 적이 단 한 번도 없었다. 그러나 다종다양하지만 본질적으로 유사한 이 노선의 역사적 뿌리, 정치적 배경을 파헤치며 그것과 정면으로 대결한 책은 찾아보기 힘들다.

이 책은 제국주의 패권 질서, 자본주의 착취질서에 맞서 싸우고자 하는 이들을 위해 쓰였다. 포스트모더니즘적 사고, 다원주의적 사고를 극복하고 운동을 단결시키고자 하는 이들을 위해 쓰였다. 우리는 혼란과 동요, 낙담과 절망을 넘어 승리의 새 시대로 나아가야 한다.

이 책은 3부로 구성되어 있다.

1부 〈포스트모더니즘 비판〉은 '신좌파 다원주의 노선'의 역사적 배경, 한국에서 이러한 사조의 탄생과 이 사조의 문제점을 다룬다.

2부 〈제국주의 프로파간다 비판〉은 번역 글이다. 2부에서는 미국 정보기관(CIA)이 미국 민주주의국가기금(NED), 미국 국제개발처(USAID), 프리덤하우스(Freedom House)와 조지 소로스의 열린사회재단 등의 자금 지원으로 문화자유회의(CCF)를 창설하고, 이를 통해 이른바 '좌파 지식인'들을 매수하고 다원주의 이데올로기를 전파하며, 제국주의의 세련된 반공 프로파간다로 '문화냉전'을 어떻게 기획하였는지 상세하게 폭로하고 있다. 특히 요즘 유행하는 정체성 정치나 워크이즘(wokeism, 정치적 올바름을 의미하는 PC주의라고 한다)이 피지배계급 내부의 분열주의 이데올로기로서 본질적으로 '부르주아지 정치'라고 신랄하게 비판하고 있다.

　　맑스주의와 포스트모더니즘 신좌파 다원주의 이데올로기 비판

　　공동의 적에 대한 계급 연대 대신에, 정체성 정치는 노동하고 억압받는 인민들에게 그들이 특정한 성별, 성적 지향, 인종, 민족, 민족성, 종교 집단 등의 구성원으로서 가장 먼저 정체화하도록 장려함으로써 그들을 분열시키고 정복한다. 이러한 점에서, 정체성 정치 이데올로기는 실제로 훨씬 더 깊은 수준에서, 하나의 계급정치이다. 그것은 세계의 노동하고 억압받는 인민들을 분열시켜 더 쉽게 지배하기 위한 부르주아지 정치이다(가브리엘 록힐, 「제국주의 선전과 서방 좌파 지식인의 이데올로기: 반공주의와 정체성 정치에서 민주주의 환상과 파시즘까지」, 전국노동자정치협회 번역, 2025.10.23).

특히 여기서는 이러한 정치가 이들의 분열정치에 반발을 불러옴으로서 우파들을 양산하는 계기를 제공하기조차 한다고 비판하고 있다.

　　워크이즘(wokeism)은 또한 일부 사람들을 우파의 품으로 내모는 효과도 있다는 점을 우리는 주목해야 한다. 만약 지배적인 정치문화가 경쟁적 개인주의와 결합된 배타적 써클 정신을 장려한다면, 백인들과 남성들 또한—다양성 산업에 의해 그들이 박탈당했다고 인식하는 것에 대한 과도한 대응으로—그들의 특정 의제들을 시스템의 "희생자"로서 내세운 것은 놀라운 일이 아니다. 따라서 계급분석이 결여된 정체성 정치는 절대적으로 우익 그리고 심지어 파시스트적 변형에 적합하다(앞과 같은 책).

이는 한국의 10대, 20대, 30대 내부의 여성과 남성의 성별 대립과 갈등, 청년 남성들 상당수의 극우파로의 전락을 설명하는 데도 중요한 근거가 될 수 있다. 여성해방의 위대한 공산주의 투사 클라라 체트킨은 부르주아 여성운동을 비판하며 '남성의 특권적 사회적 지위에 반대하여 모든 계급의 여성이 공동투쟁한 결과로 실현'될 수 있냐고 물었다. 여성억압과 차별은 부르주아 착취제도의 결과다. 여성의 임금차별은 전반적 저임금의 결과다. 청년 남성들이 느끼는 박탈감과 소외, 실업은 여성을 적으로 해서 해결할 수 없다. 이는 도리어 프롤레타리아 청년층 내부의 분열을 가져오고, 청년 남성들 다수가 가진 극우적 이데올로기는 청년의 고통을 더 깊게 할 뿐이다. 진보적 사상으로 청년들이 단결해야 한다. '남녀 유산·착취계급의 특권과 권력에 반대하는 남녀 피착취 프롤레타리아 계급의 공동의 계급투쟁에 의해서만' 여성해방은 실현될 수 있을 것이며 남성 청년들의 삶도 근본적으로 변화할 수 있다.

3부는 〈민족과 계급〉이다. 포스트모더니즘은 민족과 계급을 거대담론이라고 경시하고 부정한다. 민족의 이념은 낡았다고 주장한다. 그러나 민족과 계급은 실존한다. 실존하는 민족과 계급에 맞춰 민족주의와 계급 이데올로기가 생겨난다. 계급이 착취계급과 피착취계급으로 구성되어 각각 지배계급의 이데올로기와 노동자 민중의 이데올로기도 나뉘어 날카롭게 대립하듯이, 민족 역시 배타적, 국가주의적 민족주의와 저항적 이데올로기로 나뉜다. 자본의 세계화 이념은 민족을 경시하며 부르주아 세계주의를 유포하는 반면, 프롤레타리아의 국제주의는 사회주의 애국주의에 따라 민족의 자주와 자결을 주장한다. 전자의 민족 이데올로기는 파시즘이나 군국주의로 나타나고 후자의 이데올로기는 민족해방투쟁, 자주권으로 나타난다. 3부에서는 외세에 의해 분단되고, 미국과 그 추종자들의 대북적대 정책에 의해 전쟁위기가 조장되고 남북이 분단되어 "적대적 두 국가관계"로 민족대립이 격화된 상황에서 이를 극복할 수 있는 전망을 제시하고 있다.

마지막으로 《맑스주의와 포스트모더니즘 신좌파 다원주의 이데올로기 비판》이 출간되기까지 오늘날 다원주의 사상이 유포되어 운동을 분열, 후퇴시키는 상황에서 이를 극복하기 위해 꼭 필요한 책이라고 격려를 아끼지 않으신 분들과 직접 후원을 해주신 분들께 진심으로 감사드린다.

2026년 2월 2일
백 철 현

차 례

1부

포스트모더니즘 비판

1장

신좌파 다원주의 노선 무엇이 문제인가?

1. 신좌파 출현의 역사적 배경

현대사상연구소 홍승용 선생은 작금에 유행하는 신좌파 노선에 대해 다음과 같은 인용문을 통해 비판적인 문제의식을 던지고 있다.

> 사전적 의미에서 신좌파는 1960년대 서유럽과 북미에서 비판이론·구조주의·포스트모더니즘 등의 영향을 받아 생겨난 좌파 조류다. 신좌파는 "계급투쟁과 노동운동에 집중하는 전통적인 좌파와 달리 다문화주의, 동물권, 여성주의, 성소수자 운동, 환경 운동, 기타 소외 계층에 대한 인권 신장 운동에 집중하는 경향이 있다." 전통적 맑스주의의 계급투쟁 이론 및 혁명 노선을 포기하고, "구좌파에서 중시하던 자본주의, 제국주의, 경제적 불평등에 대한 비판에서 벗어나 미시적 불평등과 일상의 권위주의, 인간 소외 등에 주로 관심을 둔다"(홍승용, 『신좌파 어떻게 극복할 것인가?』에서 재인용).

도대체 신좌파는 과거의 좌파에 비해 무엇이 다르다는 말인가? 위 인용문은 사전적 의미에서 기존 좌파 노선에 대비해 신좌파 노선이 어떠한 입장들을 견지했는지 잘 보여준다. 그러나 이러한 사전적 정의로는 도대체 왜 신좌파 노선이 1960년대 서유럽과 북미에서 유행하게 됐는지 아무런 설명을 해주지 못한다. 신좌파 노선이 대두한 역사적 배경에 대한 설명이 필요하다.

자신들의 노선에 대해 새롭다는 표현을 쓰고 과거의 노선이 낡았다는 의미에서 구좌파라는 설정을 하지만 실제 이 노선은 새로운 노선이 아니다. 이들 신좌파 노선의 주창자들이 낡은 과거의 노선으로 주장하는 노선은 실은 정통적인 혁명 노선을 의미한다. 신좌파는 새로운 노선이라고 하지만 과거 맑스주의를 시대에 뒤떨어졌다고 보았던 베른슈타인 같은 노선이 견지했던 수정주의 개량주의 노선이다.

베른슈타인은 맑스주의의 계급투쟁 노선과 혁명 노선이 노동조합·협동조합 발전 등으로 인한 소득 증가로 중산층이 늘어나서 계급대립이 상당 부분 완화되고 신용제도 발전 등으로 자본주의에서 공황 같은 경제위기를 극복할 수 있기 때문에 혁명 없이 자본주의 체제 내에서 몇 가지 개량적 조치를 취하여 사회주의로 점진적으로 나아갈 수 있다고 보았다.

베른슈타인의 후계자들은 자본주의 내에서 착한 자본주의, 인간의 얼굴을 한 자본주의가 가능하다고 보고 있다. 이른바 수정자본주의론이다. 수정자본주의론을 내건 사민당, 노동당, 사회당 등 공산주의 혁명운동을 포기하고 의회 장악을 통해 자본주의 내에서의 점진적인 사회주의 조치 도입으로 사회주의로 나아갈 수 있다는 사회민주주의 노선을 가진 정당들은, 오늘날 사회주의 명목은 완전히 내던지고 기존 자본주의 양당지배

체제의 버팀목이 되어 반노동자적 정당으로 타락해 버렸다. 이들의 정당들은 개량적이지만 복지국가 노선 같은 사회주의 정책을 취하는 대신 사유화 대폭 도입, 임금삭감, 단체협상과 복지후퇴, 노동시간 증대, 긴축 정책 등 신자유주의 정책으로 후퇴해 버렸다.

∾ 신좌파의 새로움

신좌파 역시 새로울 것이 없는 것이 수정주의자들과 마찬가지로 "전통적 맑스주의의 계급투쟁이론 및 혁명 노선을 포기하고", "구좌파에서 중시하던 자본주의, 제국주의, 경제적 불평등에 대한 비판"을 거대담론이라고 포기했기 때문이다. 다만 차이가 있다면 베른슈타인 수정주의 노선은 '맑스주의 위기' 운운하면서 맑스 사후와 1917년 러시아혁명 이전에 팽배하다가 이후 혁명 세력이 국제적으로 급격하게 성장하면서, 쇠퇴한 데 반해 신좌파 노선은 중소분쟁 같은 국제공산주의 운동의 분열과 스페인 내전에서의 패배, 반스탈린 운동과 그 이후 유로꼬뮤니즘 같은 공산주의 운동의 우경화 등을 배경으로 1960년대부터 생겨나기 시작하여 지금까지 유행하고 있다.

러시아에서의 혁명은 계급투쟁 노선이 끝장났다는 이들의 수정주의 노선과 달리, 혁명 노선이 승리했다는 반증이 되었다. 러시아혁명은 후진적 봉건 짜르 체제에서나 가능했지, 발전하고 중산층이 두터운 안정적인 독일 사회에서는 사회주의 혁명은 있을 수 없을 것이라 했는데 독일 자본주의의 전후 위기는 실패하기는 했지만, 독일혁명을 낳기도 했다.

독일에서 수정주의 노선으로 권력을 잡은 사회민주당의 바이마르 권력

    맑스주의와 포스트모더니즘 신좌파 다원주의 이데올로기 비판

이 독일 자본주의 모순을 해결하지 못하고 파시즘에 권력을 넘겨준 것도 개량주의 노선의 파탄을 보여주는 것이다. 더욱이 계급타협을 중시하던 온건한 사회주의자들인 독일 사민당은 혁명의 위기 앞에서 로자 룩셈부르크와 칼 리프크네히트를 참살하고 노동자들을 학살하기조차 했다. 더욱이 바이마르 공화국의 파산 이후에 독일에서 가장 극렬한 반동세력인 히틀러 파시즘이 권력을 잡고는 노동운동을 분쇄하고 또다시 세계대전을 일으켰다. 합법적인 방식으로 의회를 통해 사회주의의 진보적 조치를 취할 수 있다고 보았는데 파시즘에 의해 합법적 의회 활동이 분쇄됐다.

독일의 경제위기와 함께 1929년에는 미증유의 전 세계 공황이 터졌는데, 자본주의의 안정적 발전이니 계급타협 노선이니 하는 수정주의자들의 노선은 현실 앞에 파탄 났다.

파시즘의 일반적 정의는 독점자본주의의 위기 시에 체제를 수호하기 위해 나타나는 정치적 조류로 가장 배외주의·인종주의적으로 전쟁을 통해서 다른 나라를 점령하고 지배하려 하며 민주주의와 노동조합에 대한 적개심을 가지고 이를 분쇄하려 한다. 나라마다 그 특성이 조금씩 다르기는 하지만 의회에서 다른 반대세력들을 제압하고 무소불위의 일당독재 체제를 꾸리려 한다.

파시즘은 독점자본가들의 권력이기에 파시즘이 무너지면 자본주의 체제가 무너지게 된다. 히틀러가 동유럽을 점령하고 소련을 분쇄하려 침공했다가 패전하게 되자 동유럽 전반에 공산주의가 들어섰던 것을 봐도 알 수 있다.

히틀러의 파시즘이 노동자 민중을 죽음과 고통으로 몰아넣었기 때문에 동독에서는 공산주의 권력이 들어섰다. 서독은 연합국의 일원인 미국의 개입으로 독일에서 혁명이 일어나지 않았다.

파시즘 추축국에 맞서 소련과 같이 연합군을 형성했던 당시 가장 강성한 신생 제국주의 미국은 소련 인민들의 막대한 희생과 영웅적 투쟁으로 분쇄된 이후에는 반소비에트·반공산주의 냉전을 개시했다. 분단으로 냉전의 날카로운 중심에 있는 한국에서는 반공을 국시로 하는 매카시즘을 전면화했다.

한때 소련과 스탈린을 우호적으로 묘사했던 미국 제국주의는 정보기관, 거대언론과 티브이 교육기관, 문화·예술체육계·종교계 등 사회 전반을 총동원하여 반스탈린 반소비에트 정치선전(프로파간다)을 실시했다. 반공주의를 내세운 권력을 내세워 자국 국민들에 대한 인권탄압과 암살과 학살, 고문과 구속을 마다하지 않는 권력을 지원했다.

한국에서도 일제로부터 해방 이후에 민중의 자치 권력과 해방 열망을 분쇄하고 이승만 권력을 내세워 반북, 반소비에트 전초기지를 만들고 중국혁명을 미연에 차단하려 했다.

지금이야 소련 지도자 스탈린이 악마화되고 소련이 사람을 도살하는 전제국가로 알려져 있지만, 당시에 서방 지식인들은 러시아혁명 이후 들어선 소비에트 체제를 동경하고 앞다퉈 방문하여 직접 현실을 목격하려 하였다.

공산주의와는 거리가 먼 시드니 웹과 비어트리스 웹 같은 당시 가장 발전한 자본주의 국가인 영국의 진보적 지식인들은 소련을 방문하고 연구한 뒤에는 《소비에트 공산주의: 새로운 문명》이라는 두 권짜리 방대한 저술을 남기기도 했다. 극작가로 유명한 버나드 쇼는 이 저작을 발췌한 《소비에트 러시아의 진실》이라는 소책자에 서문을 남기기도 했다.

미국의 진보적 교육자인 리오 휴버먼은 《자본주의 역사 바로 알기》, 《경제사관의 발전구조》에서 서방 자본주의를 휩쓰는 공황의 거대한 파고가 소련의 사회주의 계획 체제 앞에서 멈춰 버리고 실업을 청산한 반면, 자본주의는 이윤의 탐욕으로 말미암아 파멸할 것이라고 불길한 예언을 하기도 했다.

베른슈타인 노선의 대두는 1900년대 초였다. 그런데 신좌파 노선의 대두는 러시아혁명으로 들어선 소비에트 권력, 특히 스탈린이 지도자로 있던 소련에 대한 격렬한 반대로부터 시작되었다. 아이로니컬하게도 스탈린에 대한 폭로는 제국주의 진영에서 먼저 시작한 것이 아니라 스탈린 개인숭배 비판과 중공업 우선주의 정책이라는 미명 하에 20차 소련공산당 당대회에서 후르시초프로부터 시작되어 기묘하게도 서방 정보기관에서 이를 접수하고 언론에서 폭로하면서 시작되었다.

이를 두고 국제공산주의 운동도 당시까지는 사회주의 모국으로 알려져 있던 소련공산당의 입장을 따르는 다수의 흐름과 스탈린의 공은 7이요 과는 3인데 국제공산주의 지도자와 운동에 대한 평가 문제를 무책임하게 일방적으로 처리하는 것에 반발한 마오쩌둥의 중국 공산당 같은 세력으로 나뉘면서 중소분쟁을 야기하고 국제공산주의 운동을 분열시켰다.

자주적 입장을 중시하던 조선은 이 분열상을 우려하며 수정주의에 대한 공식적인 비난을 자제했지만 내부적으로는 사회주의 수령으로 보았던 스탈린에 대한 중상에 대해 엄중하게 비판적 입장을 견지하고 있었다.

특히 후르시초프의 개인숭배 사상과 중공업 우선주의 노선을 가지고 1956년 8월 30일 열린 조선로동당 중앙위원회 제3기 제2차 전원회의에서 최창익, 박창옥, 서휘, 윤공흠, 리필규 등 친소파들이 반당그룹을 형성하고 권력 교체에 나서자 이를 '8월 종파사건'으로 규정하고 강력하게 대응하여 이들 세력들을 축출하였다.

북에서는 인민대중에 복무하는 수령에 대한 인민대중의 존경을 개인숭배 비판으로 둔갑시킬 수 없으며 "쌀은 기계에서 나온다"며 중공업 우선주의 비판은 중공을 우선적으로 발전시키면서 농업과 경공업을 동시에 발전시킨다는 사회주의 발전 전략에도 맞지 않는다는 근거를 들었다. 더욱이 중공업 중시는 공업에 대한 중시인데 사회주의 경제 통합을 근거로 분업구조를 만든다는 것은 후진국의 공업 발전을 늦추고 발전된 사회주의 공업국에 종속시킴으로써 자주성을 훼손시킨다는 것에 대한 반발도 있었다.

후르시초프가 밀어붙인 코메콘(경제상호원조회의) 가입을 반대하고 자립적 경제발전 노선, 즉 자력갱생 노선을 추구했다. 그러자 후르시초프는 조선에 대한 경제 지원을 반으로 삭감하는 대국주의 횡포를 부렸고, 이는 조선의 자력갱생 노선이 정치적 자주성과도 긴밀하게 연관될 수밖에 없음을 확인시켰다.

소련사회주의의 비중이 큰 상황에서 서방 제국주의의 악선전에, 공산주의 운동 내부에서 사회주의 지도자를 학살자로 비방하는 것은 그 체제를 음험하고 반민주적이고 고립된 전체주의로 인식하게 만들었다. 반스탈린주의 반관료주의를 내건 트로츠키주의자들이 스탈린 시절 "피의 강물이 흘렀다"느니, 스탈린을 "도살자"라고 묘사하는 흐름도 소련사회주의의 영상을 흐리는데 일조했다.

전대미문의 농촌에서의 계급투쟁을 거쳐 평생을 가난에 시달리고 모욕과 박해를 당했던 빈농과 중농의 이해에 맞춰 건설된 국영농장(소포즈)·집단농장(콜호즈) 같은 사회주의에서의 생산수단 사회화를 "동물농장"(조지오웰)에 비유하고 국제 파시즘 대두의 계기가 됐던 스페인 내전에서 공산주의 운동이 수행했던 국제연대를 스탈린 관료주의가 스페인 내전을 패배로 몰아갔다는 중상으로 인류의 착취를 종식시킨다는 사회주의의 국제주의 대의를 무너뜨렸다. 신좌파와 트로츠키파가 반공주의·반쏘주의라는 미명으로 오늘날 기묘하게 의기투합하는 것도 이 때문이었다.

이제 더 이상 사회주의는 인류가 희생을 무릅쓰면서도 쟁취해야 할 세계가 아니었다. 현실 사회주의에 대한 중상비방으로 인해 사회주의는 현실에서 구현될 수 없는 공상이며 새로운 착취 체제를 낳을 수밖에 없다는 인식을 만연하여 체념과 패배주의를 심어 놓았다.

사회주의를 외치더라도 그것은 현실에서 실현되는 사회주의가 아니라 이념상의 사회주의, 진보적 가치로서의 자본주의 반대에 머물게 만들었다. 이것이 "운동의 근본 목표는 아무것도 아니고 운동 그 자체가 전부이다"라는 베른슈타인 개량주의 노선과 무엇이 다른가?

이로부터 남는 것은 무정부주의 사상이었다. 사회주의가 아니라 대안 없는 잡다한 반자본 이론이었다. 이러한 무정부주의는 현 체제를 관념상으로는 반대하되 실제로는 이를 극복할 전망이 없는 체제 내의 이론이었다. 이는 사회주의의 포기이자 자본주의에 투항하는 배반 노선이다.

이것이 바로 신좌파 노선이 출현하게 되는 역사적 배경이다.

2. 프랑스 68혁명과 신좌파의 대두

　신좌파 노선은 국제적으로 프랑스 68혁명을 계기로 국제적으로 전파
되었다. 신좌파 노선은 반자본주의를 기치로 오늘날과 다르게 비교적 급
진적 실천을 하였다. 이들은 여성억압·차별 반대, 인종주의 반대, 베트남
전·캄보디아 침공 반대 투쟁을 광범위하게 전개하였다.

　이들이 구좌파라고 부르는 전통적인 맑스레닌주의 혁명파는 일반적으
로 살펴보면 자본주의 착취 질서를 근절하고 이를 비호하는 부르주아 정
치권력을 타도하고 노동자·민중이 정치권력을 장악하여 자본가들이 사
적으로 소유하는 기업·공장·토지를 국유화·집단화하여 계획생산 하에

서 운영하는 사회 건설을 목표로 한다. 그러나 신좌파는 정치권력 장악에 전혀 관심이 없다.

예전 50여 년의 어느 해와는 달리, 1968년은 새로운 사회운동이, 즉 정치권력을 획득하지 않은 채 세계를 근본적으로 변화시킨 운동이 전 세계적으로 분출된 한 해라고 기억될 것이다. 파리에서 시카고, 프라하에서, 멕시코시티까지, 예기치 못했던 대중투쟁들이 전 세계적으로 발흥하여 기존질서에 도전했다[조지 카치아피카스, 《신좌파의 상상력: 세계적 차원에서 본 1968》(이하 《신좌파의 상상력》), 이재원·이종태 옮김, 1999, 1987년 영어판 서문].

"예전 50여 년의 어느 해"는 1917년 러시아혁명을 의미한다. 68년 혁명은 정치권력 획득없이 세계를 근본적으로 변화시키는 것이 가능하다고 본다. 68혁명의 분출에는 자본주의 국가들에서 일어났던 거대한 저항들뿐만 아니라 프라하에서 일어났던 투쟁처럼 사회주의에서의 자본주의 반혁명도 혁명의 사례로 봄으로써 이들은 체제의 문제는 그다지 중요하지 않게 본다.

1968년의 전 세계적 혼란은 일말의 경고도 없이 발발했으며, 자본주의와 현실 세계의 사회주의 양자 모두에, 또한 권위주의적 권력과 가부장적 권위 양자 모두에 직접적으로 대립하게 됐다(앞과 같은 책).

자본주의든 사회주의든 가리지 않고 "권력·권위" 전반에 반대하는 것이 신좌파의 정치적 특성이기도 하다.

<blockquote>

신좌파는 혁명의 문제를 다시 한번 역사적 의제로 만들었다. 이와 동시에 혁명의 문제는 과거의 혁명들이 획득한 권력의 문제뿐만 아니라, 일상생활에서의 권력 문제를 포함하는 데에까지 확장됐으며, 혁명의 목표는 권력과 자원의 탈집중화와 자주관리(self-management)가 되었다(앞과 같은 책).

</blockquote>

자본주의를 타도하는 사회주의혁명은 당의 지도를 절대적으로 필요하게 한다. 민주집중제는 당의 운영원리이기도 하다. 자본주의의 무정부성과 무계획성을 극복하고 사회주의 생산을 운영하기 위해서는 중앙집중화된 권력과 생산·계획 체제가 필요하다. 그러나 이들 신좌파는 "과거의 혁명들이 획득한 권력의 문제"는 사실상 버리고 "일상생활에서의 권력 문제를 포함"하여, "혁명의 목표는 권력과 자원의 탈집중화와 자주관리"로 삼고 있다. 이들은 혁명을 말하고 있으나 전통적인 의미로서의 혁명의 목표와는 상반되는 목표를 가지고 있는 것이다.

<blockquote>

문화와 정치를 융합시켰던 신좌파는, 무장반란은 물론이고 영토 확보를 위한 군사공격이 없이도 공공영역에 도전할 수 있는 상황을 만들어냈다. 더군다나, 결정적으로 선진 산업 국가에서 외쳐졌던 신좌파의 열망은 프롤레타리아 독재가 아니라, "민중에게 권력을", "모든 권력을 상상력에게로"라는 구호에서 엿보이는 열망이었다(앞과 같은 책).

</blockquote>

프롤레타리아 독재는 노동자와 민중의 대중권력을 의미한다. 이 대중권력은 강력한 힘으로 구사회 복고세력들의 반혁명 책동을 막고 프롤레

타리아와 인민의 민주주의와 참여라는 원칙을 가지고 사회를 운영해 간다. 당은 프롤레타리아 독재를 이끌어가는 선진적 조직이다.

신좌파에게는 프롤레타리아 독재가 "민중에게 권력을" 부여하는 것이 아니라고 본다. 이들은 프롤레타리아 독재가 당독재, 즉 중앙위원회 독재로 변질되고 이 정점에 있는 개인독재로 변질되었다고 보기 때문이다. 이들 신좌파가 말년에 공산당을 창당하고 독일혁명을 기도했던 로자 룩셈부르크에 주목하는 이유는 로자가 한 때 레닌과 논쟁하여 볼셰비키당의 운영과 노선을 이런 관점으로 비판했기 때문이다.

> 중앙집중적인 제3차 인터내셔널과 달리, 신좌파가 이뤄낸 국제적인 정치적 단결은 위로부터 주어진 것이 아니라, 세계에 흩어져 있는 대중운동들의 요구와 열망에서 비롯된 것이었다(앞과 같은 책).

이들은 "민중에게 권력을"을 외치지만 실제로 "모든 권력을 상상력에게로"는 구호에서 보듯, 모든 권력을 억압기구로 보고 반대한다. 위로부터의 단결을 부정하고 배척하며 아래로부터의 단결을 강조하고, 의식성을 부정·배척하며 자발성을 일면적으로 강조하는 신좌파의 특성은 조직성을 혐오하는 무정부주의의 특성을 그대로 안고 있다.

"세계에 흩어져 있는 대중운동들의 요구와 열망"은 어떻게 하나로 묶을 것인가? 이들은 이러한 문제의식조차도 구좌파의 낡은 인식이라고 보는 것이다.

위와 아래, 지도자와 대중, 당과 대중조직, 의식성과 자발성, 중앙집중과 참여를 대립시키며 아래로부터의 민주주의, 분산성과 자치, 참여, 자발성을 절대적 가치로 중시하는 것이 신좌파의 정치적 특성이다. 트로츠키주의자들이 당과 혁명을 여전히 강조하면서도 위 양자의 통일을 스탈린주의·전체주의의 산물로 강조하는 것에서 볼때, 이질적으로 보이는 트로츠키주의자들이 신좌파의 정치적 특성을 상당부분 공유하고 있다. 여기에 현실 사회주의에 비판적인 트로츠키주의와 신좌파들의 정치적 특성도 일치하고 있다.

> 경제의 국유화나 의사결정의 국가집중을 통해 신좌파가 제시한 자유로운 사회의 형태를 정의내릴 수는 없다(앞과 같은 책).

신좌파와 트로츠키주의자들은 사회주의 생산의 가장 높은 수준의 사회화된 형태인 국유화에 대해 부정적인 인식을 가지고 있다. 과연 이들은 국유화가 노동자들의 아래로부터의, 자발적 요구와 열망과는 대립된다고 보는 것인가?

> 이탈리아의 신좌파만이 현존 좌파 조직들에서 독립한 것은 아니었다. 전 세계적 운동으로서의 신좌파는 '철의 장막'을 둘러싼 양쪽 모두의 권력구조에 도전했다. 1968년에 동유럽에서 일어났던 운동들은 교조주의, 관료적 권위주의와 문화적 순응주의에 반대한다는 점에서, 서쪽에 있는 자신들의 친구들과 주목할 만한 유사성을 보였다(앞과 같은 책).

신좌파는 이른바 제3세계에서의 민족해방투쟁도 신좌파의 가치로 해석하고 있다.

　　자본주의와 공산주의의 대립·대결, 제국주의 핵심부에 대한 주변부의 민족해방투쟁 이런 가치들은 신좌파에게 의미가 없다. 이로써 각국과 지역이 서로 우애와 평등의 관계를 맺는 것이 아니라 현실에서는 착취와 피착취, 지배와 종속의 관계로 싸우고 있는데 이러한 현실을 외면하고 있다. 그러니 자본주의에 대한 반대가 사회주의고 제국주의에 대한 반대가 민족해방투쟁이라는 개념도 신좌파에게는 의미가 없는 것이다.

　　이들 신좌파의 맑스주의 유물론에 대한 반대는 자본주의 생산양식이 문화적, 정치적 양식을 규정하여 개인들의 인식과 삶에도 결정적인 영향을 미친다는 것을 "경제결정론"으로 반대하는 것으로 나타나고 있다. 따라서 혁명으로 자본주의 생산양식을 철폐하고 새로운 생산양식을 갖추려는 투쟁을 반대한다.

신좌파가 '객관 유물론'이라고 규정하는 맑스주의 유물론은 반영론이다. 인간의 의식도 외부에 객관적으로 존재하는 사회역사와 외부 조건에 영향을 크게 받는 반영론이다. 인류의 문화도 개인들의 사적인 기호와 취미의 산물이기보다는 한 사회의 생산양식과 역사적 조건에 크게 영향을 받고 형성된다. 이를 반대하는 신좌파는 자본과 국가와의 투쟁보다는 일상생활에서 개별적인 사안들과의 대결로, 개인의 의식을 전환하는 노력으로 인식과 문화가 바뀌고 일상생활이 바뀌게 되고 이것이 전 세계적으로 된다면 "오늘날 우리가 알고 있는 것과 같은 정치는 사라지게 될 것이다."라고 주장한다.

다시 한번 강조해 말하면, 자본주의와 제국주의와의 계급적·민족적 투쟁은 이들에게 의미가 없는 것이다. 체제를 바꾸는 투쟁보다는 개인들의 신사회 운동이 더 의미가 있고 이것이 세계를 전환하는 길이라고 주장하는 것이다. "개인적인 것이 정치적인 것이다"라는 신좌파의 구호도 이로부터 비롯되는 것이다.

"정치적 올바름"이라는 피시주의(PC)처럼 개인들의 인식과 행동을 끊임없이 즉석에서 비판하고 교정시키려고 하는 엘리트주의적 방식도 여기서 비롯되는 것이다.

었다. 그러나, 독일의 신좌파는 사회민주주의라는 기회주의가 배신했고 나찌의 대량학살과 스탈린의 '사회민주주의에 대한 면책으로' 파괴되었던 유산, 즉 독일노동계급의 혁명전통을 오랫동안 방치하도록 만들었던 냉전의 합의를 처음으로 광범위하게 반대했다(앞과 같은 책).

스탈린이 지도자로 있었던 소련이 인민 2700만의 막대한 희생을 치러가며 투쟁해 독일 파시즘 히틀러를 격퇴했다. 스탈린의 사회민주주의에 대한 면책은 공산주의자들은 반파시즘 통일전선을 통해 파시즘에 맞서 사회민주주의자들도 연대해 싸우자고 한 것인데, 이를 독일노동계급의 혁명전통을 파괴했다고 볼 정도로 신좌파는 역사적 현실에 무지하다.

사회민주주의자들의 기회주의적 배신은 이들이 독일혁명을 파괴하고 파시즘에 협조한 것인데, 이들 독일 신좌파가 독일노동계급의 혁명전통을 계승했다고 하는 것은 억지에 불과하다.

1948년, 30만 명 이상에 달하는 1백 45개 대학 학생의 대표자들은 〈전일본 학생 자치회 총연합〉, 혹은 후에 널리 알려진 〈전학련〉을 창출해 냈다. 〈전학련〉최고 대변인 중의 한 명은 자본주의나 공산주의 정권 모두 다 "평화, 민주주의, 학생 자유의 적"이라고 선언했으며, 만약 세계 초강대국들을 위해서가 아니라면, "평범한 사람들의 선천적인 양식이야말로, 정권을 통해 최소 통제력만을 가지는 것이 가능하게 만들어 줄 것이다."라고 주장했다. 모스크바에 대한 적대감에도 불구하고, 〈전학련〉은 1960년에 일본 공산주의자들과 협력했으며, 대중집회를 통해 아이젠하워 대통령이 자신의 일본 방문 계획을 포기하도록 만들었다. 1966년 가을

경, 중국의 문화대혁명은 일본의 좌파들에게 충격을 주었는데, 이에 따라 1967년에 점증하던 미국의 베트남 참전 반대와 더불어, 학생들은 또다시 결집하기 시작했다. 이들은 사또 수상이 비행기로 사이공에 방문하려 하고, 곧이어 미국을 방문하려 하자, 일본 주둔 미군기지들을 공격하여 그와 맞섰다. 1968년 6월에는, "반란에는 이유가 있다"라는 말이 새겨진 마오의 대형 포스터가 도쿄 대학의 정문에 장식됐다(앞과 같은 책).

전학련 건설 당시인 1948년은 스탈린과 공산주의자들이 독일 파시즘을 격퇴하고 동유럽 전역이 파시즘에 맞서 사회주의가 되고 전 세계적으로 민족해방투쟁이 일어날 시점이다. 일본 공산당도 당시에는 혁명적 사상을 가지고 있었고 전투적 학생운동을 이끌었다. 그러나 후르시초프의 스탈린 격하 운동 이후 국제공산주의 운동이 분열됐다.

그해가 소련 공산당 제20차 전당대회가 열렸던 때입니다. 1956년 2월로 후르시초프에 의한 스탈린 격하운동이 일어나게 됐죠. 이 대회는 그동안의 공산주의 운동의 모든 권위가 무너지는 것을 의미했지요. 이후 일본에 트로츠키도 들어오고 그람시도 소개되게 됩니다. 그것만이 아니고, 이탈리아와 프랑스 노동신문운동의 영향으로 이탈리아 노동신문도 소개되는 등 20대를 중심으로 많은 정보가 유입됩니다(조희연·이영채, 『일본공산당의 폐쇄성이 좌파운동 분열의 원인 〈8〉: 일본 신좌파 운동의 대부, 무토 이치요우 ①』, 프레시안, 2011.12.04).

일본 공산당은 초기에는 좌경적인 중국 공산당을 지지하다가 나중에

　　맑스주의와 포스트모더니즘 신좌파 다원주의 이데올로기 비판

는 우경적인 소련공산당을 지지했다. 1947년부터 시작하여 1950년에 맥아더 군정 체제 하에서 매카시즘 공세에 맞서 격렬하게 투쟁하기도 했던 일본 공산당은 결국 이후 천황제와 미제국주의를 인정하고 반북을 견지하는 의회주의로 극단적으로 우경화 되었다.

일본의 진보적 학생들은 중소분쟁과 일본 공산당의 우경화 바람 속에 한때 일본공산당을 반대하고 마오쩌둥을 지지하기도 하고 전공투를 결성하여 60년대, 70년대 안보투쟁을 격렬하게 전개했다.

이 시기 일본 학생운동 신좌익운동파는 마오주의와 트로츠키주의, 서구 신좌파의 영향을 받았는데 테러도 불사하는 비대중적인 극단적인 투쟁과 "내부 폭력 및 연합적군파의 동료 살해 사건 등으로 급격히 퇴조하게 되었다(앞과 같은 기사).

일본 내에도 이러한 격렬한 운동을 거치면서 그 반대편향이 대두되기 시작했는데, 서구 68혁명의 영향으로 본격적인 서구형 신좌파 운동이 등장하기 시작했다.

이를 정리하면 혁명적 전망을 거대담론이라고 폐기하고 미시적 담론이고 개인 인권을 강조하는 현대 신좌파 운동으로의 전면 전환이라 할 수 있다.

3. 양비론은 일비론이 되어 자본주의 옹호론자가 된다

(1) 신좌파의 양비론적 철학적 태도

신좌파는 (현실)사회주의와 자본주의 양자에 대해 다 비판적인 양비론적 입장을 가지고 있다. 신좌파 형성에 다양한 정치적 사조들이 영향을 미쳤는데, 이와 관련해 그 가운데 대표적인 프랑크푸르트학파(비판이론이라고 부르기도 한다.)의 태도에 대해 살펴보자.

> 1923년 어느 부유한 곡물상의 증여로 사회연구소(The Institute for a Social Research)가 프랑크푸르트에 설립되었는데, 이로써 프랑크푸르트파의 활동은 제도적 기반을 갖게 되었다. 프랑크푸르트파의 학풍은 1930년 막스 호르크하이머(Max Horkheimer)가 소장직을 맡으면서 형성되기 시작했다. 1930년 호르크하이머가 소장에 지명되면서부터 두드러진 정책적 변화가 있었다. 정치적으로 이 연구소의 참여자들은 사회민주주의(Social Democracy)의 개혁주의(reformism)나 모스크바 지향적 공산주의의 경직된 노선에도 반대했다. 호르크하이머와 그의 절친한 협조자 테오도르 아드르노(Theodor Adorno)는 서구와 소련 모두에 환멸을 느끼고, 마르크스사상으로부터 철학적 차원을 끌어낸 코르쉬 그리고 누구보다도 루카치 등과 같은 1920년대의 평의회 공산주의자(hte Council Communist)로부터 영감을 얻어냈다. 프랑크푸르트파가 그들의 견해에 대해 즐겨 사용한 명칭은 '비판이론'(Critical Theory)이라는 것이었다(《마르크스주의 논쟁사》, 맥렐런, 인간사랑).
>
> 아르헨티나로 이민을 가서 곡물상으로 대부호가 된 독일인 헤르만 바일

의 기부금으로 설립된 프랑크푸르트 대학 부설 사회연구소는 강단 마르크스주의자인 그륀베르그가 이 연구소 소장을 맡으면서 시작되었다. 이 연구소의 성격은 서유럽에서의 실패된 혁명, 독일 노동운동의 와해, 소비에트연방의 국가 자본주의적 경향등에 대한 민감한 반응이 연구의 대상으로 암암리에 표방되었다(전석환 동국대 강사, 〈프랑크푸르트 학파의 비판이론과 막스 호르크하이머〉, https://m.cafe.daum.net/werfreiheit/4DUZ/7).

프랑크푸르트 학파에 기부금을 납부하여 연구소를 창립하게 한 "어느 부유한 곡물상'은 헤르만 바일이었다. 이 바일의 아들인 펠릭스 바일이 아버지의 돈으로 자금을 지원했다.

부유한 자본가의 자식들도 휴머니즘 전통에 바탕을 둔 교양을 익힘으로써 보편적 인권과 정의를 중시하는 진보적 사상의 옹호자로 성장하는 경우가 드물지 않은 것이다(김누리 칼럼 〈얀 필리프 렘츠마와 펠릭스 바일〉, 한겨레신문, 2022.08.09).

김누리 교수는 펠릭스 바일을 부르주아 자식으로 진보적 사상을 지닌 휴머니스트로 소개하는데, 1923년은 1917년 러시아혁명이 성공한 뒤에 전 세계가 공산주의냐 자본주의의 옹호냐를 둘러싸고 둘로 첨예하게 갈라지는 시점이었다. 이 당시 강단 맑스주의는 "보편적 인권과 정의"를 내세우며 진보적 이념을 표방했으나 당시 혁명적 이념은 사변적 이념이 아니라 러시아혁명 같은 프롤레타리아 혁명이나 그 혁명으로 들어선 프롤레타리아 독재를 지지하느냐 마느냐로 결정이 되는 시점이었다.

프랑크푸르트 학파는 맑스주의를 전면 부정하지 않고 표방하기는 했으나 맑스주의의 혁명적 원칙을 둘러싼 첨예한 현실에서 한발 물러나 지식인들의 강단 이념으로 출발했다.

러시아혁명 이후 서유럽, 특히 혁명적 위기로 들끓었던 독일혁명의 패배와 로자 룩셈부르크와 칼 리프크네히트가 창설한 독일 공산당과 혁명적인 독일 노동운동의 와해, 그리고 이 패배의 여파로 인한 패배주의와 회의주의의 만연 속에서 혁명 사상의 약화, 칼 카우츠키 같은 "프롤레타리아 혁명의 배신자"(레닌)가 반소비에트 노선에 입각해 소비에트 연방을 관료적인 국가자본주의로 규정한 이래 이들 역시도 소련의 "국가 자본주의적 경향등에 대한 민감한 반응이 연구의 대상으로 암암리에 표방"(전석환 동국대 강사, 앞과 같은 글)하게 되었다.

호르크하이머(앞줄 왼쪽)와 아도르노(오른쪽). 뒷줄 오른쪽은 비판적 사회철학자 위르겐 하버마스

앞에서 소개한 《마르크스주의 논쟁사》에서는 "1930년 호르크하이머가 소장에 지명되면서부터 두드러진 정책적 변화가" 생기면서 "사회민주주의(Social Democracy)의 개혁주의(reformism)나 모스크바 지향적 공산주의의 경직된 노선에도 반대했다."고 하는데, 프랑크푸르트학파는 사회민주주의와 사회주의, 서구와 소련사회주의 모두에 환멸을 느끼면서 출발했다. 이러한 양비론적 입장은 일시적인 것이 아니라 이 학파의 입지점이었고 처음부터 끝까지 철학적 태도를 결정했다. 그런데 뒤에 가서 더 살펴보겠지만, 대개의 양비론이 그러하듯, 자본주의와 사회주의 사이에 그 무엇도 아닌 노선은 자본주의를 현실로 인정하면서 사회주의를 비난하고 적대하는 반공주의 노선으로 전락했다.

> 승리한 사상이 옛날부터 겪을 수밖에 없었던 것을 그들도 겪고 있다. 승리한 사상이 기꺼이 비판적 요소를 포기하고 단순한 수단이 되어 기존 질서에 봉사하기 시작할 때, 그것은 자기 의지와는 반대로 예전에 선택했던 긍정적인 무엇을 부정적이고 파괴적인 것으로 변질시키게 된다(아도르노·호르크하이머, 《계몽의 변증법》, 김유동 옮김, 문학과지성사).

승리한 사상이 관료주의로 타락하고 급기야 자본주의로 변모했다는 입장은 트로츠키의 중심 사상이다. 신좌파는 이와 유사하게 기존 체제에 대해 비판적인 사상을 바탕으로 기존 체제를 타도하고 승리한 사상이 기존 체제와 유사하게 변해버렸다고 주장한다. 이는 자본주의로 복귀했던 구 사회주의에 대해 그렇다는 것만이 아니고 현존했던, 그리고 현존하는 사회주의 모두가 그렇다는 것이다.

 맑스주의와 포스트모더니즘 신좌파 다원주의 이데올로기 비판

(2) 기회주의 양비론 철학은 자본주의와 사회주의에 두 발을 걸치고 있다

이러한 태도는 진보적인 인간의 이성과 사상 자체에 대한 깊은 회의로
이어졌다.

> "계몽으로 프랑스혁명이 가능했는데, 그 이후 인류는 왜 진정한 인간적
> 상태에 들어서기보다 파시즘과 아우슈비츠 수용소와 스탈린주의라는 새
> 로운 종류의 야만 상태에 빠졌는가."
> 프랑크푸르트 학파를 대표하는 테오도어 아도르노와 막스 호르크하이
> 머의 저작 〈계몽의 변증법〉을 관통하고 있는 문제의식은 바로 이것이다
> (https://moongyebong.tistory.com/18246136).

이들은 결국 자본주의의 가장 배외주의적이고 테러적인 통치 형태인
파시즘과 그 파시즘에 맞서 2,700만 인민이 희생하면서까지 파시즘을 격
퇴한 소련을 "스탈린주의" 체제로 "새로운 종류의 야만 상태"로 동일시할
정도로 정치적 분별력을 상실하였다. 그런데 현실의 첨예한 정치세계에서
이러한 양비론적 노선은 중립이나 초월적 이념이 아니라 자본주의, 제국
주의의 프로파간다에 복무하게 된다. 더 나아가 이들 노선은 자본주의,
제국주의 노선과 동일한 것으로 전락하게 된다. 그리하여 "제국주의의 진
보적 벗들"이 탄생하게 되는 것이다.

이들은 파시즘과 스탈린시대 사회주의, 현존 사회주의에 대해 다 같이
권위주의 파시즘이나 유사 파시즘 체제로 보는데, 트로츠키도 "적색 파
시즘론"을 제출하였다.

> 소련의 보나파르트 체제는 노동계급의 세계혁명이 늑장을 부리는 바람에 등장했다. 그러나 자본주의 국가에서는 똑같은 이유로 파시즘이 등장했다. 소련에서는 무제한적인 권력을 휘두르는 관료집단이 소비에트 민주주의를 압살하고 있으며 서방에서는 파시즘이 부르주아 민주주의를 압살하고 있다. 이 두 현상은 동일한 원인의 산물이다. 즉 역사가 제기한 문제들을 세계 노동계급이 제대로 해결하지 못하고 있는 상황에서 발생했다. 이 결론은 처음에는 예상하지 못했지만 지금은 불가피할 뿐이다. 스딸린 체제와 파시즘 체제는 사회적 기초는 판이하지만 동일한 현상이다. 이 두 체제의 특징은 지독히 비슷하다(트로츠키, 《배반당한 혁명》).

누가 혁명을 배반했는가? 혁명이 배반당한 것이 아니라 트로츠키가 혁명을 배반한 것이다. 트로츠키가 소비에트 관료 체제를 정치혁명으로 타도해야 한다고 주장했던 《배반당한 혁명》을 출간한 시점은 1936년인데, 이때는 1933년 히틀러 파쇼 도당이 권력을 잡은 이후 전쟁의 기운이 감지되어 소련 공산당과 전체 인민이 전쟁을 막고 대비하기 위해 분투하던 시점이었고 독일 히틀러 파시스트는 1939년 폴란드를 침공한데 이어 1941년 소비에트 러시아를 침공했다.

트로츠키는 독일 파시즘의 소비에트 공격 시점을 정치혁명의 기회로 간주함으로 소비에트의 비판자에서 혁명을 노골적으로 배반한 반혁명 분자로 전락하게 되었다.

파시즘과 소비에트를 "새로운 종류의 야만 상태"로 동일하게 간주한 프랑크푸르트 학파와 혁명을 진압하기 위해 생겨난 반동 파시즘과 혁명을 수호하며 파시즘과 대결하는 소비에트를 "동일한 원인의 산물"로 규정하고, "스탈린 체제와 파시즘 체제는… 동일한 현상이다"라는 트로츠키와 트로츠키주의자들이야말로 "동일한 현상"이라고 할 수 있지 않은가!

그 양자는 바로 현실의 첨예한 계급투쟁으로부터 벗어나 혁명성과 현실성을 상실하고 노동자 계급에게 현실의 혁명은 실패하고 새로운 억압자가 등장한다는 체념과 회의주의를 유포한다. 이는 양비론과 중립노선으로 가장하지만 구체적인 현실에서는 지배계급의 입장과 일치하게 된다.

(3) 마침내 양비론은 걸쳐 있는 한 발을 빼고 제국주의 프로파간다가 되었다

현대 제국주의 자유주의(리버럴) 사조들은 전체주의 배격을 기치로 내걸고 있다. 이들은 카우츠키나 트로츠키주의, 현대비판이론을 적절하게 활용하여 자본주의에 비판적인 척하며 사회주의를 반대하는 양비론을 구사함으로써 파시즘 체제인 서방 제국주의를 비호한다. 칼 포퍼의 《열린 사회와 그 적들》의 문제의식이 바로 그것이다.

1938년, 히틀러가 칼 포퍼의 고향 오스트리아를 침공하였다. 이 소식을 듣고 분노한 포퍼는 전체주의 정치체제에 대한 통렬한 비판서를 저술하기 시작하는데, 이 책이 바로 《열린 사회와 그 적들》이다. 《열린 사회와 그 적들》에서 포퍼는 역사주의와 전체주의를 비판하고 '열린 사회'를 옹호한다. 두 번째 책, 〈예언의 높은 물결: 헤겔, 마르크스, 그리고 그 여파〉에서는 포퍼의 비판이 헤겔과 마르크스를 향한다. 포퍼는 헤겔과 마르크스를 아리스토텔레스 철학의 후손으로 생각하였고, 이들이 20세기 전체주의의 뿌리라고 강하게 비판하였다(위키백과).

"지상천국을 건설하고자 하는 전체주의의 모든 시도는 비록 선한 의도에서 비롯됐다고 하더라도 결국 지옥을 만들 뿐이다." "인류 역사는 닫힌 사회와 열린 사회 간 투쟁의 역사다. 우리가 인간으로 남고자 한다면 오직 하나, 열린 사회로 가는 길이 있을 뿐이다."

칼 포퍼(1902~1994)의 《열린 사회와 그 적들》은 전체주의의 허구성을 통렬하게 비판한 책이다. 그는 1945년 출간한 이 책에서 나치즘과 마르크스주의 등 전체주의를 개인의 자유가 없는 닫힌 사회로 규정했다.

역사는 보편적 법칙에 따라 어떤 목표를 향해 발전한다는 게 역사법칙주의다. 역사는 인간이 다룰 수 없는 힘에 의해 정해진 방향에 따라 결정된다는 것이다. 역사법칙주의의 뿌리는 플라톤에게 있으며, 마르크스의 공산주의 이론으로 구현돼 전체주의를 형성하는 원동력이 됐다는 게 포퍼의 견해다.

반증될 수 없는 절대적 진리는 없어

포퍼는 "개인의 책임을 집단의 책임으로 대체하는 민족주의는 평등주의와 인도주의를 지향하는 열린 사회와 정면으로 배치된다"며 "역사를 민족 대 민족의 대립항쟁으로 보는 관점이 20세기를 지배했고, 그 절정은 나치즘"이라고 규정했다.

포퍼는 전체주의에 맞서 '점진적 역사발전론'을 내세웠다. 그는 "사회는 혁명이란 수단을 동원해 정해진 목표를 향해 일거에 발전하는 게 아니다"

며 "사람들 사이의 수많은 비판·토론과 시행착오를 통해 조금씩 발전하고 개선돼야 한다. 이게 열린 사회"라고 강조했다.

이 책의 핵심 중 하나는 '반증가능성 이론'이다. 과학에서 반증될 수 없는 절대적 진리는 없다는 것이다. 합리적인 가설 제기와 기존 이론이 지닌 오류를 찾아 반증하는 과정을 통해 더 나은 이론을 정립하면서 조금씩 진리에 접근한다는 이론이다. 포퍼는 "사회도 마찬가지"라며 "인간의 이성이 한계가 있기 때문에 서로의 비판을 허용하고 반증을 거쳐 점진적으로 문제를 해결해나가야 한다"고 강조했다. 그는 "플라톤의 철인왕과 마르크스의 노동자 계급은 역사법칙의 절대적 존재, 절대적 진리처럼 군림하고 있다"며 "이는 반증 가능성이 없는 닫힌 사회의 대표적 사례"라고 꼬집었다(홍영식 한경비즈니스 대기자 전 한국경제신문 논설위원, [다시 읽는 명저] "열린 사회는 모든 비판을 허용하는 다원적 사회다" …전체주의는 개인의 자유가 없는 '닫힌 사회'로 규정, 2019.06.24).

카우츠키의 말년도 그랬지만, 비판이론의 정립자인 호르크하이머나 아도르노나 칼 포퍼나 모두 히틀러 파시즘의 폭압을 피해 망명객이 되었다. 그런데 이들은 자신들을 망명객 처지로 몰아넣은 파시즘에 대한 비판과 투쟁에 몰두하기보다는 대개 전체주의 이론 비판이라는 명목으로 파시즘과 소련사회를 동일하게 비판하였고 심지어는 비판을 소비에트 체제를 주된 비판 대상으로 삼기도 하였다.

칼 포퍼는 열린 사회를 건설하기 위해서는 파시즘을 격퇴해야 하는데도 불구하고 파시즘을 격퇴하는 반파시즘 혁명을 한사코 반대했다. 칼 포퍼는 "역사를 민족 대 민족의 대립 항쟁으로 보는 관점이 20세기를 지배했고, 그 절정은 나치즘"이라고 규정함으로써 파시즘의 민족 억압과 파시즘에 맞서는 민족해방 둘 다를 부정하여 파시즘을 격퇴하는 민족해방 투쟁을 봉쇄하고 그럼으로써 파시즘에 날개를 달아주게 되었다.

칼 포퍼의 주장대로 "인간의 이성이 한계가 있"는 것은 분명하지만 이것이 절대적 진리로 나아가는 것을 부정하는 것은 아니다. "합리적인 가설 제기와 기존 이론이 지닌 오류를 찾아 반증하는 과정을 통해 더 나은 이론을 정립하면서 조금씩 진리에 접근"하는 칼 포퍼의 철학적 인식은 당연하고 합리적인 진리인 것으로 포장되어 있지만, 이것이 "과학에서 반증될 수 없는 절대적 진리는 없다"는 "절대적 진리" 자체에 대한 부정으로 나아감으로써 불가지론, 회의론으로 이어지게 된다.

특히 칼 포퍼는 "플라톤의 철인왕과 마르크스의 노동자 계급은 역사법칙의 절대적 존재, 절대적 진리처럼 군림하고 있다"며 노동자 계급이 생산자이며 새 사회의 건설자라는 것을 부정하고 필연성에 대한 과학적 인식인 "법칙"도 부정하고 있다. 칼 포퍼는 양비론적 입장에서 출발하여 자본주의를 파시즘과 분리하여 민주주의로 분류하고 현실 사회주의를 "전체주의"라 규정하여 사회주의 비판에 몰두하였다. 이러한 칼 포퍼의 사상은 조지 소로스에게 지대한 영향을 미쳤다.

포퍼가 열린 사회, 자유주의, 개인, 다원화사회의 가치를 철학으로 정립했다면 투자와 기부로 이를 실천해온 그의 추종자가 조지 소로스다. 오스트리아계 유대인 포퍼와 헝가리 태생의 유대인 소로스는 런던정경대에서 사제 관계이기도 했다.

열린 사회를 함께 꿈꾼 두 사람은 철학자와 전업 투자가로 이질적 삶을

　　맑스주의와 포스트모더니즘 신좌파 다원주의 이데올로기 비판

조지 소로스가 소비에트권 레짐 체인지(정권교체)에 나서기 위해 만든 재단도 포퍼의 영향을 받아서 '열린 사회기금(the Open Society Fund)'이었다. 이 재단은 미국의 미국 민주주의 재단(NED), 미국 국제개발처(USAID), 프리덤하우스(Freedom House) 등 공작 기관하고도 직접 연결돼 있었다.

미국 민주주의 재단(NED), 미국 국제개발처(USAID), 프리덤하우스(Freedom House) 및 지배계급의 대리인인 조지 소로스의 '열린 사회(Open Society)'와 같은 단체들이 1990년대에 동구권에 몰려들어 왔다. 이러한 단체들은 미국을 지지하지 않으며 선출된 정권을 전복시키기 위한 반민주주의 반대 운동과 선거부정을 공개적으로 후원했다.

이러한 단체들은 인기도 없는 독재자들을 불가리아(1991), 알바니아

(1991), 러시아(1996), 그루지야(2003), 우크라이나(2004) 그리고 카자흐스탄(2005) 등의 많은 국가에서 지지한 것과 선거조작에 책임이 있다.

미국 민주주의재단(NED)의 공동 설립자 알렌 웨인슈타인(Allen Weinstein)은 "우리 민주주의재단이 오늘날 하고 있는 많은 것들은 25년 전에 CIA가 비밀스럽게 하던 일들이다"라고 언급했다[Gerald Sussman, "'민주주의 후원'의 거짓말," 먼슬리리뷰(Monthly Review), 12.2006.〉(노동자정치신문 92호, 소비에트 국가들의 붕괴 20년 후(4), 출처: 진보노동당(Progressive Labor Party)의 정기간행물, 〈공산주의자(THE communist)〉 2012년 겨울호).

조지 소로스는 이 재단을 만들어 자신이 실제 레짐 체인지에 어떻게 기여했는지 설명하고 있다.

나는 1980년에 체코슬로바키아에서의 헌장77운동과 1981년 폴란드에서의 연대노조 운동에 대한 지원을 시작했다. 나는 1984년에 내 조국인 헝가리, 1986년 중국, 1987년 소련, 1988년 폴란드에서 따로 기금을 설립했다. 나의 업무는 소비에트 체제 붕괴를 가속화하도록 했다…. 그러나 나는 나찌즘이나 공산주의처럼 같은 범주에서 자본주의를 자유방임주의로 두지 않는다는 것을 강조하고 싶다. 전체주의 이데올로기는 의도적으로 열린 사회의 붕괴를 추구한다[조지 소로스, "자본주의의 위협", Atlantic Monthly, Volume 279, No.2, February 1997.(〈조지 소로스와 '진보'를 가장한 반공주의〉, 노동자정치신문, 2016.2.19)].

조지 소로스가 동유럽과 소련에 대한 반혁명에 자금을 직접 지원하면서 폴란드 연대노조 운동의 사례를 들었는데, 현실사회주의를 국가자본주의로 여기는 트로츠키주의 국가자본주의자들은 폴란드에서의 반혁명 운동을 국가자본주의를 타도한 성공한 혁명운동으로 간주함으로써 제국주의자들과 같은 입장에 서고 있다. 동유럽과 소련사회주의가 해체된 지금 소로스의 타도 대상은 중국이 되었다.

조지 소로스는 국제투기꾼의 대표적 인사로 알려져 있으면서도 겉으로는 "착한 자본주의", "인간의 얼굴을 한 자본주의"를 외치면서 자본주의의 개혁자로 가장하고는 실제로는 사회주의의 파괴자 역할을 수행한다. 프랑크푸르트 학파나 칼 포퍼가 수행한 역할과 전혀 다르지 않다.

대개의 현대 제국주의 프로파간다, 특히 자유주의 리버럴 사조의 경우에는 히틀러 파시스트를 대놓고 지지하지 않는다. 히틀러 파시스트가 침략 전쟁과 집단학살을 통해 인류에게 너무나 많은 참상을 초래하였다는 것을 숨길 수 없기 때문이다. 대신 제국주의자들은 파시스트가 독점자본주의를 위기에서 구출하기 위해 자본주의에서 나타났다는 것을 철저하게 은폐한다. 그리고 위의 파시즘과 적색파시즘론에서 언급했던 것처럼, 파시즘과 공산주의를 전체주의로 몰아감으로써 자본주의를 진보적이고 다양한 사회로 규정하고 반공주의를 설파하게 된다.

T. I. 오이저만이 《맑스주의 철학성립사》에서 비판했듯이 이들 신좌파적 맑스주의는 반맑스주의 사상이며 실제로는 "반공주의의 일종"이다.

> 청년 헤겔학파의 '비판적 비판'은 아도르노의 '부정의 변증법'과 기타 프랑크푸르트학파에 의해 계승되고 있으며, 그들의 이론적 구조물은 흔히 '네오맑스주의'라는 이름으로 자본주의 사회에 만연되어 있다. 특히 그것의 독일판인 실존주의는 낭만적 반자본주의의 부활에 다름아니며, 좀 더 자세히 들여다본다면 그것은 반공주의의 일종(강조는 인용자)임을 곧 알 수 있다(T. I. 오이저만, 《맑스주의 철학성립사》).

게다가 페리 엔더슨이 《서구 마르크스주의 읽기》에서 비판한 것처럼 이들의 이론은 인민대중과 담 쌓은 현학적 이론으로 "밀교주의"로 비판 받고 있다. 이들 현학 이론은 현실과 담을 쌓음으로써 자본주의 현실을 과학적으로 인식하지 못하고 더 나아가 자본주의의 옹호자로 역할을 하고 있다.

양비론에서 출발한 프랑크푸르트 학파, 비판이론은 이제 자신들의 이론이 극우를 비판하는 체하며 실은 자본주의와 착취제제를 영속화하는 반동적 체제 수호이론임을 노골적으로 자랑한다.

> 비판이론은 자본주의의 끝판왕 나라인 미국에서 유학하는 동안 배웠다. 비판이론을 공부하는 목적은 궁극적으로 자본주의를 더 오래오래 지속할 수 있게 하기 위한 것이다. 나의 최애가 오래오래 마음 놓고 돈 벌 수 있으려면 팬덤인 우리 모두가 잘 살아야 하니까 자본주의가 오래오래

    맑스주의와 포스트모더니즘 신좌파 다원주의 이데올로기 비판

난무하는 각종 신좌파 이론이 아무리 다양한 색채를 띤들 이 점에서 본질은 상통한다.

4. 신좌파의 불모성은 부메랑이 되어 자본주의 체제 수호 노선
이 되었다

> 만약 신좌파에게 단점이 있었다면, 그 단점은 자신들이 권력에 대해 행한 도전을 보다 나은 사회의 재건으로 변화시키지 못했던 전 세계적인 무능력에 있는데, 바로 이 무능력이 이 운동이 겪은 급격한 흥망성쇠를 설명하는 데 도움이 된다(카치아피카스, 《신좌파의 상상력》, 영어판 서문).

68혁명의 유명한 구호이기도 했던 "상상력에 권력을"이라는 구호에서 보듯, 신좌파 노선은 자본주의를 아무리 비판한다 해도 불모의 노선이다. 불모의 노선은 자본주의를 극복할 현실적 전망도 없고 자본주의를 대신할 새로운 사회의 전망도 없기 때문이다. 자본주의의 대안은 자본주의 내에서도 찾을 수 없고 사회주의가 아닌 모종의 상상의 체제에서도 찾을 수 없기 때문이다.

자본주의 생산양식을 철폐하는 과학적 정치노선 대신에 "상상력"으로 자본주의를 극복할 수 없으며 "상상력"이 새로운 권력의 담지자가 될 수도 없고 "상상력"으로 새로운 사회의 건설자가 될 수도 없다.

이들 신좌파 이론은 지식인들의 이론으로 노동자 계급을 사회변혁의 주체로 간주하지도 않았으며 노동자들의 계급투쟁과 철저하게 유리되었다. 프랑크푸르트 학파의 글은 추상적 경구와 현학적인 내용으로 가득 차 있고 자본주의 체제의 본질에 대한 단 한 줄의 의미 있는 과학적 인식도 없었다. 프랑크푸르트 학파는 자본주의를 비판(추상적이고 현학적 문체로)하나 현실의 사회주의를 부정하기 때문에 결국은 자본주의를 제대로 비판, 폭로할 수 없었고 결국은 자본주의를 지키는 노선으로 전락할 수밖에 없었다.

프랑크푸르트 학파의 비판이론은 제국주의 자유주의자들(리버럴)의 노선이 되었고 그 노선은 지난번 글에서 인용했듯, 수정자본주의처럼 자본주의 체제의 지속을 위해 충실하게 복무하는 노선이 되었다.

"신좌파의 아버지"라 불리는 마르쿠제는 미국에서 정보기관에서 근무하며 반공주의자 역할을 수행하기도 했다.

그는 1946년에 설립된 OSS 후임 기관인 미국 국무부 산하 정보연구실에서도 근무했다. 1951년까지 유럽 지부장을 역임하기도 했다. 그는 지시에 따라 세계 공산주의위원회(CWC)의 심리전에 대한 과학적 결과를 분석했는데, 이때의 관찰과 분석은 소련뿐만 아니라 국제공산주의 조직 외부의 공산당까지 포함하는 것이었다. 그는 이러한 광범위한 연구에서 냉전 체제 시대의 공산주의 이해와 미국 정부 기관의 전략적 논의에 대해 마르쿠제는 "나치체제를 무너뜨릴 수만 있다면 내가 할 수 있는 일은 뭐든지 하기 위해서"라며 CIA의 전신이었던 정보기관에서 일했던 자신을 변명하지만 파시즘이 자본주의로부터 자라나고 공산주의를 무너뜨리고 독점자본주의를 혁명적 위기에서 구출하기 위한 가장 반동적인 사상이라는 점에 비춰볼 때 반공주의 전력을 변호하기 위한 파렴치한 논리에 불과하다.

더욱이 파시즘과 소비에트 둘 다를 전체주의로 보고 미국식 민주주의를 이 보다 나은 진보적 사회라고 간주했던 신좌파 노선에서 마르쿠제의 이러한 행보는 언제든지 나타날 수 있다.

사적소유 철폐, 생산수단의 국가수중으로의 집중이 왜 공산주의의 요체가 되었는가? 신좌파 비판 연재글1 서두에서 신좌파의 다음과 같은 정치적 특성을 인용한 적이 있다.

1. 사전적 의미에서 신좌파는 1960년대 서유럽과 북미에서 비판이론·구조주의·포스트모더니즘 등의 영향을 받아 생겨난 좌파 조류다. 신좌파는 "계급투쟁과 노동운동에 집중하는 전통적인 좌파와 달리 다문화주의, 동물권, 여성주의, 성소수자 운동, 환경 운동, 기타 소외 계층에 대한 인권 신장 운동에 집중하는 경향이 있다." 전통적 맑스주의의 계급투쟁이론 및 혁명 노선을 포기하고, "구좌파에서 중시하던 자본주의, 제국주의, 경제적 불평등에 대한 비판에서 벗어나 미시적 불평등과 일상의 권위주의, 인간 소외 등에 주로 관심을 둔다"(주1.

https://ko.wikipedia.org/wiki/ 홍승용, "신좌파 어떻게 극복할 것인가?"에서 재인용).

신좌파가 "정통적 맑스주의의 계급투쟁이론 및 혁명 노선을 포기하고", "구좌파에서 중시하던 자본주의, 제국주의, 경제적 불평등에 대한 비판에서 벗어나" 있다는 것은 정치적으로 무슨 의미인가?

《공산당선언》에서 사적소유 철폐를 공산주의 운동의 요체라고 주장한 이유는 자본주의 본질이 자본가적 사적소유가 지배하는 체제이기 때문이다. 자본주의는 토지, 공장, 기업, 원료 등 생산수단을 독점한 자본가들이 생산수단을 소유하지 못한 노동자들을 착취하는 체제이다. 토지의 사적소유도 현 인류와 후대인류가 공유해야 하는 공적 재산인 토지를 개인들, 특히 자본가들이 독점적으로 소유하는 체제다. 더욱이 투기와 투자가 명확하게 구별되지 않는 조건에서 업무용 부동산에 대한 막대한 특혜는 거대 자본에 대한 토지집중을 부추기는 근거가 된다.

사실 자본이라는 것도 자본가들이 가진 최초의 화폐를 제외한다면 과거 노동자 계급의 집단적 노동의 산물이다. 자본가들이 가진 최초의 화폐 형태의 자본조차도 역사적으로는 농민을 수탈하고 노예들을 억압하고 해외 식민지 원료를 수탈한 결과로 생겨났다. 자본가들의 최초 자본이 다른 사람의 노동의 결과를 통해 얻어진 것이 아니라 자본가 개인의 땀과 노동의 결과라 해도 그 이후의 거대한 자본의 축적은 노동자들의 집단적 노동에서 나온 것이다. 사적소유제가 아니라면 자본가들이 생산수단을 독점할 역사적, 도덕적, 경제학적 근거가 없다. 자본주의 국가와 법률은 근로인민을 억압하면서 사적소유 체제를 수호하는 방파제이다.

기업과 공장은 사적소유 때문에 자본가들의 것이지만 실제로는 노동자들의 집단적 소유물이다.

주식회사만 보더라도 전체 주식의 일부만 보유하더라도 최대주주가 되어 자본가들이 기업의 소유주가 되도록 함으로써 자본주의 기업제도 자체를 통해 자본의 기업소유 대신 사회적 소유의 정당성을 보여준다. 그런데 자본주의는 물신숭배가 지배하는 체제다. 자본가들이 계약을 통해 정상적인 임금(보통은 정상 이하로 낮추려고 시도하지만)을 지급하는 것으로 착취는 은폐되어 있지만 노동자들의 생산과 서비스의 일부가 임금으로 지급되고 나머지 지불되지 않는 비용이 자본가들의 이윤이다.

노동자들이 이 사회의 생산자이며 건설자이다. 파업으로 생산과 서비스가 멈출 때 이것이 증명된다. 그러나 자본주의 사회는 마치 자본가들이 노동자들을 먹여 살리는 것으로 현실을 전도하여 자본의 억압과 착취, 지배를 정당화한다. 기업 살리기, 국가경제 살리기를 위해 노동자들이 희생해야 한다는 자본의 거짓 이데올로기가 여기로부터 나온다.

자본주의의 사적소유로부터 그 근본적 문제인 무정부성과 무계획성이 나온다. 자본주의에서는 기업별로 생산계획을 잡지만 다른 누가 얼마나 생산할지, 소비는 어떨지 모른다. 전 사회적으로는 무정부적이고 무계획적 생산이 지배하는 체제다. 이것이 자본주의를 주기적 공황에서 벗어나지 못하게 한다. 생산물은 과잉생산 되어 상품이 지천으로 넘쳐나는데 노동자 민중은 빈곤으로 허덕인다. 자본과 부는 점점 더 소수에게 집중되는 데 반해 노동자 민중의 상대적·절대적 빈곤은 계속되는 불평등한 체제다.

도시는 점점 더 과밀 되고 토지가는 점점 더 치솟아 주택문제가 심각해진다. 반면 농촌은 인구 감소와 일거리 감소로 쇠퇴해간다. 제국주의 체제는 민족억압과 약탈, 침략과 전쟁을 야기한다. 신좌파는 반자본주의 언사를 이따금 사용하지만 이러한 자본주의 모순을 해결할 아무런 방도가 없다.

사회주의 이데올로기는 이러한 자본주의 모순을 근절하고 인간이 해방되기 위해 정립되었다. 사회주의는 인류의 관념적 가치가 아니라 실제 자본주의를 타도하고 제국주의 식민지배를 무너뜨리면서 성립되었다.

전통적인 좌파가 계급투쟁, 특히 자본가들의 지배와 착취에 맞서서 투쟁하고 노동자들을 해방의 중심 계급으로 사고하는 것은 자본주의 모순을 분쇄하고 혁명으로 새로운 사회를 건설하기 위한 것이다. 전통적인 혁명좌파는 자본주의, 제국주의 사회의 모순을 총체적으로 인식하고 근본모순을 분쇄하기 위해 총력을 기울인다.

신좌파가 강조하는 "미시적 불평등과 일상의 권위주의, 인간 소외 등"은 어디로부터 오는 것이며 어떻게 해결 가능한 것인가? 신좌파 다원주의자들이 강조하는 인권과 환경, 인종주의, 장애인, 여성들의 문제도 각각의 개별적인 영역에서 분리해서 해결하는 것이 아니라 자본주의, 제국주의 지배의 산물이기 때문에 사회혁명이라는 근본목표 속에서 단결해서 해결해 나가야 한다.

신좌파들은 사회, 역사에 대한 총체적 인식과 계급투쟁, 민족해방 투쟁을 '거대담론'이라고 무시하고 배격한다. 이러한 '거대담론'이 개인의 인권이나 차별, 억압 등의 문제를 무시하기에 이러한 구체적인 문제에 집중해야 한다는 것이다. 그러나 여성억압의 문제를 자본주의 착취와 억압과 분리시킬 수 없고, 이주민에 대한 차별을 자본의 착취극대화, 고용허가제 같은 악법과 인종주의적 편견과 분리시킬 수 없으며, 생태의 파괴도 자본의 무한착취와 무계획적 자연파괴와 분리시킬 수 없다.

인간 개개인의 권리와 존엄한 삶이 실업, 복지의 결여, 저임금, 사회적·정치적 권리의 박탈, 민주파괴, 문화적 향유 기회의 박탈 속에서 영위될 리는 만무하다. 제국주의의 내정간섭과 경제제재, 전쟁과 약탈 속에 인권과 약자들의 권리가 송두리째 무너질 수밖에 없다는 것은 두말할 필요가 없다.

✒ 무정부주의와 신좌파는 불모의 반공주의로 하나가 되었다

사회주의 국유화나 중압집중을 반대하는 자치는 신좌파의 이상이 자본주의임을 보여준다. 신좌파는 사회주의 국유화나 중앙집중 생산계획 체제를 부정하고 탈집중화를 주장한다.

> 경제의 국유화나 의사결정의 국가 집중을 통해 신좌파가 제시한 자유로운 사회의 형태를 정의내릴 수는 없다. 신좌파가 제시했던 자유의 형태는 의사결정의 탈집중화, 국제적인 산업의 사회화, 노동자와 지역 공동체의 자주관리였으며, 이에는 민주주의를 경제적·문화적 측면뿐만 아니라 삶의 모든 부분에 확대해야 한다는 욕구가 포함되어 있다. 구호로 보자면, 신좌파가 부르짖었던 "민중에게 권력을"—프롤레타리아 독재가 아니라—이라는 요구가 이와 같은 자유로운 사회로 향하는 정치적 길잡이의 역할을 했다 (카치아피카스, 《신좌파의 상상력》).

신좌파는 맑스주의, 공산주의의 요체인 사적소유 철폐, 생산수단의 국가 수중으로의 집중과 이를 위해 필수적인 전 사회적 계획 체제를 반대

　맑스주의와 포스트모더니즘 신좌파 다원주의 이데올로기 비판

한다. 신좌파는 의사결정의 집중은 탈자유라고 본다. 국가는 계급 없는 사회, 착취 없는 사회를 조직해 나가는 사회주의 국가라 해도 반대한다. "의사결정의 탈집중화"를 하면서 "국제적인 산업의 사회화"를 어떻게 구현하겠다는 것인지 해명하지 않고 있다. "노동자와 지역 공동체의 자주관리"는 지역마다 혹은 더 세분화해서 기업마다 자치를 하겠다는 것인데, 이는 결국 자본주의 무정부성과 무계획성으로 귀결될 수밖에 없다. 수천, 수만 개의 지역마다 자주관리를 하고 이 지역마다 난립한 기업의 의사결정을 집중시키지 않고 자치를 한다면 이는 자본주의 기업으로 되돌아갈 수밖에 없다.

> 소위 혁명이라는 것은 낡은 권력을 뒤엎어 새로운 권력을 수립하는 것이지만 새로운 권력이 다시금 민중을 억압하기 시작한다. 이러한 악순환되는 정치 본연의 모습은 부정될 수밖에 없고 따라서 정치혁명 그 자체가 부정된다(《아나키즘》, 玉川信明, 오월).
>
> 프루동이 그리는 미래 이상사회는 대개 노동자 자신이 자치관리하는 기업을 경제단위로 하여 지역·지방·국가로 연합되는 사회가 될 것이다 …. 푸르동의 경우, 국유화가 아니라 '사회화'이다(앞과 같은 책).

소비에트에서 무정부주의자들의 이상이 바로 신좌파의 이상과 동일했다. 소비에트 내부의 아나키스들은 볼셰비키 혁명 정부에 맞서 혁명, 실제로는 반혁명을 선동했다.

'Golos Truda'지는 봉기 직후 이렇게 선언했다.

"우리는 노동자들에게 어떠한 형태의 지배도 거부하도록 호소하는 바이다."

이 생디칼리스트 잡지는 소비에트를 향해, 정당 지도자들이나 이른바 인민위원회들로부터 자유로운, 분산된 독립된 단위로 남아 있어야 한다고 경고했다. 만약 어떤 정치적인 집단이 그들을 압제의 수단으로 변화시키고자 시도한다면 인민들은 다시 한번 무기를 들 준비가 되어 있었을 것이다.

1920년 3월 모스크바에서 열린 제2차 범러시아 식품공장 노동자대회는 아나코 생디칼리스트 집행부(막시모프, 야르추크, 그리고 세르게이 마르크스)가 제안한 결의문을 채택했다. 그들은 이 결의문을 통해 볼셰비키 정권이 프롤레타리아와 농민들에게 "무제한적이고 비통제적인 지배권을 행사하려고 하며, 가공할 만한 집중화를 모순점에 이르기까지 진행시키고 있고… 나라 전체에서 생기 있고 자발적이며, 자유로운 모든 것을 파괴하고 있다"고 비난했다. 결의문은 다음과 같이 이어졌다. "소위 프롤레타리아 독재라는 것은 사실상 정당 심지어 개인적 인간들에 의해 프롤레타리아에게 행사하는 지배권이다." 이 대담한 문장을 직접 쓴 막시모프는 비정당적 소비에트와 자유노동에 기반을 둔 새로운 사회를 요구한 것이다(폴 애브리치, 《러시아 아나키스트 1917》, 예문).

이들 무정부주의 자치주의자들처럼 신좌파가 공산주의와 프롤레타리아 사회혁명에 반대하는 것은 필연적이다. 이들은 자유와 집중, 참여와

　　　맑스주의와 포스트모더니즘 신좌파 다원주의 이데올로기 비판

집중을 대립하는 것으로 본다. 이들은 자유와 자치를 말하면서도 자본주의에서 자본의 최고조의 집중, 즉 독점체의 지배와 집중된 국가권력의 지배를 어떻게 분쇄할지 아무런 전망이 없다.

자본주의에 맞서는 가장 고도의 권위적 행위가 혁명이다. 이를 앞장서 수행하는 것은 가장 잘 조직된 프롤레타리아와 당이다. 그런데 자치와 분산을 자유로 보고 혁명권력의 국유화와 집중된 권력을 반대하는 신좌파가 혁명에 찬동할리가 만무하다.

사회주의 국유화는 가장 높은 형태의 사회화된 생산이다. 국유기업과 국영농장이 바로 사회적 생산기업의 모습이다. 사회주의 국유화와 협동적 생산 체제는 바로 자본주의 분업체제의 무정부적 생산과 무계획성에 맞서는 생산 형태이다. 이는 노동자와 농민의 아래로부터 이해와 요구와 대립되는 것이 아니다.

신좌파는 자본주의로부터 새 사회로 이행하는 이행전략이 부재하다. 그런데 신좌파는 이행전략 자체가 필요하지 않다. "상상력에 권력을" 부여하라고 외쳤던 신좌파의 상상력은 자본주의에 갇혀 있었던 것이다.

5. 혁명의 시대에서 청산의 시대로

(1) 광주학살로 시작된 1980년 '불의 시대'

광주에서의 잔학한 학살로 시작된 1980년대는 혁명의 시대였다. 혹자는 불의 시대라고 명명하기도 했다. 헌신, 투쟁, 타도, 공동체 이러한 집단주의와 이를 성취하기 위한 규율이 적용되던 시기였다.

1980년대 광주에서 내가 만약 저 자리에 있었다면 신군부의 총칼에 맞서 목숨을 내걸고 싸울 수 있었을까? 이런 시대적 문제 앞에서 청년들, 지식인들, 노동자들은 끊임없이 번민했다. 광주에서 신군부의 학살에 분노하던 이들은 학살의 배후에 미국이 있다는 사실을 알게 되었다. 이는 최근에는 탐사전문기자 팀 셔록(Tim Shorrock)이 미국 기밀문서인 체로키 파일을 폭로함으로써 미국 개입이 다시 한번 공식 확인되었다.

당시에도 이미 전두환 신군부에 맞서는 투쟁은 반미투쟁으로 나아갔다. 다시 반미투쟁은 우리의 현대사 전체를 되돌아보게 하였다. 일본 제국주의로부터 해방 이후에 미국은 해방자가 아니라 '점령군'으로 진주하게 되었고, 박정희 군사 쿠데타나 역사적 고비마다 미국이 배후에 있다는 역사적 진실을 알게 되었다. 한편, 분단이나 미군의 진주, 한미군사협정 같은 이남의 '식민지'적 모순들을 해결하기 위해 수십 년 동안 '빨갱이'로 매도되며 금기의 대상이었던 북에 대한 관심이 집중되고 그들이 말하는 '자주성'이라는 개념이 무엇인지에 대해서도 끊임없이 고민하게 되었다.

전태일 열사가 "근로기준법을 준수하라"며 박정희 정권에서의 열악한 노동조건을 폭로하고 산화한 뒤에 극단적인 반공체제에서 저임금, 장시간 노동, 산업재해, 무노조, 무권리 상태에서 억눌렸던 노동자들의 투쟁도 터져 나왔다. 이 당시에는 주로 섬유공업에서 여공들, 공순이라는 멸칭으로 불리는 여성노동자들이 민주노조 건설 투쟁을 중심으로 이 투쟁을 주도했다. 그러나 이 투쟁은 아직 극소수의 자각한 노동자들의 투쟁에 머물렀고, 극단적인 반공주의 체제에 억눌려 전면적인 정치의식으로 발전하지 못했다.

1980년 5월 광주에서의 항쟁 이전에 사북 탄광 노동자들의 거대한 항쟁이 일어났다는 사실을 알고 있는 사람은 많지 않다. 사북 탄광에서 노동자들의 외침은 잠들어 있는 노동자들을 자각시키는 거대한 항쟁이었다. 신군부 권력 이후에 벌어진 대우자동차 노동자들의 투쟁, 구로투쟁 등 노동자들이 역사의 주인, 투쟁의 주역으로 등장하기 위한 기지개를 켜는 투쟁이었다. 학생들은 이른바 '위장취업'이라는 당시로써는 비법적 형식으로 노동자들의 삶의 현장으로 끊임없이 찾아 들어갔다.

전두환 신군부는 광주 학살 이후 곧바로 미국을 찾아가 쿠데타에 대한 사후 승인을 받았다. 물론 사후 승인이라는 것은 신군부 쿠데타에 대해 미국과 사전에 모의하지 않았다는 의미가 아니라 공식적 승인을 받았다는 의미다.

전두환 정권은 파쇼적인 탄압과 함께 국풍 대학가요제, 3스(섹스, 스크린, 스포츠) 정책으로 정치의식을 무마시키기 위한 문화적 책략을 사용했다. 이 당시에 '아 대한민국!'이라는 노래가 유행했다. 이 노래는 정권이나 방송국 차원에서 건전가요로 지정함으로써 대중적으로 전파, 유포하기도 했다.

대중가수 정수라는 1983년 '아! 대한민국'이라는 노래를 발표하여 대한민국을 "은혜로운 이 땅"으로 노래했다.

—

아! 대한민국

(박건호 작사, 김재일 작곡)

원하는 것은 무엇이든 얻을 수 있고
뜻하는 것은 무엇이건 될 수가 있어
이렇게 우린 은혜로운 이 땅을 위해
이렇게 우린 이 강산을 노래 부르네

—

1980년 5월 광주에서 학살의 피 울음이 그치기도 전인 1983년에 "은혜로운 이 땅"은 "저마다 누려야 할 행복이 언제나 자유로운", "우리의 마음속에 이상이 끝없이 펼쳐지는 곳"이라는 이상향으로 급변했다. 게다가 "농촌에 기름진 논과 밭 저마다 자유로움 속에서 조화를 이뤄 가는 곳 도시는 농촌으로 향하고 농촌은 도시로 이어"지는 도농복합체의 이상촌이 되었다.

농민의 자식들은 농촌의 가난을 견디지 못하고 일자리를 찾아 도시로 떠나고 도시에서는 다시 저임금, 열악한 주택 조건에서 도시 빈민이 형성되는 악순환이 계속되는 현실에서 소망하는 모든 일들이 다 이뤄질 수 있다는 노래가 전국 방방곡곡에 울려 퍼졌으니 이 얼마나 초현실주의적인 현실인가? 이러한 초현실주의적 문화는 현실의 고통과 어둠을 묻는 마취제와 같은 것이었다.

박정희 시대인 1975년 제정된 내무부 훈령 410령을 근거로 거리를 배

   맑스주의와 포스트모더니즘 신좌파 다원주의 이데올로기 비판

회하는 부랑인들을 단속하는 한국판 '부랑자 단속법'은 전두환 시대에 와서도 계속됐다. 전두환은 삼청교육대로 신군부식 부랑자 단속법을 계속했고, 이 단속으로 민주화 투쟁에 앞장섰던 인사들도 인권을 유린당하면서 고초를 겪기도 했다. 더불어 형제복지원에서 영장도 없는 무법적 구금과 살해, 인권유린 등이 자행되면서 형제복지원에서만 1975년부터 1988년 동안 657명이 숨진 것으로 알려졌다. 6월 항쟁이 아니었다면 형제복지원에서의 인간 살해는 계속됐을 것이다.

이러한 사회적 모순 앞에서 1980년대는 오늘날 경멸받고 있는 역사적 인식, 거대담론이 작용하던 시기였다. 이 당시에는 노동자 계급의 무권리 상태, 군사독재에 의한 개인 인권의 실종과 유린 상태, 통일논의에 대한 파쇼적 탄압, 박정희 체제에 이은 반공주의 백색테러와 미국에 대한 숭배의식 등으로 개인의 인권, 권리와 거대담론 간의 불일치, 괴리가 없었다.

그러나 6월 항쟁과 직선제의 쟁취, 87년 노동자투쟁과 전국적인 민주노조의 결성, 민주주의의 성취 등으로 이 사회는 앞으로, 앞으로 조금씩 나아가기 시작했다. 이 당시 국가보안법의 탄압을 뚫고 금서였던 《자본론》이 번역됐으며 진보적인 서적들과 북과 관련한 책들이 앞다퉈 출판되기도 했다.

한국사회 모순을 총체적으로 인식하기 위한 사회성격논쟁(혹은 사회구성체) 논쟁이 뜨겁게 달아올랐다. 한국사회가 여전히 (신)식민지 사회이니, 주변부 자본주의니 파시즘이니 국가독점자본주의니 하는 논쟁이 계속됐다. 이러한 논쟁은 단순하게 학구적인 논쟁만이 아니라 노동자 민중의 대중운동과 결합했다. 전두환 파쇼 정권과 투쟁하고 미제국주의를 이 땅에서 내쫓고 분단된 조국을 통일시키고 노동자들의 노동3권을 쟁취하고 노동해방을 쟁취하기 위한 투쟁들을 논리적, 사상적으로 표현한 것들이었다. 이 논쟁들은 다 한국사회의 모순들, 부조리들을 해결하기 위한 것들이었지만, 이 모순들을 해결하기 위한 순서, 방법, 집중성 등을 두고 무수한 정파들이 생겨났다.

1980년대는 통일운동과 노동운동, 민주화 운동, 빈민운동, 농민운동과 지식인 운동, 청년학생 운동이 고양되고 이를 논리적으로 인식하는 이른바 사회과학의 르네상스 시대가 펼쳐졌다. 진보적 청년과 지식인들은 87년 노동자대투쟁 이후 다시 역사의 주인으로 떠오른 노동자 계급을 중심 계급이라고 인정하기 시작했다.

우리의 전통적 문화를 무조건적으로 배척하고 외국 영화, 외국 문화, 외국문학을 일방 동경하는 대신에 우리 전통 민족문화를 계승 발전시키기 위한 노력도 나타났다. 이 시기에 전통문화 계승은 국수적인 것이 아니라 투쟁하는 노동자 민중들 속에서 민중적으로 발전했다. 민중문학도 제도권 반공주의 학습에 반발하여 역사와 사회를 새롭게 배우자 하는 학습운동의 열풍도 뜨겁게 일어났다.

(2) 소비에트권의 붕괴와 함께 시작된 1990년대 청산주의의 시대

그런데 1980년대 말 1990년대 초 동유럽과 소련사회주의 해체라는 격변이 일어났다. 소련을 중심으로 하는 공산주의 진영과 미국을 중심으로 하는 제국주의 진영 간의 '냉전'에서 승리한 자들은 제국주의 진영이었다. 미국 국무부에서 일했던 프란시스 후쿠야마는 《역사의 종언》에서 이제 이데올로기의 시대는 끝났고, 자본주의 이후 자본주의와 다른 새로운 시대는 없다고 선언했다. 맑스가 인류역사 발전을 원시공산제 – 고대노예제 – 자본주의 – 공산주의로 나눴는데, 이제 공산주의 체제가 망했으니 자본주의가 인류의 마지막 생산양식이라는 것이다. 이는 자본주의, 제국주의의 승리 선언문이다.

그런데 이념의 시대가 끝났다는 것은 실제로는 무이념의 시대가 아니라 일방적인 제국주의와 자본주의의 이념의 독주시대가 계속된다는 의미다. 미국 중심의 패권주의, 미국 예외주의, 미국 단독의 깡패 경찰주의가 개막된 것이다.

1990년대 중반에는 이러한 전 세계적 격변으로 인한 국제적 고립과 제국주의 공세의 고조, 게다가 자연재해 등까지 겹쳐 소비에트권의 해체에도 불구하고 의연하게 사회주의를 고수하고 있던 조선과 쿠바를 "고난의 행군"과 "특별한 시기"라는 미증유의 난관으로 몰아갔다. 중국은 개혁개방으로 공산당이 무너지고 자본주의로 변모하는 것은 기정사실인 것처럼 여겨졌다.

국제적으로 깡패 미제국주의의 소비에트권이라는 대항자가 사라지자 브레이크 없는 질주를 계속해서 일극 체제가 강화되고 서방의 노동자들은 투쟁으로 쟁취한 복지체제를 강탈당해야 했다. 유고 내전처럼 사회주의 체제에서 오순도순 사이좋게 살던 민족들은 제국주의가 부추긴 분쟁으로 인해 내전이 벌어져 수십만이 서로 죽고 죽이는 살상극을 벌였다.

이러한 80년대 말과 90년대를 넘어서 진행된 역사적 격동으로 인해 이때부터는 1980년대와 정반대 방향으로 지적 흐름, 사상적 흐름이 시작됐다. 사상이 무너지고 조직이 무너지고 (대중)운동이 무너졌다.

이 사회와 이 사회 모순을 총체적으로 인식하고 근본적으로 변화, 변혁하기 위한 논의들은 이제 청산의 대상이 되었다. 이 사회를 근본 개조한다는 혁명의 낙관적 전망 대신에 낙담, 절망, 회의와 동요가 넘쳐났다. 자기 삶을 다 바쳐 투쟁했던 투사들 사이에서 자기 삶과 세계관을 부정하는 이른바 '고백' 유의 회의적 자기고백들이 시작되었다. 전망을 가지고 노동현장으로 뛰어든 진보적인 학생들은 상당수가 현장을 떠났다. 이른바 '전위'조직을 만들자고 하던 혁명세력들은 대다수 합법운동으로 전환하거나 운동 자체를 청산하게 되었다.

문학에서도 이러한 청산주의 사조들이 판쳤다. 당시 많은 젊은이들을 사로잡았던 공지영의 《더 이상 아름다운 방황은 없다》(1989), 《그들의 아름다운 시작》(1991), 《무소의 뿔처럼 혼자서 가라》(1993) 같은 후일담 소설이나 《서른 잔치는 끝났다》(1994) 같은 최영미의 시가 갈 길을 잃은 청년들의 영혼을 사로잡고 언론에서는 이를 부각시켰다.

현실 사회주의권이 해체되어 전망을 상실하고 "세상이 변화했다"는 게 이들의 청산의 이유였다. 그러나 역사적 격변이 진보적인 청년들과 학생들, 지식인들과 민주인사들, 급진적 조직들이 진보적 운동을 청산하고 변절하거나 투항하거나 무력해 지면서 모든 것이 변화하고 있을 때 역설적으로도 여전히 변화하지 않는 것은 우리의 현실이었다. 현실은 고정불변한 것이 아니다. 새롭고 빠르게 변화한다. 그러나 겉으로 보아서는 빠르게 변화하는 현실 그 이면에서 변화하지 않은 불변의 현실이 있다. 그것은 이 사회의 근본모순이다.

우리들 외부에서 격변이 시작됐지만, 부조리하고 불합리하고 불평등한 우리의 현실은 근본적으로 변화하지 않았다. 외세가 이 땅에서 물러난

　　맑스주의와 포스트모더니즘 신좌파 다원주의 이데올로기 비판

것도 아니었다. 노동자들이 착취 없는 삶을 사는 것도 아니었다. 분단문제가 해결되고 통일이 달성된 것도 아니었다. 현실의 근본적 모순과 부조리는 그대로 계속되는데도 불구하고 현실을 인식하는 인식, 신념들이 먼저 변화해간 것이다. 노동자 민중의 목숨 건 투쟁으로 삶이 더 나아지고 우리 사회가 더 변화했다고 할지라도 이러한 부조리, 모순들, 억압구조가 사라진 것은 아니다.

1990년 민중가수 정태춘은 대중가요 1983년 '아! 대한민국'과 똑같은 제목으로 비틀고 풍자해서 대한민국의 변치 않는 비참하고 저주스런 현실을 고발했다.

—

아, 대한민국

(정태춘 작사 작곡)

우린 여기 함께 살고 있지 않나 사랑과 순결이 넘쳐 흐르는 이 땅
새악시 하나 얻지 못해 농약을 마시는 참담한 농촌의 총각들은 말고
특급호텔 로비에 득시글거리는 매춘 관광의 호사한 창녀들과 함께

우린 모두 행복하게 살고 있지 않나, 우린 모두 행복하게 살고 있지 않나
아 우리의 땅, 아 우리의 나라
우린 여기 함께 살고 있지 않나 기름진 음식과 술이 넘치는 이 땅
최저임금도 받지 못해 싸우다가 쫓겨난 힘없는 공순이들은 말고
하룻밤 향락의 화대로 일천만 원씩이나 뿌려대는 저 재벌의 아들과 함께

우린 모두 풍요롭게 살고 있지 않나 우린 모두 만족하게 살고 있지 않나

아 대한민국 아 우리의 공화국

우린 여기 함께 살고 있지 않나 저들의 염려와 살뜰한 보살핌 아래

벌건 대낮에도 강도들에게 잔인하게 유린당하는 여자들은 말고

닭장차에 방패와 쇠몽둥이를 싣고 신출귀몰하는 우리의 백골단과 함께

우린 모두 안전하게 살고 있지 않나 우린 모두 평화롭게 살고 있지 있나

아 우리의 땅 아 우리의 나라

우린 여기 함께 살고 있지 않나 우린 모두 행복하게 살고 있지 않나

아 우리의 땅 아 우리의 나라

우린 여기 함께 살고 있지 않나 양심과 정의가 넘쳐 흐르는 이 땅

식민 독재와 맞서 싸우다 감옥에 갔거나 어디론가 사라져 간 사람들은 말고

하루아침에 위대한 배신의 칼을 휘두르는 저 민주인사와 함께

우린 너무 착하게 살고 있지 않나 우린 바보같이 살고 있지 않나

아 대한민국 아 우리의 공화국

우린 여기 함께 살고 있지 않나

거짓 민주자유의 구호가 넘쳐흐르는 이 땅

고단한 민중의 역사 허리 잘려 찢겨진 상처로 아직도 우는데

군림하는 자들의 배부른 노래와 피의 채찍 아래 마른 무릎을 꺾고

우린 너무도 질기게 참고 살아왔지 우린 너무 오래 참고 살아왔어

아 대한민국 아 저들의 공화국 아 대한민국 아 대한민국

—

정태춘이 그린 1990년의 대한민국의 참담한 현실은 소비에트권의 해체

 맑스주의와 포스트모더니즘 신좌파 다원주의 이데올로기 비판

라는 격변 사태에도 불구하고 계급적, 민중적, 민족적, 대중운동 차원에서 투쟁을 계속하도록 했다.

노태우 정권은 이에 앞서 1989년 노동조합을 결성하려던 교사 1,527명을 비롯해 89년 전후 사립학교 민주화투쟁 과정에서 200여 명을 해직시키고, 200명이나 되는 교사들을 시국사건 관련 임용에서 제외시키는 만행을 저질렀다. 노태우 정권은 1980년 6월에는 해고자 복직서명을 주도한 전교조 교사 1천여 명을 중징계하는 파쇼적 만행을 자행했다.

노태우 정권의 현대중공업에서는 어용노조의 직권조인에 맞서 노태우 쿠데타일인 12월 12일부터 128일 투쟁을 전개했다. 이 공장 점거 투쟁 과정에서 노조파괴를 위한 1.8 테러사건과 2.21 식칼테러사건이 벌어졌다. 골리앗 고공에서의 점거 투쟁도 시작됐다.

1990년 1월 22일 노태우 파쇼 군사 정권의 대대적인 검거 작전에도 불구하고 '평등사회', '노동해방'을 내건 전노협(전국노동조합협의회)이 출범했다.

노태우 정권은 또한 1990년 4월 3일 방송 장악을 위해 KBS 방송민주화에 호의적이었던 서영훈 사장을 비롯해 윤혁기 부사장 등 임원 및 간부 4명을 해임시키고 서기원 서울신문 사장을 낙하산으로 임명했다. 노태우 정권은 이에 저항하던 KBS조합원 및 사원 117명을 백골단을 동원해 강제 연행해 갔다. 노태우 정권은 정권에 항의하여 방송 민주화를 위해 농성을 하던 노동자들을 강제 연행하고 또다시 333명을 싸우던 경찰 측은 밤 11시 45분에 '여의도 진압작전'이란 명칭으로 KBS 농성 강제해산에 돌입해 50여 분 만에 본관 2층 로비에서 사원 333명을 강제로 끌고 갔다. 이 투쟁으로 14명의 노조 간부들이 구속됐다.

1991년에는 한진중공업 박창수 열사가 국가안전기획부(안기부)에 의해 타살을 당하는 천인공노할 일이 벌어졌다. 강경대 열사가 백골단에게 타살당하고 김귀정, 박승희, 김영균, 천세용, 김기설 등이 잇달아 분신 저항을 하며 극악한 탄압만큼이나 극렬한 저항이 이뤄졌다. 여기에 노태우 정권은 강기훈 씨가 김기설 열사 유서 대필을 했다고 구속시키는 희대의 날조극을 벌이기도 했다.

6공 시절 4,573명의 노동자들이 노조활동 관련해 강제해고를 당했다. 이는 하루 3.1명꼴이고 한 달 93.3명꼴이다. 부당해고자들 중 복직된 노동자들은 3.9%인 177명에 불과하다(전노협, 전국노동자신문 57호, 1992년 5월 6일 자 참고). 이것만 보더라도 노태우 정권에서 노동자들이 얼마나 혹독한 탄압을 당했는지 잘 알 수 있다.

1988년 당시 779명에 달하던 양심수는 노태우 정권의 탄압이 가중되면서 1989년에는 1,515명, 1990년에는 1,812명, 1991년 1,352명 등으로 증가해 6,614명에 달하며 감옥은 양심수로 넘쳐났다. 특히 1991년 4월은 노태우 정권의 야만적 탄압이 극한에 달한 시점이었다.

기층의 노동자 민중은 계속 싸우고 있는 상황에서도 청산주의에 빠진 지식인들과 정치조직의 우경화와 탈주는 계속됐다.

이즘에 세계 진보운동사에서 가장 치욕스러운 '안기부 탄원서' 사건이 벌어지게 됐다. 1991년 인민노련(인천지역민주노동자연맹), 삼민동맹, 노동계급이 하나로 합쳐 한사노당(한국사회주의노동당)을 결성하려 하지만 곧바로 안기부(현재 국정원)에 의해 침탈을 당하게 된다. 이들은 1992년 전위정당 노선을 전면 폐기하고 합법주의 운동을 하겠다는 내용의 굴욕적인 탄원서를 안기부에 제출하는 치욕적인 작태까지 연출한다.

탄원서

1. 저희들은 92년 1월 17일 경찰당국이 발표한 '한국 사회주의 노동당 창당 준비위원회' 사건 관련자들로서, 본 사건으로 이미 구속된 주대환씨 등 4인의 석방과 본 사건에 대한 관계당국의 관대한 조치를 탄원합니다.

2. 저희들은 세간에 본 사건이 합법적인 진보정당에 대한 정부 당국의 비우호적 태도로 비칠 수 있다는 점에 대해 먼저 말씀드리고 싶습니다. …

3. 경찰당국에서는 본 사건이 합법적으로 등록된 '한국 노동당(가칭)'과는 무관한 것으로서, 국가보안법상 반국가단체에 해당되는 비합법조직, '한국 사회주의 노동당 창준위'에 대한 수사라고 밝힌 바 있습니다. 그러나 저희들이 강조하고 싶은 중요한 사실은, 경찰당국에서도 인정하고 있는 바와 같이 91년 7월 결성된 '한국 사회주의 노동당 창준위'는 91년 12월 조직원의 자발적 결의에 의해 해산되었다는 것입니다. … 91년 12월 조직의 해산 이후, 이 조직의 성원들은 정부당국에 합법적으로 등록한 '한국 노동당(가칭)'에 참여하였습니다. 그리고 92년 2월부터는 91년 11월 18일 대통령께서 직접 그 대표자들을 면담하신 바 있는 '민중당'에 합류하고 있습니다.

4. 91년 11월 18일 대통령께서는 민중당 대표자들과의 면담자리에 "합법적인 진보정당운동을 보호, 육성하겠다"는 의사를 밝히셨습니다….

5. …저희는 진보세력의 변화 중 관계당국에서 주목해야 할, 각별히 중요한 의미를 띠는 사건으로서 '한국 사회주의 노동당 창당준비위원회'의 자발적 해산을 꼽고자 합니다.

이 조직의 해산은 그간 노동운동 등의 정치적 그룹이 지향해 온 '비합법 전위조직노선', 세칭 '지하조직노선'이 개명한 시대에 사는 일반 국민에게 정당성을 인정받을 수 없으며, 이러한 노선으로는 이 사회의 발전에 궁극적 역할을 할 수 없다는 결론에 이르게 된 것입니다.

6. 또한 '비합법 전위조직노선'의 폐기는 그간 진보세력 일각을 지배해 온 '폭력혁명노선'에 대한 부정으로 직결됩니다….

7. 저희들의 생각의 변화에는 한국 사회의 거대한 변모가 결정적인 작용을 하였지만, 그에 못지않게 중요한 요인으로 사회주의권의 몰락이라는 세기적 대격변의 영향을 들 수 있습니다. 프롤레타리아 독재라는 이름 아래 노동자의 국가로 알려져 왔던 사회주의 국가가 실은 공산당의 일당 독재에 다름없었음을 많은 사람들이 확인하였습니다. 이러한 사회주의권의 현실을 하나하나 목도하면서 저희들은 사회주의권에 대한 그간의 동경을 내버려야 한다는 결론에 이르게 되었습니다. …

8. 비합법 전위조직으로서의 '한국 사회주의 노동당 창준위'의 해산에서 합법정당으로서의 '민중당'으로의 합류에 이르는 과정은 저희들의 이런 사고의 전환을 행동으로 증명하고 있다는 점을 다시 한 번 밝힙니다. …

　　맑스주의와 포스트모더니즘 신좌파 다원주의 이데올로기 비판

9. 마지막으로 관계당국에 간곡히 말씀드리고 싶은 바는, 본 사건의 처리 방침이 4인의 구속자와 저희들 관련자들뿐이 아니라, 여전히 비합법 조직운동을 하고 있는 많은 젊은이들의 운명을 규정할 것이며, 부분적으로는 이 사회의 건전한 발전 여하에 영향을 미치리라는 점입니다. 관계당국에서 현명한 결단을 내리신다면, 이는 구시대적인 비합법 조직 운동에 매달려있는 많은 진보세력을 합법정당으로 나오게 하는 물꼬를 트는 역사적 결정이 될 것입니다. …다시 한번 관대한 조처를 호소하며, 인사를 대신합니다.

1992. 2. 24.

황광우 정광필 구인회 임영탁 최정식 이상민 윤영상 김성은 이영이
박병우 박용준 조근래 신지호 한승주 이상귀 조진태 안명균 유병진

"프롤레타리아 독재라는 이름 아래 노동자의 국가로 알려져 왔던 사회주의 국가가 실은 공산당의 일당 독재에 다름없었음을 많은 사람들이 확인하였다"는 인식에서 보듯, 이들은 한때 자신들이 프롤레타리아 독재, 즉 무산자 민중독재를 지지하였다는 것을 인정하고 있다. 지금도 또한 프롤레타리아 독재라는 원칙은 맞는데 그것이 일당독재, 개인독재로 변질되어서 문제라고 하는 것이다.

그런데 여기서 독재는 폭압과 전제를 의미하는 것이 아니라 "누가 누구를 지배하고 지배당하냐"의 문제이고 어느 계급의 이해를 집단적으로 대

변하는 독재냐의 문제이다. 이는 수천 년 동안 지배와 억압, 탄압을 당해왔던 기존 피억압자, 피수탈자들이 혁명으로 새로운 사회의 주인이 되어 수천 년 동안 토지를 독점하고 부와 권력을 독점하며 민중을 지배해 왔던 자들, 세력들을 정치적으로 고립시키고 억압하는 정당한 '민중독재'이다. 이 '민중독재'가 없다면 혁명으로 분쇄된 과거의 억압자, 수탈자들이 호시탐탐 과거로 복구하려고 노리기 때문에 민중독재는 필수적이다. 이러한 의미의 '독재'라면 프롤레타리아 독재와 그 프롤레타리아와 민중의 이해를 집중하고 있는 당'독재'도 문제 삼거나 대립시킬 수는 없는 것이다.

낭만적이고 공상적인 사람이 아니라면, 이 사회를 이끌어가는 지도자와 당의 필요성을 인정할 것이다. 그것은 자본주의든 사회주의든 마찬가지로 필수적인 요소이다. 그렇다면 지도자와 대중, 프롤레타리아 계급과 당, 아래와 위를 대립시키는 것은 무정부주의적인 인식이다. 지도자 중에서도 대중들에게 군림하는 지도자가 있는가 하면 인민대중을 하늘로 떠받들고 인민대중의 이해를 실현하는 것을 정치적 최고목표로 삼는 지도자가 있기 때문이다. 당도 마찬가지다.

기존 노동자 국가가 프롤레타리아 독재가 당독재로 변질되어서 망했으면 그건 프롤레타리아 독재가 문제가 아니라 프롤레타리아 독재가 제대로 구현되지 못해서 문제였기 때문에 제대로 된 프롤레타리아 독재를 추구해야 한다. 그러나 이들은 프롤레타리아 독재가 당독재로 변질되는 것은 필연이고 이로 인해 사회주의권이 해체되었다고 보기 때문에 사회주의 동경을 버리고 진보적 운동의 청산을 정당화하고 있다.

먼저 그것이 자신들이 우익 백색테러 독재의 상징인 국가정보원에 탄원서를 제출한 것에 대한 정당성을 부여하는 것이 아니다. 또한 프롤레타리아 독재가 당독재로 더 나아가 일인독재로 변모되었다는 인식에서는 이들이 얼마나 프롤레타리아 독재에 대해 낮은 인식에 사로잡혀 있었는지 알 수 있다.

게다가 이들이 청산주의, 패배주의에 사로잡히게 된 계기가 소련과 동유럽 사회주의의 해체 때문인데, 이들 사회주의 국가들은 이들이 인식하는 것과 정반대로 프롤레타리아 독재나 당독재의 문제가 아니라 프롤레타리아 독재가 약화되었기 때문이다. 당이 제국주의와 싸우면서 프롤레타리아의 계급적 이해를 철저하게 대변하고 인민대중을 중심에 세우면서 군대와 노조, 사회 전체를 올바로 이끌어나가야 하는데 그렇지 못했기 때문이다.

프롤레타리아 국가에서 당의 일당독재가 문제라는 인식은 다당제라는 자본주의 정치제도가 마치 민의와 '민주주의'의 척도라는 인식에 사로잡혀 있기 때문이다. 그러나 자본주의 다당제에서 그 다당은 누구의 이해를 대변하고 있는가? 노동자 민중의 이해를 대변하는 진보적인 정당을 제외하면 기존 정치를 지배하는 정당들은 다당으로 포장되어 있고, 심지어 선거로 권력자들이 정기적으로 교체되기도 하지만, 이들은 한결같이 기존 기득권자들, 자본가들, 부자들의 이해를 대변한다. 하나의 정당이 민중의 신뢰를 잃으면 다른 당이 대신 권력을 잡고는 또 기존 정당의 반민중적 행태를 되풀이한다. 민중은 선거에서 한 표를 행사하는 권리 외에는 정치무대에서 언제나 소외당해 있다. 민중의 민주주의, 가난한 자의 권리는 언제나 무시당하고 소외당한다. 그런데 이들 중 상당수는 "사회주의권에 대한 그간의 동경"을 내버리면서 결국은 자본주의의 억압적, 관료적 정치질서에 투항하고 이 질서에 적극 편입하여 새로운 반민중적 정치질서를 떠받치는 파렴치한 정치적 기생충들이 되었다.

이 명단에 버젓이 이름을 올린 자들, 이들 조직의 핵심 활동가 중 상당수는 현재 민주당이나 국민의힘 국회의원이나 도지사 등 권력자들로 행세하고 있다. "저희들의 생각의 변화에는 한국사회의 거대한 변모가 결정적인 작용을 하였지만, 그에 못지않게 중요한 요인으로 사회주의권의 몰락이라는 세기적 대격변의 영향을 들 수 있다"고 버젓이 고백하고 있다. 그러나 이들은 "사회주의권에 대한 그간의 동경"을 내버리고 노태우 정권에 투항했지만 보다시피 변화한 것은 현실이 아니라 자신들의 인식이고 신념이고 사상이었다.

노태우 정권은 이 당시에 이른바 "북방외교"로 해체되고 있었던 소련과 개혁개방의 길을 가고 있었던 중국과 수교하였다. 노태우 정권의 북방외교는 소비에트의 해체와 당시만 하더라도 개혁개방으로 자본주의로 변모할 것이 분명한 중국의 미래를 예상하고 더불어서 당시에 타오르던 통일논의를 체제내화 시키기 위한 것이었다.

더불어 노태우는 탄원서에 나온 것처럼, "민중당 대표자들과의 면담자리에 '합법적인 진보정당운동을 보호, 육성하겠다'"면서 기층 운동은 극렬한 탄압을 가하면서 흔들리고 동요하는 운동세력들은 포섭, 개량화 하려고 하는 양동작전을 구사하고 있었다.

민주화 투쟁을 같이 해왔던 김영삼은 3당 합당으로 노태우 군사정권 품으로 뛰어들어 민자당을 만들었다. 3당 야합 이후인 1993년 김영삼은 군정종식이라는 구호를 내걸고 권력을 잡고 군사정권을 연장했다. 김영삼 정권 들어서 동요하고 흔들리던 진보운동 진영은 군사독재의 퇴장과 민주주의의 진전이라는 미명으로 전투적 노동운동 위기, 맑스주의 위기라는 위기담론을 유포하기 시작했다.

김영삼 정권 시절에 다시 한번 진보운동 진영 중 투항자들이 대거 생겨났다. 1993년 김영삼의 집권은 진보운동 진영 내에서 불안정하게나마 군정이 종식되고 민주주의가 진척된 상황이니 더 이상 전투적 노동운동, 학생운동은 필요하지 않은 것 아니냐 하는 논쟁을 불러일으켰다. 이때를 전후로 소비에트권 해체 이후 노동운동 위기론, 학생운동 위기론이 다시금 등장했다. 진보적 사회진출, 애국적 사회진출이니 하며 변화된 세상에 맞춰 진보 운동도 기조를 맞춰야 한다는 주장들이 앞다퉈 나왔다.

그러나 노태우 정권처럼 김영삼은 1990년과 1991년에 대중적으로 시작된 8.15 범민족대회와 범청학련 통일대축전 남측 행사 같은 유독 통일운동에 대해서는 극렬한 탄압을 지속했다. 학생운동에 대해서도 마찬가지였다.

김영삼 정권은 1996년 한국대학생총연합회(한총련)을 이적단체 불법단체로 규정하고 수만 병력과 헬기, 각종 진압장비를 동원해 연세대에서 농성을 하고 있는 청년학생들을 고립무원의 상태로 내몰았다. 김영삼 정권은 수천 명 학생을 강제 해산시키고 54명을 구속하고 시위가담자 1천7백여 명을 연행하는 전대미문의 폭력을 자행했다. 전투성은 군사독재 시절의 유산에 불과하고 이른바 "개명한 시대", 명목적 민간정부에서 이러한 야만적인 폭력이 자행됐다. 이후로도 한총련을 고사, 해체시키기 위한 탄압을 계속했다. 이 탄압으로 대중적인 학생운동, 통일운동은 많이 약화됐다. 그러나 탄압만으로는 대중운동이 무너지는 게 아니다. 그렇다면 1980년대에 더 극심한 탄압 속에서 이미 대중운동은 괴멸을 당했을 것이다.

"세상이 변했다"며 위기론을 제출하는 위기론자들 자신들의 운동적 위기, 진보적 세계관의 위기였다. "세상이 변했다"는 담론은 세상이 고정되어 있지 않고 노동자 민중의 투쟁에 따라 진보적으로 변화·발전했다는 의미로서의 변화를 말하는 것이 아니었다. 세상의 부조리와 모순들이 사라졌기 때문에 기존의 진보적인 운동노선, 세계관도 그에 발맞춰 변해야 한다는 투항논리에 불과하였다. 지금이 최선의 세계이니 진보적인 세계를 만들기 위한 투쟁은 의미가 없다는 자기변호론이었다. 변화 발전하는 새로운 세계를 건설하기 위한 투쟁을 포기한 패배주의, 좌절, 낙담의 표현이었다.

새로운 세상을 만들어 갈 수 있다는 자신감과 전망의 상실, 진보적 세계관의 동요, 사상의 후퇴가 투쟁의 후퇴, 조직의 후퇴를 낳았다. 포스트모더니즘은 사상적 동요, 혼돈으로 방황하고 있던 많은 지식인들, 청년들을 사로잡았다.

 맑스주의와 포스트모더니즘 신좌파 다원주의 이데올로기 비판

6. 21세기에는 역사와 사회에 대한 과학적, 총체적 인식을 포기해야 하는가?

- 포스트모더니즘과 다원주의
: 소부르주아 이데올로기로부터 21세기 지배계급·제국주의의 세련된 변호론으로

(1) 포스트모더니즘: 이념적 탈주, 후퇴, 해체

1980년대에 사회성격논쟁, 사회구성체 논쟁이라는 이름으로 이 사회 모순을 총체적으로 인식하고 이 사회를 근본적으로 변화시키기 위한 뜨거운 논란들이 일어났다. 이때에는 각자 가는 길, 순서, 방법은 달라도 다 이 사회, 이 체제 내에서는 더 이상 진보적이고 변화된 세상이 올 수 없다는 공통적인 인식을 가지고 있었다. 개인주의 담론보다는 시대와 역사를 끌어안고 집단주의를 내걸고 어깨 걸고 나갔다.

그러나 1990년대를 전후로 밀어닥친 포스트모더니즘은 역사와 사회, 집단주의보다는 개인과 인권 등의 담론을 우선적으로 내걸었다. 제국주의와 자본주의에 맞서는 대신에 개인주의 담론들도 우후죽순으로 생겨나기 시작했다.

사실 역사와 사회를 전면적으로 인식하고 변화시키는 투쟁과 집단주의 속에 개인과 인권이 사라지는 것은 아니었다. "하나는 전체를 위하여 전체는 하나를 위하여"가 집단주의 정신의 정수이다. 개인도 역사 속의 개인이고 사회 속의 개인이고 집단 속의 개인이기 때문이다. 인간은 사회적 인간이고 그러기에 정치적 인간이기도 하기 때문이다. 사회성과 역사성을 상실한 인간은 고립적 인간이고 개별적 인간으로 그 자체만으로 인간의 본질적, 본연의 모습이 될 수는 없다. 그러나 포스트 담론들은 이를 대립

시켰다. 집단 대신 개인을, 사회 대신 개별을 대치시켰다. 그러나 사회로부터 고립된 개인, 개별화된 개인은 철저하게 소외된 개인이다. 소외된 개인들, 개인들의 운동은 개인들의 인권, 존엄, 생명을 보호할 수조차 없다.

포스트모더니즘 시대의 구호는 탈주, 해체였다. 포스트모더니즘은 후기 모더니즘의 시대라는 의미다. 모더니즘 시대는 도대체 무엇이기에 지금은 후기 포스트모더니즘의 시기가 왔다는 것인가?

서구에서 일찍이 1960년대, 1970년대 개화된 포스트모더니즘은 다원주의 사상이다. '68혁명'이라 불리는 1968년 5월과 6월에 걸쳐 진행

슐리 파이어스톤과 앤 코드 편집으로 1970년에 출간된 『2년 차 노트(Notes from the Second Year)』의 표지. 이 책에는 "개인적인 것이 정치적이다(The Personal Is Political)"가 수록되어 있다. 표지 사진은 프리랜서 사진기자 데이비드 로비슨이 촬영했다. 이미지 출처: 듀크 대학교 도서관 소장품 및 기록 보관소(https://storyoftheweek.loa.org/2021/06/the-personal-is-political.html)

 맑스주의와 포스트모더니즘 신좌파 다원주의 이데올로기 비판

된 프랑스에서의 대대적인 투쟁은 "개인적인 것이 정치적인 것이다(The Personal is Political)"라는 구호로 잘 상징되고 있다. 이 구호는 포스트모더니즘이 어떻게 인식하고 어떤 기치를 가지고 있는지를 잘 보여준다.

"'68혁명'의 영향을 받고 1970년대 미국 페미니즘에서 부상했던 정체성 정치(Identity politics)는 젠더, 인종, 인권, 장애 등의 문제를 전면에 내걸었다. 그러나 이러한 '정체성 정치'는 "정치권력을 장악해 평등 자유를 선포하는 방식으로 진행되기보다는 비정치적으로 간주되곤 했던 일상적 차원의 문제를 정치적 문제로 새롭게 폭로하고 드러내는 방식으로 진행"(최원 철학자, 글로벌이슈 | 프랑스 68혁명 50년 | "'개인적인 것이 정치적인 것' '표면적 실패' 뒤에도 혁명은 계속되었다", 신동아 2018년 6월호) 되었다.

레닌은 일찍이 《국가와 혁명》에서 "혁명의 근본 문제는 국가권력의 문제다"라는 명제를 제시했다. 국가권력은 군대, 경찰, 관료기구 등 억압기구를 가지고 있고 이 기구를 가지고 기존 착취와 억압, 수탈의 질서를 보호하기 때문이다. 이 억압기구로 이 사회의 모순을 해결하기 위해 투쟁하는 노동자 민중을 억압하기 때문이다. 이 국가권력은 또 법을 이 지배질서를 유지하는 도구로 제정하여 법에 의한 지배라는 명목으로 민중을 억압하기도 한다. 노동자 민중이 투쟁에 나서기만 하면, "법을 준수해야 한다", "불법이다"라며 으름장 놓는 국가권력의 모습을 볼 때 '법치주의'는 노동자 민중을 지배하고 억압하는 탄압의 수단에 불과하고 그 억압질서를 옹호하는 이념이다. 이 사회의 국가권력은 중립적이고 공평한 중재자임을 자처하면서도 항상 자본가들, 부자들, 기득권 분자들의 이해를 일방적으로 대변해 왔다.

그렇기 때문에 이 사회를 근본적으로 변화시키기 위해서는 국가권력을 그대로 내버려 두어서는 안 된다는 정치적 결론에 도달했다. 이는 레닌 시대뿐만 아니라 의회주의가 발전한 현대 자본주의 사회 어디에서나 통용되는 진실이다.

미국이 언제나 배후에 있었지만, 1973년 칠레 아옌데 사회주의 정부의 전복 사례를 보더라도, 실패했지만 베네수엘라에서 극우파들의 마두로 정부 전복 시도와 마약 근거지 소탕을 근거로 베네수엘라 정권을 붕괴시키고 석유를 차지하고자 하는 트럼프 정권의 침략 위협, 페루에서 진보적인 카스티요 정부의 전복과 체포, 군대와 경찰의 저항하는 민중에 대한 대대적인 학살에서 보듯 국가권력의 문제는 언제나 어디에서나 혁명의 근본문제인 것이다.

그러나 '정체성 정치'는 이와는 달리 "정치권력을 장악해 평등 자유를 선포하는 방식으로 진행되기보다는 비정치적으로 간주되곤 했던 일상적 차원의 문제를 정치적 문제로 새롭게 폭로하고 드러내는 방식으로 진행"된다.

포스트모더니즘은 포스트구조주의라고도 한다. 포스트모더니즘은 정치권력을 장악하는 운동은 모더니즘 시대의 흘러간 옛 방식이라고 인식한다. 이는 문화현상으로 나타났지만, 단순하게 문화현상도 아니고 세계관, 인식, 기조, 기치의 전면적인 변화이다. 이는 단순하게 후기 개념이 아니라 모더니즘적 사고, 인식을 넘어서는 탈(脫)의 개념이다. 이는 일종의 '탈(脫)근대주의'라 말할 수 있다. 이 사상체계는 2차 세계대전 이후 1960년대 중반부터 모더니즘의 폐단을 해결하고자 시작된 운동이다.

포스트모더니즘은 해체주의와 상대주의, 다원주의로 정리하기도 한다.

    맑스주의와 포스트모더니즘 신좌파 다원주의 이데올로기 비판

여기에 더해 회의주의와 주관주의, 상대주의를 강조하기도 한다. 포스트모더니즘은 이성과 합리주의도 부정한다. 개성, 자율성, 다양성을 강조하기도 한다.

(2) 진리는 인식할 수 없는가?

누구나 한 번쯤은 포스트모더니즘, 다원주의에 대해 들어보거나 말해봤지만, 도대체 이게 무엇인지 아직도 분명하지 않을 수 있다. 세계적으로 유명한 작가인 움베르토 에코의 소설 《장미의 이름》에서 포스트모더니즘의 단초를 발견할 수 있다.

"지금은 거울에 비추어 보듯이 희미해서 진리는 우리 앞에 명명백백하게 드러나지 않는다. 우리는 이 세상의 허물을 통해 그 진리를 편편(片片)이 볼 수 있을 뿐이다."

《장미의 이름》 프롤로그에 나오는 말이다. 신약성서 고린도전서를 인용해 쓴 구절이다. 진리란 무엇인가. 그것은 하나인가 여럿인가. 분명한 것인가 모호한 것인가. 《장미의 이름》을 통해 에코는 포스트모더니즘이 강조하는 이성의 한계를 주목하고 사유의 복수성을 옹호한다.

에코에게 진리란 여럿이며, 그러기에 애매하고 불확실한 것이다. 이렇듯 《장미의 이름》은 에코의 다원주의 사상을 압축적으로 보여준다([김호기의 세상을 뒤흔든 사상 70년] (22) 진리는 하나가 아니다. 소설로 포스트모더니즘 대중화에 기여, 김호기 연세대 사회학과 교수, 경향신문, 2016.08.16).

움베르토 에코는 《장미의 이름》 마지막 부분에서 불타버린 수도원을 앞에 두고 "지난날의 장미는 이제 그 이름뿐, 우리에게 남은 것은 그 덧없는 이름뿐"이라는 독백으로 포스트모더니즘의 사고를 드러낸다고 할 수 있다. 기존 사고, 전망으로 남아 있던 체제가 송두리째 불타면서 남아 있는 회의주의가 바로 포스트모더니즘이다.

그런데 과연 "진리는 우리 앞에 명명백백하게 드러나지 않는"가? "우리는 이 세상의 허물을 통해 그 진리를 편편(片片)이 볼 수 있을 뿐"인가?

객관적 진리는 과연 인식할 수 없는가? 이 세상의 허물, 모순을 통해 진리는 통일적으로 인식하는 것으로 나아갈 수 없는 것인가? 과연 진리는 보편적이지 않고 개별적이고 나눠져 있는가? 이러한 포스트 모더니즘적 사고는 미래의 진보에 대한 낙관주의의 상실이고, 이성과 합리적, 과학적 사유에 대한 부정적 인식이다.

과연 "진리란 여럿이며, 그러기에 애매하고 불확실한 것"인가? 진리와 사유의 복수성은 사실 통일된 진리란 없다는 의미이다. 진리를 통일적으로 추구하는 방법과 길이 잘못됐다는 것을 의미한다.

다원주의 사상은 하나의 객관적 진리, 통일된 인식을 부정한다. 다원주의는 사회의 모순을 총체적으로 인식하는 것을 부정한다. 생태, 여성, 노동, 장애, 인권 등 다양한 모순들을 나열하고 개별적으로 나뉘어서 모순을 해결하려 한다. 노동이 이 사회의 주된 모순이고 그 모순을 해결할 중심 계급으로서의 노동자 중심성도 인정하지 않는다. 이 개별화된 모순들은 따로 나뉘어 분단이나 해방 등 구조적 문제를 해결하려는 방식에 동의하지 않는다.

설사 인식한다 하더라도 그것은 애매하고 불확실한 것이기에 별다른 의미가 없다. 사회는 복잡하고 통일되어 있지 않고 진리는 다양하고 다원적인데 이를 하나로 인식하여 이 사회를 전복하고자 하는 노력, 실천은 무용한 것이 되기 때문이다. 그런데 진리가 다양하다면 이는 상대적이고, 주관적인 것이고 진리가 될 수 없다. 결국 객관적 진리를 부정하는 것은 곧 사회에 대한 과학적, 역사적, 통일적 인식의 포기와 같다. 이에 따라 모순의 집단적 해결을 부정하는 것을 의미한다. 이는 새로운 세상을 추구하는 노력, 투쟁을 부정하고 기존 체제 내에서 개인들의 인권, 자아를 인정받고 보호받는 것으로 대신하게 된다.

왜 이런 일들이 벌어지게 됐는가? 우리에게는 예외적으로 1980년대 혁명의 시대, 불의 시대를 거쳐 1990년대부터 이런 사조들이 등장했는데, 유럽이나 일본, 미국 등 세계 각국에서 이런 사조들은 이미 1960년대에 시작된 것이었다.

일찍이 1917년 러시아혁명 이후 전 세계는 혁명운동이 고양된 시기고 레닌과 볼셰비키가 민족 자결권을 주장하면서 민족해방 운동도 고양됐다. 1920년대 말에는 미국과 유럽을 중심으로 1929년에 미증유의 대공황이 시작됐다. 공장이 멈추고 기업과 은행이 문을 닫고 파산상태가 속출하고 산더미 같이 쌓은 물건은 팔리지 않고 실업자들은 거리에 넘쳐나게 되었다. 반면 내전과 제국주의의 전복 공세를 이겨내고 스탈린 시대에 시작된 산업화와 농촌 집산화, 사회주의 생산력의 발전으로 소련은 엄청난 발전을 계속하고 있었다. 소련에서 실업은 일소되고 노동자들은 복지가 비약적으로 성장했다. 자본주의를 휩쓸었던 공황은 사라졌다. 1929년 자본주의 세계를 뒤덮었던 대공황의 파고는 소비에트 문턱 앞에서 힘없이 물러갔다. 미국의 저명한 맑스주의자인 레오 휴버먼은 원제목은 'Man's Worldly Goods-The Story of the Wealth of Nations'(인간의 세속의 부—국부 이야기)[1]에서 소련의 위업에 찬사를 보냈다.

이후 독일 파시즘의 공격으로 소련은 2,700만의 희생으로 파시즘을 물리치고 새로운 사회주의 문명을 건설했다. 이 소비에트 시절의 성과가 얼마나 대단했는지, 서유럽의 진보적 지식인들, 활동가들이 소련을 직접 경험하기 위해 앞다퉈 방문하기도 했다.

이미 18세기에 산업혁명을 통해 방대한 식민지를 거느리고 기계제대공업으로 문명발전을 영국의 진보적 지식인이었던 웹 부부(시드니 웹과 비어트리스 웹)는 소비에트를 연구, 직접 경험하고 《소비에트 공산주의: 새로운 문명》이라는 방대한 연구서를 쓰기도 했다.

특히 파시즘과의 전쟁 승리는 엄청난 시련 속에서 소련의 도덕적, 정치적 권위를 높이고 공산주의 운동과 민족해방 운동을 크게 진작시키기도 했다. 그러나 스탈린 사망 이후 1956년에 후르시초프가 권력을 잡은 이후 이른바 개인숭배와 독재권력을 이유로 스탈린 격하 운동이 벌어졌다. 소련 공산당 20차 당대회에서 후르시초프의 이른바 '비밀연설'은 국제공산주의 운동에 치명타를 안기고 중소 간 분쟁을 야기하기도 했는데, 이 연설문은 서방 언론에서 먼저 공개되었다. 후르시초프는 스탈린의 개인숭

---

1   국내에서는 《경제사관의 발전구조》 이후 《자본주의 역사바로 알기》라는 제목으로 번역되었다. 그러나 《자본주의 역사 바로 알기》로 번역된 책에서 번역자 장상환은 '옮긴이의 말' 뒷부분에서 "원본의 총 22장 가운데 집필 당시인 1930년대 소련과 관련된 21장은 오늘날에 비추어 적절하지 않다고 판단해 번역에서 제외했다"며 이 부분을 빼고 번역했다.

배 비판, 중공업 우선주의 정책을 비판하면서 조선에 대해서도 이를 강요하여 이른바 '종파주의' 사건이 일어나기도 했다. 후르시초프는 사회주의 분업이라는 미명 하에 단일경제권(코메콘) 가입을 강요하여 조선의 자립적인 공업화를 가로막고 조선이 이를 거부하자 원조를 반으로 삭감하여 경제적 타격을 가하는 대국주의적 압력을 강화하기도 하였다.

소련을 사회주의 모국으로 간주하며 서방에서 노동자 민중이 투쟁했는데 이제 소련은 악의 제국이 되었고, 공산주의 운동은 명분이 약화되고 분열했다. 동유럽에서는 서방 제국주의가 조종하는 레짐 체인지(정권교체)가 벌어졌는데, 헝가리, 체코사태 등이 바로 그것이다.

자본주의 모순은 점점 더 깊어지는데 소비에트를 중심으로 하는 공산주의 운동은 더 이상 진보운동 세력이나 대중들한테까지도 대안이 아니게 되었다. 서방 제국주의는 "문화냉전"을 통해 반소비에트 선전을 강화했다.

1960년대에는 프랑스와 이탈리아 등을 중심으로 유럽 많은 국가들에서 노동자 민중, 학생들이 자본주의 체제에 저항하는 급진적 투쟁을 전개했다. 일본에서는 미일안보동맹을 반대하는 격렬한 대중투쟁과 학생투쟁이 벌어졌다. 그러나 이때는 공산주의 운동 내부에 사상적, 정치적 동요가 심각하게 일어나는 시기였다. 이로써 공산당의 권위도 심각하게 손상되고 대중투쟁에 대한 개입력도 현저하게 약화되었다.

이로써 68년 혁명 당시에 "상상력에 권력을!"이라는 구호가 나타났다. 더 이상 "소비에트에 권력을!"이라는 1917년 4월 테제 당시의 구호는 나타나지 않았다. 소련은 스탈린 독재, 개인숭배, 철권통치로 얼룩진 어두운 세상으로 더 이상 진보적 인류의 대안이 아니라고 봤기 때문이다. 인류에게 빛과 희망을 던져 줬던 러시아혁명은 이상은 좋았지만 결국 스탈린 독재 체제를 만들었기에 혁명은 의미가 없게 된 것이다. 헤겔이 말했던 "이성의 간지"도, 맑스주의도, 맑스레닌주의도 결국 스탈린주의, 스탈린 독재 체제를 낳은 비이성과 광기, 폭력에 원인을 제공한 것이라 봤기 때문이다. 이로써 자본주의가 아무리 문제가 많아도 새로운 세상을 추구하는 모델이나 전망이 사라졌다. 체제 대안은 어디에도 없다. 불확실성만 남아 있다.

남은 것은 무정부주의다. 무정부주의는 자본주의를 대신하는 구체적인 현실 대안을 추구하지 못한다. 무정부주의는 패배주의의 산물이라 정치적 전망의 상실이다. 모든 권력을 부정하는 무정부주의는 프롤레타리아 독재조차도 독재권력이라고 부정한다. 그럼으로써 현실 사회주의를 적대시하고 부정한다. 현실 사회주의를 부정하는데 자본주의를 넘어서는 정치적 전망을 제시하지 못하고 결국 자본주의 내서의 운동으로 갇히는 것은 당연하다. 불모의 운동이 무정부주의이다. 그럼에도 이 불모의 무정부주의 운동이 대세가 되었다. 이러한 상황에서 자본주의 위기가 고조되면서 68세대의 운동이 유럽을 휩쓸었다. 68년 혁명의 기치, 요구들은 유럽뿐만 아니라 미국에도 베트남 전쟁을 거치면서 새로운 사조로 자리 잡았다. 일본에도 격렬한 전후 세대 투쟁에 영향을 미쳤다. 68년 혁명은 지적으로는 전 세계를 휩쓸었다.

　　　맑스주의와 포스트모더니즘 신좌파 다원주의 이데올로기 비판

(3) 포스트 모던 여성해방론에서 마침내 페미니즘으로

유럽에서는 1968년에 일어난 일련의 사건들(프랑스의 '5월 사태'와 체코의 '프라하의 봄', 그 이후 새로운 형태의 사회적 저항들을 초래한 사회 정치적 격동은 영국, 프랑스 할 것 없이 유럽 사회 전체를 통하여 해방운동 양상과 인식구조에 심각한 영향을 미쳤다. 그 가장 큰 결과가 바로 해방운동의 이론적 근거로서 확고한 자리를 차지해 왔던 마르크스주의의 위기라는 현상이었으며 서유럽의 진보적인 지식인들은 유물론의 개념 전반에 대해 체계적인 의문을 제기하기에 이르렀다. 이렇게 새로운 비판 이론을 추구하는 자세는 전통적 마르크스주의의 단일 전망으로써는 적절히 포착하고 파악하기가 어렵게 변화한 현대 사회의 복잡한 현실이 촉구한 것이다. 여기서 마르크스주의의 위기상황에 대처하는 한 방식으로서 마르크스주의의 계급과 생산을 중심으로 하는 틀과는 다른 새로운 대안적 인식틀이 절실하게 필요해졌다.

60년대 이후 해방운동들은 전통적인 마르크스주의 이론에서 상정하는 특권적 사회변혁 주체들(노동자 계급) 대신 특수한 형태의 억압과 갈등을 둘러싸고 특정 이슈들을 중심으로 형성된 새로운 사회 주체들, 나아가 새로운 정치 세력들을 부상시켰다. 이 세력들 중에서 주로 여성 작가들과 출판인들, 대학원생들, 대학 시간강사들과 교수들과 같은 학계와 문단의 여성 지식인들과 여성노동자들이 조직적인 여성해방운동에 참여하였다 (태혜숙 효성여대 교수, 영문학, 포스트 모던 여성해방론의 현황과 과제).

유물론을 부정한다면 남는 것은 관념론밖에 없다. 이들은 맑스주의가 "현대 사회의 복잡한 현실"을 해명하지 못하면서 "다른 새로운 대안적 인식틀"을 모색하게 되고 노동자 계급은 "특권적 사회변혁 주체들"이 아니라는 이유로 노동자 중심성도 부정하게 되고 계급과 계급의식, 계급모순도 중심적 모순으로 부정하게 된 것이다.

"현대 사회의 복잡한 현실" 배후의 본질과 근본작동 원리는 《자본론》에서 보듯, 맑스주의가 가장 잘 인식하고 있다. 맑스주의는 불평등, 전쟁, 실업, 빈곤, 경쟁, 인간 소외, 노동소외, 개인주의, 이기주의, 범죄, 도덕적 타락, 환경재앙, 도시·농촌문제 등 자본주의의 총체적 해악과 폐해를 속속 인식하고 있으며 그 종식 대안도 제시하고 있다.

노동자 중심성은 노동자가 사회의 압도적 다수이며, 생산에서 중심 역할을 하고 있으며 노동자는 착취 받는 존재이므로 착취 사회 자체를 철폐할 때만이 자신도 해방되고 이것이 사회 전체의 해방과 일치하기 때문에 진보적인 중심 계급이라는 의미이다. 이는 특권이나 윤리적 판단과는 상관없는 과학적 사실이기도 하다.

이를 반대하는 지식인 중심의 운동은 기본적으로 중간계급(소부르주아)의 운동이다. 이 기치는 여성운동, 선거권 쟁취 투쟁, 인종주의 반대, 전쟁 반대 투쟁으로 진보적 가치를 가지고 있었다. 그러나 "다른 새로운 대안적 인식"은 집단성, 집단주의, 계급 대신에 주로 개별화된, 부문화된 다양한 영역의 주체들을 내세웠다.

현대의 여성해방론은 억압과 해방에 관한 마르크스주의의 통찰에 많은 영향을 받았지만 다른 한편으로는 마르크스주의를 비롯한 전통적인

　　　맑스주의와 포스트모더니즘 신좌파 다원주의 이데올로기 비판

그러나 이 "대안적 인식"은 체제의 대안을 부정하기 때문에 자본주의 체제의 대안을 모색하지 못하고 체제 내에 수렴, 포섭되는 것으로 나타날 수밖에 없다. 게다가 "큰 이야기", 즉 거대담론을 부정함으로써 역사적, 사회 구조적 모순과 개인들의 삶과 요구들, "작은 이야기들"을 대립시킬 수 있다.

누구도 "인간의 사회적 동물이다"는 명제를 부정할 수 없을 것이다. 인간은 사회와 동떨어져 있는 개별적 존재가 아니라 그가 속해 있는 사회에 절대적인 영향을 받을 수밖에 없다. 인간은 그 사회에 속한 다른 사람들하고도 절대적인 영향을 주고받으면서 살아갈 수밖에 없는 존재이다. "큰 이야기"는 인간의 개별적인 삶을 부정하지 않는다. 사회적, 역사적 조건들과 인간의 개별적인 조건들을 하나로 통일적으로 바라보려 한다.

맑스주의 철학은 인간과 사회와 자연의 법칙을 탐구하고 진리를 추구한다. 개별적 사안들, 개인들과 사회를 통일적으로 인식하려 한다. 이 사회를 총체적으로 인식하고 실천으로 변화시키려 한다. 그러나 포스트 모던 여성해방론은 사회와 개인을 철저하게 분리시키고 있다. "탈중심화된 개체성과 기준들"을 따른다. 중심, 즉 총체적 인식을 부정하고 사회 전체, 역사와 개인을 대립시킨다. 이 기준들은 통일적인 인식이 아니라 산발적으로 개별적이다. 이 "복수적인(plural) 사유체계들, 이론들"은 이 사회를 과학적, 역사적으로 인식하지 못하게 한다. 이 인식과 이론들은 "여러 대안적인 패러다임들의 서로 경쟁하는 진리 주장을 일괄해서 평가하고 판단하게 하는 어떤 실질적인 광범위한 하나의 틀"을 부정하기 때문에 인간과 사회와 자연에 대한 통일적, 총체적 인식을 할 수 없다. 역사를 통일적인 인식으로 분석하고 평가할 수 없다. 이러한 인식은 어지럽고 혼란스럽고 개별적이고 상대적일 수밖에 없다. 이는 인류의 지적 성과를 부정하고 "인식할 수 없다"라는 명제로 나아갈 수밖에 없다. 이러한 인식은 다양한 사회현상을 총체적으로 해석하고 근본모순을 파악함으로써 다양한 개인들을 하나의 계급으로, 통일전선으로 묶어 세우고, 당적으로 통일시켜 이 사회를 변혁시켜 나가는 혁명적 방향을 제시할 수 없다.

> 포스트 모던 여성해방론은 이성애중심 사회구조의 일면성과 획일성을 어느 여성해방론 흐름에서보다도 강력하게 비판한다….
>
> 그렇지만 포스트 모던 여성해방론에서는 그 사항을 포스트모더니즘이라는 이론적 근거를 갖고 체계화하고 그것은 '개인적인 것이 정치적인 것이다'(the personal is political)라는 포스트 모던 여성해방론의 핵심 주장과 이어진다. 이 주장은 바로 일상 삶의 정치(politics of everyday life)와 국지적 정치(politics of local)와 같은 포스트 모던 정치의 입장을 근거로 함으로써 정치적으로도 책임지는 태도를 취하려고 하며 나아가 정치의 의미도 바꾼다. 이런 정치적 입장은 마르크스주의처럼 자본주의 사회

전체의 전면적이고 총체적인 질적 변화와 같은 거창한 목표를 내세우기보다는 일상 삶의 주변에 널려 있는 일면 사소해 보이는 문제부터 구체적으로 해결해 보려는 것이다(앞과 같은 글).

"포스트 모던 여성해방론은 이성애중심 사회구조의 일면성과 획일성"을 비판한다. 물론 원시공산제 이래로 모성사회가 붕괴되고 남성지배 사회가 생겨났다. 그러나 여성해방론에 막대한 영향을 미쳤던 엥겔스도 《가족, 사유재산, 국가의 기원》에서 모성사회의 붕괴를 여성의 세계사적 패배라고 규정하고 이것의 근본원인은 사적소유에 바탕을 둔 계급차별로부터 비롯된 문제라고 분석했다. 남성의 지배는 성별 차이로 인한 지배에 근본원인이 있다기보다는 생산수단의 소유권 여부에서 비롯됐다고 보는 것이다. 그러나 엥겔스는 이것이 오늘날 유행하는 '젠더론'과 다르게 남녀 간의 성별대립의 문제로부터 출발했다고 보기보다는 사적소유의 결과물로 설명하고 있다.

"남성의 지배와 일부일처제는 다름 아닌 재산의 보존과 그 상속을 위해 이룩된 것"이며, 그렇기 때문에 상속할 "재산을 가지고 있지 않"은 프롤레타리아 계급에는 "남성 지배 확립을 위한 아무런 동기도 없"고, "그렇게 할 수단도 없다"라고 하고 있다. "즉 남성 지배를 보호하는 부르주아 법은 오직 유산자들과 프롤레타리아 통제를 위한 것이기 때문에 가난한 노동자의 아내에 대한 지위에는 아무런 효력도 갖지 못"하기 때문이다. 엥겔스는 더욱이 대공업의 발전으로 인해 여성이 생산에 종사하게 되거나 종종 가정의 부양자가 됨으로써 "프롤레타리아 가정에서의 남편의 지배는 그 마지막 잔재마저 존재할 여지가 없게 되었다"는 것을 강조하고 있다. 물론 엥겔스는 이때에도 "일부일처제 이래 그칠 줄 모르는 아내에 대한 학대는 예외"라고 하고 있다.

그리하여 기본적으로 남과 여의 성별 적대를 중심에 두는 "포스트 모던 여성해방론"(최근에는 여성해방론이라는 표현도 사라지고 페미니즘이라고 부르고 있다.)과 다르게 프롤레타리아 여성과 남성의 단결을 통해 사적소유와 여성차별과 억압에 맞서 싸울 것을 주장하는 것이다.

맑스주의가 "자본주의 사회 전체의 전면적이고 총체적인 질적 변화"를 추구하는 것은 분명하지만, "일상 삶의 주변에 널려 있는 일면 사소해 보이는 문제부터 구체적으로 해결해 보려는" 노력, 투쟁을 부정하는가? 이는 변혁과 개량의 문제다. 맑스주의는 자본주의 사회의 근본변혁을 추구하지만 개량을 부정하지 않는다. 오히려 맑스주의는 근본변혁을 추구하면서도 당면 투쟁, 당면 요구에 끊임없이 개입하면서 개량을 추구한다. 개량과 개량주의는 다른 것이다. 맑스주의는 임금인상과 복지, 노동시간 단축, 노동조건, 노동3권뿐만 아니라 민주주의 요구, 여성의 요구에 전면적으로 개입하라고 가르친다. 맑스주의는 부당한 권력과 자본의 지배에 맞서 억압받고 착취 받고 수탈당하는 피억압자들과 민족적 권리를 위해 부단하게 싸우라고 요구한다. 눈앞에 보이는 모순들, 부조리, 불평등에 맞서 투쟁하지 않고, 이 투쟁을 통해 노동자 민중이 각성되지 않고 이 사회의 해방으로 나아갈 수 있는가?

그러나 반대로 이 눈앞의 투쟁들이 이 사회를 근본변혁하는 목표를 추구하지 않는다면 그것은 이 모순들을 근본적으로 해결하지 못한다. 발본색원적으로 해결하지 못한다. 노동의 문제, 여성의 문제, 제 민족의 권리, 인권의 문제, 전쟁 등은 이 자본주의, 제국주의 체제 하에서, 바로 이 체

　　맑스주의와 포스트모더니즘 신좌파 다원주의 이데올로기 비판

제이기 때문에 끊임없이 발생하는 문제들이기 때문이다. 거대담론은 개인의 삶과 인권, 권리와 무관한 것이 아니라 그것의 본질적 해결을 모색한다.

반면 '거대담론'을 부정하며 개인의 인권을 내세우고 차별과 배제를 극복하는 운동들은 오히려 이 사회의 구조적 모순을 외면하면서 개인적인 문제 해결도 벽에 부딪히게 된다.

"자본주의 사회 전체의 전면적이고 총체적인 질적 변화"를 부정하는 운동은 본질적으로 체제내적 운동이다. 이럴 때 '개인적인 것'은 절대 '정치적인 것이' 될 수 없다. 이는 근본적으로 비정치적 견해이다. 특히 제국주의 프로파간다는 정치적 전망을 가지지 못한 무정부주의 운동의 한계를 간파하고 이 운동을 체제내화 하려고 시도했다. 객관적 진리의 부정, 체제 전망의 부정, 회의와 동요, 불확실성은 지배계급이 비집고 들어갈 자리를 많이 남겨 놓았다.

특히 제국주의는 인권담론, 젠더 등 여성의 권리를 내세워서 '제3세계' 침략을 정당화 했다. 다른 나라의 자주적 권리를 인정하지 않고 인권담론과 젠더 문제 등을 내세워 이러한 권리보장을 이유로 내정간섭을 일삼았다. 제국주의가 이러한 명분으로 개입한 나라에서 개인의 인권과 여성의 권리가 보장될 리 만무하다.

아프가니스탄을 보라. 여성과 아동들이 무인비행기로 학살당하고 미군에 의해 폭력을 당했다. 아프가니스탄에서 쫓겨나면서 미제국주의와 서방 언론, 심지어 이를 일방 추종하는 한국 언론들은 탈레반에 의한 여성 권리의 악화를 개탄하면서 미제국주의의 아프가니스탄 점령이 인권과 여성의 권리를 위한 조치였다고 정당화했다.

⑷ 집단주의에서 개인주의로 도피

한국에서는 서구의 지적 흐름, 사상적 흐름과는 다른 특수한 상황들이 전개됐다. 서구에서는 앞서 언급했던 것처럼, 50년대 중반부터 밀어닥친 수정주의 열풍과 60년대의 반쏘 반맑스레닌주의적 흐름들이 70년대부터 포스트모더니즘 경향을 낳았다. 반면, 한국은 1945년 일제로부터의 해방 이후에 자주적인 인민들의 정치적 진출이 있었지만 미군정과 그 주구 이승만 정권에 의해 대량학살 당하고 한국전쟁 이후에 이승만의 백색테러 체제, 4.19항쟁으로 이승만의 축출 이후에 미국의 개입으로 들어선 박정희 군사파쇼 체제에서 반북, 반쏘, 반중의 반공주의 전초기지가 되었다.

급진적인 운동은 사실상 대중적인 명맥이 끊겼다. 그러다가 1980년대에 광주항쟁을 기점으로 다시 혁명적 운동이 일어나기 시작했다. 1980년대 반독재 반미 운동은 다시 혁명운동을 일으키는 기반이 되었다. 그러다가 1980년대 말 1990년대 초 소비에트 붕괴와 이북의 고난의 행군 등으로 운동전망을 상실하고 급격하게 운동이 무너졌다. 이 운동이 무너지면서 맑스주의 위기, 노동운동 위기, 통일운동 위기가 시작되었다. 게다가 1987년 전두환이 내려오고 80년대보다 노태우 시대, '군정종식'을 내건 김영삼 정권이 시작되면서 '문민통치'의 시대가 열리면서 그때부터 파시즘에서 '부르주아 민주주의' 체제로의 전환이 일어났다는 논쟁이 시작되었다. 그러면서 이제 시대변화에 따라 기존의 전투적 노동운동, 통일운동도 방식을 바꿔야 한다는 위기 논란이 일어났다. 김영삼 정권은 한총련(한국대학총학생회연합)에 대한 대대적인 탄압으로 세력을 위축시키고 통일운동 세력들을 고립시켰다.

사회주의권의 해체와 맑스주의의 외면, 형식적일지라도 부르주아 '민주주의의 신장' 등 정치적 변화와 함께 과학적, 역사적 시대인식이 외면당하면서 이념과 과학, 총체적 인식을 부정하는 개인주의 정치, 다원주의 정치가 점점 더 세력을 넓혀가게 되었다. 급진적 운동에 몸을 담았던 지식인들, 언론들에서는 개인주의 담론을 퍼트리는 전도사들이 되었다.

청산주의는 역설적으로 다원주의 옹립의 계기가 되었고 새로운 시대정신인 다원주의는 청산주의를 더 강화하는 계기를 만들었다. 1980년대가 부활한 혁명의 시대라면 1990년대는 청산주의 시대와 다원주의 시대의 개막, 2000년대와 현재 2020년에는 다원주의 사상이 창궐하는 시대가 되었다.

그런데 과연 다원주의는 개인의 진정한 인권과 개성 보장을 보장할 수 있는가?

일상의 폭력이나 차별에 맞서는 '인권'은 유럽이나, 선진국이나, 문명국과 같은 한정된 특수성의 세계의 테두리 안에서 개인에 대한 방호적이고 치유적인 일정한 구실을 해왔다. 그러나 '보편적 인권'이 '문명과 야만'이라는 구조적 폭력 위에 안주하면서 '인권'의 수호자인 양 고상한 척 설교를 한다면 오만한 위선일 뿐만 아니라, '인도에 대한(반하는) 범죄(Crime against Humanity)'의 공범자가 되는 것이다. 언뜻 반패권적이고, 반권력적으로 보이는 평화, 민주, 인권이라는 가치들도 서구에서 태어나 서구의 안경을 쓰고 세계를 노려보고 있으니, 결코 보편적이라고 할 수 없다. 우리의 눈으로 우리의 현실을 구체적으로 직시하며 인권의 근본문제를 되짚어봐야 할 것이다(서승, 《동아시아의 과거와 미래를 생각한다 평화로 가는 한국, 제국으로 가는 일본》, 경향신문, 초판 2쇄 2020.4.1).

이처럼 개인의 인권 문제를 전면에 내세우는 운동이 "개인에 대한 방호적이고 치유적인 일정한 구실을 해왔다"라는 것을 전면 부정할 수는 없다. 그러나 국가권력과 자본, 분단 체제가 강요하는 폭력과 종북몰이와 같은 폭력적 이데올로기와 구조적 폭력에 "안주"하는 것은 "오만한 위선일 뿐만 아니라", "인도에 대한 범죄(crimes against humanity)"의 공범자가 되는 것이기도 하다. '보편적 인권'을 내세우면서 "북한 인권" 운운하는 흐름이 바로 그렇다.

한국사회는 여전히 국가보안법이 존재하며 사상의 자유가 원천봉쇄 되어 있고 인권이 유린되고 있다.

이러한 포스트모더니즘의 등장은 한국 자본주의의 구조변동과 밀접히 관련돼 있었다. 소득 향상에 따른 소비계층의 확대와 소비양식의 세계화는 여가활동·영상·레저 등을 새로운 대량 소비품목으로 등장시켰다. 1997년 외환위기가 발생하기 이전까지 소비 취향이 다양해지고 내적 스타일 분화가 증가한 셈이었다. 이러한 현상을 망라하는 개념으로 포스트모더니즘이란 말이 널리 통용됐다(김호기 연세대 사회학과 교수, "진리는 하나가 아니다… 소설로 포스트모더니즘에 기여", 경향신문, 2026.08.17).

노동자 계급에게 가장 절실한 최고의 인권인 생존권과 노동권은 법률적 억압으로 노동자들을 옥죄고 있다. "오늘도 3명이 퇴근하지 못했다! 매일 김용균이 있었다!"라는 언론 기사는 무권리 상태에서 지옥과 같은 노동을 하다가 중대재해로 죽어 나가는 노동자들의 참담하고도 서글픈 현실을 적나라하게 보여주고 있다. 장애인들 이동권 요구에 대한 국가권력의 폭압적 탄압, 이주노동자 봉건적 거주이전 자본제적 초과착취 인권유린, 소외, 자살, 가족자살, 병고, 무위고, 고독고의 노인 소외와 빈곤, 살벌한 경쟁이 만연하는 속에서 평화, 민주, 인권, 여성의 담론은 홍수처럼 넘쳐나고 있으나 정작 개인의 권리와 인권도 무너져 있다. 노동자들의 권리가 신장되고 처지가 나아진 것이 있다면 자본에 대한 투쟁을 회피하고 집단주의를 약화시키고 계급을 해체시키는 포스트 모던 담론이 아니라 노동자들의 집단적 투쟁 덕분이었다.

개인주의 담론은 청년층을 사로잡고 있다. 한쪽에서는 극우 담론에 매몰된 청년들(주로 남성 청년들)이 자신들이 겪고 있는 실업과 빈곤, 착취의 증대를 여성의 탓으로 돌리고 여성을 적으로 간주하고 싸우고 있다. 그러나 이 반대편에 있는 각종 여성주의 담론들은 분열주의에 매몰된 채 청년들에게 단결과 혁명의 사상을 제시하지 못하고 있다. 개인의 인권 담론이 무성한 속에서 혁명적 사상을 상실한 틈을 비집고 "분열하여 통치한다"는 지배계급의 담론이 유포, 조장, 만연되고 있다.

1970년대, 80년대 전통적 분열 이념은 지역분열이었다. 박정희는 지역적 분열을 조장하여 경상도를 반공주의에 기초하여 자신의 정치적 기반으로 삼고 전라도를 고립시켰다. 이 지배계급의 분열이념은 오늘날 훨씬 더 다양해지고 있다. 이 분열이념은 노동자들 내부를 정규직과 비정규직, 이주노동자와 국내노동자로 나눌 뿐만 아니라 세대, 남녀로까지 확대시키고 있다. 정규직의 임금인상과 노동조건 향상이 비정규직 저임금과 열악한 노동조건을 만드는 계기라면서 정규직 임금양보론이 노동운동 내부까지 횡행하고 있다. 연금제도를 개악하면서 청년들에게 더 부담을 지우면서 청년(노동자)과 중장년(노동자)을 대립시키고 분열을 조장하고 있다.

> 정체성 정치(Identity politics)란 "종교, 민족, 인종, 성(性), 계급, 생물 다양성 등의 정파(政派)적 정체성을 바탕으로 정치 세력을 구성하고, 해당 정체성을 가진 이들의 이익과 관점을 집중적으로 대변하고자 하는 움직임을 의미한다."
> 정체성 정치를 하는 집단은 대부분의 경우 자신들이 대변하는 집단이 주류집단과 융합이 불가능한 독립된 소수이자 사회적 약자로서 구조적 차별과 억압을 받고 있다고 주장한다(나무위키, 정체성 정치).

따라서 구조적 차별, 억압을 없애기 위해서는 차별받는 해당 정체성에 의거한 정치적인 운동이 필요하다고 주장한다. 그러나 '보편적인 인권 확산 주장'과 '정치적 의견 대변'이 혼재하는 경우가 많기 때문에 정치적 의견을 대변하는 범위를 어디까지로 잡을지는 논쟁의 여지가 있다.

> 정체성 정치와 그게 아닌 정치를 나누는 첩경은 '네가 속해 있는 집단이 무엇인가?'를 정치철학의 핵심으로 하는 정치를 말한다(나무위키).

정체성 정치는 "내가 속해 있는 집단"과 "네가 속해 있는 집단"을 대립시키고, "내가 속해 있는 집단" 내부를 또다시 갈래로 나누면서 성별 대립을 기초로 수많은 성적 정체성을 만들어 내면서 피지배계급과 피억압 민족 내 분열과 대립을 조장하고 있다. 이에 반해 교차성 이론이 등장하여 차별과 억압이 복합되어 있고 중첩되어 있다고 주장한다. 그렇다면 이 복합적 차별과 억압을 관통하는 근본원인은 무엇인가? 이들은 결국 맑스주의의 사적유물론 같은 과학적 이론으로 돌아오지 못하면 그 복합성과 중첩성을 결코 해명하지 못하게 될 것이다.

맑스주의는 생산수단의 소유 여부로 지배계급과 피지배계급을 나누고, 이것의 국제적 확장으로 독점적 지배력을 바탕으로 정치, 군사적 패권을 가진 제국주의가 피억압 민족을 억압, 착취, 지배하는 근본원인을 파악하지 못하고 있다. 이러한 근본적 억압과 수탈구조가 사회적 인간들인 개인들의 삶에 절대적 영향을 미칠 수밖에 없다. 흑인 여성의 계급 불평등, 아프리카 여성의 식민지배에 의한 억압, 한국 여성 이주노동자에 대한 중첩의 차별과 폭력 등은 자본의 계급지배와 제국주의와 분리할 수 없는 요소들이다. 더욱이 교차성 페미니즘 역시 가장 이 중첩된 억압과 차별을 해결하기 위해서는 피지배계급, 피억압 민족의 단결로 자본주의, 제국주의 체제를 철폐하는 혁명적 전망을 제시하지 못하고 있다.

"거대담론의 시대는 갔다"며 미시담론 속에서 개인의 인권과 차별, 억압을 분석하는 시대에 윤석열이 일으킨 내란과 외환은 여전히 이 시대는 국가보안법과 종북몰이가 판치며 체포, 수거처럼 학살을 기도하는 파쇼 지배 체제이며, 그 배후에는 군사작전권을 가진 미국이 제국주의 패권을 가지고 한국정치에 개입하는 제국주의 시대라는 것을 분명하게 확인시켰다. 노조적대가 판치고 비정규직이 점점 더 늘어나며 노동악법이 불평등과 빈곤과 차별을 영속화 시대라는 것을 확인시켰다.

개인의 차별과 인권 역시 반공 종북몰이를 내세워 인간 혐오와 약자 혐오를 조장하는 극우들과 기독교 근본주의자들과 투쟁하지 않으면 보장되지 않는다는 것을 확인했다. 남과 북의 민족적대와 대립과 전쟁위기는 분단모순과 미국의 대북 적대시 정책을 분쇄하지 않는다면 해결되지 못한다는 점을 확인했다.

강도 미제국주의의 수괴 트럼프의 가중되는 통상협박과 주둔비와 방위비 폭등 요구, 첨단 무기 수입 강요 역시 계속된다는 점을 확인했다. "제국주의"에 대한 과학적 인식 없이 개별적, 분산적 인식으로 한미군사 동맹과 한미일 전쟁동맹, 중국에 대한 혐오(짱깨주의)와 러시아에 대한 적대(루소포비아), 일본의 전쟁국가로의 부상을 제대로 인식할 수 있을 것인가?

역사와 사회에 대한 통일적 인식을 포기하고 사회의 근본변화와 진보적 발전을 도모할 수 있을 것인가? 개인적 담론, 다원적 인식들, 흐름들은 피억압자를 역사발전의 주체와 중심이 아니라 도도한 역사와 격동하는 사회의 풍랑 속에 던져 넣는 것에 불과하다. 이러한 담론들은 저항담론으로 시작되었지만 혁명성을 상실하고 정치적 전망을 상실한 가운데, 이를 적극 포섭한 자본주의자, 제국주의자들의 프로파간다, 개인주의, 자유주의 담론으로 변모하며 분열과 회의, 청산주의를 조장하며 자본주의, 제국주의의 이해에 봉사하게 되었다.

가령 성소수자 운동은 제국주의의 '보수주의' 진영에 의해서는 탄압의 대상인 반면 자유주의 진영에서는 이를 지원하여 레짐 체인지(정권교체) 수단으로 활용하기도 했다.

"백악관은 해외 원조의 우선순위를 조정하고 조 바이든 행정부에서 과도하게 배정된 다양성 예산을 줄이기 위한 조치라고 설명했습니다. 〈캐롤라인 레빗/백악관 대변인(현지시간 28일)〉 '이는 불법적인 DEI(다양성,

　　　맑스주의와 포스트모더니즘 신좌파 다원주의 이데올로기 비판

형평성, 포용성) 프로그램과 연방 관료조직과 기관 전반에 걸쳐 트랜스
젠더주의와 '워크(woke)' 이념을 위한 자금 지원도 중단된다는 의미입니
다'"(美 국제원조 사업에 칼 뺀 트럼프… 머스크 "범죄조직처럼 행동", 연
합뉴스, 2025.02.03).

…

보고서에 따르면, 국제공화당연구소가 2019년과 2020년에 방글라데
시에서 운영한 프로그램에 참여한 1,868명 중에 24%가 트랜스젠더였다.
더 그레이존은 국제개발처가 쿠바의 래퍼, 예술가, "탈 사회화되고 소외
된 청년"에게 자금을 지원하여 쿠바 정부를 약화한 사례를 확인한 국제
공화당연구소가 공화당의 가치와 상충함에도 불구하고 해외 성소수자를
지원하고 있다고 보도했다.

마이크 벤츠 전 국무부 관리는 퓰리처를 수상한 언론인 글렌 그린월
드가 진행하는 방송에 출연하여 국무부 산하 민주주의를위한국가기금
(NED)이 외국 선거를 방해하고, 사회 동요를 유발하며, 반정부 시위를
일으키기 위해 '워크(woke) 운동'을 "전술적으로" 지원하고 있다고 밝혔다
(미국의 국제개발처(USAID)는 왜 해외 성소수자를 지원하는가?, 컨스피
러시뉴스, 2025.2.12).

…

USAID 예산을 분야별로 살펴보면 '거버넌스'에 대한 지원이 168억 달
러(약 24조4,000억원)로 가장 크다. 민주주의 확대와 시민사회 지원, 제
도적 변화를 위해 편성된 예산이다(문일요 기자, USAID 폐지 수순에
국제기구·NGO 대혼란… 한국, ODA 새로운 자금처 역할해야, 더버터,
2025.04.03).

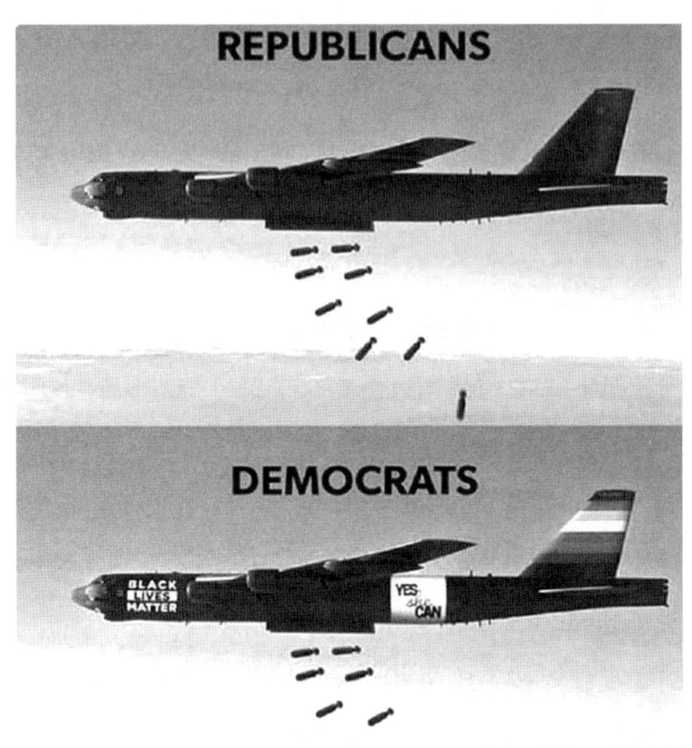

미 공화당과 민주당의 차이와 제국주의로서의 침략적 본질의 동일함을
보여주는 카툰

이처럼 미국국제개발처 자금의 가장 큰 부분이 인권단체, 시민단체에
대한 지원인데, 이는 미국식 민주주의를 확대하고 제도적 변화, 즉 지원
하는 국가를 레짐체인지(정권교체)를 목표로 하고 있다. 특히 민주주의를
위한국가기금(NED)은 CIA 산하 기구로 색깔혁명을 통해 정권교체를 기
도하는 데 쓰이고 있다. 여성과 성소수자를 탄압하는 이란, 러시아, 중
국, 조선 등은 전체주의 국가로 규정하고는 색깔혁명에 있어서 인권과 민
주주의 담론들이 미제국주의의 프로파간다로 활용되고 있다.

모더니즘에서 포스트모더니즘의 시대로, 거대담론의 시대에서 미시담

 맑스주의와 포스트모더니즘 신좌파 다원주의 이데올로기 비판

론의 시대로, 거대서사의 시대에서 미시서사로, 근대에서 근대 이후로, 식민주의에서 탈식민주의로, 일원주의에서 다원주의로, 이성과 합리성에서 개인의 개성, 다양성, 비합리성으로, 절대적·보편적 진리에서 상대적 진리와 주관주의로, 낙관주의 대신 회의주의로, 리얼리즘에서 모더니즘으로 이런 논의는 모두 다음으로 귀결된다.

과학적·총체적 인식에서 불가지론으로!
집단주의에서 개인주의로!
계급에서 다중으로!
민족에서 탈민족으로!
혁명(주의)에서 개량(주의)으로!

[보론] 미제국주의 프로파간다와 제국주의의 '진보적' 벗들

《문화냉전 미국의 공보선전과 주한미공보원 영화》(김려실 지음, 현실문화, 2019년)은 미국이 매스 미디어를 통해 얼마나 장기적으로, 세련되고 치밀하게 제국주의 프로파간다를 한국에 심어 왔는지를 세밀하게 추적한 역작이다.

1945년 9월 9일 서울에 주둔한 미군이 가장 먼저 처리한 일 중 하나는 미디어 장악이었다….

1947년 3월 모스크바 주재 대리 대사였던 조지 F.캐넌(George F. kennan)의 제안으로 공산주의에 대한 봉쇄정책이 추진되었고 9월에 소련이 코민포름을 창설함으로써 냉전은 공식화되었다. 같은 해 남조선에 단독 과도 정부를 수립한 미군정은 점령 통치 종식을 앞두고 조선인과 우호적 관계를 구축하고 친미 세력을 육성할 대민 선전 전담기구가 필요했다. 그리하여 설립된 것이 바로 주한미공보국(OCI)이었다.

그러나 미국은 노골적인 반공 친미 프로파간다가 아니라 세련된 논리와 교활한 방식으로 이를 전파했다.

스미트-문트 법으로 해외 공보선전의 법률적, 재정적 조건을 갖춘 미 국무부는 지역에 따라 정치·사회·문화를 고려하여 세심하게 조율된 공보선전을 전개해 나가기 시작했다. 유럽에서는 노골적인 반소·반공 선전보다는 전후 황폐화된 유럽의 재건을 돕는 조력자로서 미국의 이미지를 각인시켜 지지세력을 육성했다. 이에 비해 식민지와 미군정을 거치며 외세에 의해 분단국가가 된 한국에서는 내정간섭이라는 인상을 피하면서 한국의 근대화가 미국식 민주주의와 자본주의를 확대할 때 달성될 수 있다고 강조했다….

미국문화연구소(USIS)는 반공 선전보다는 한국인이 미국과 민주주의에 우호적 감정을 갖게 하는 것을 일차적 목표로 삼았다. 극장 외에 이렇다 할 근대적 문화시설이 없었던 한국에서 미국문화연구소에 대한 한국인의 호응은 뜨거웠다….

1950년 초에 USIS 영화는 1) 청년 및 학생, 2). 농민, 3) 노동자 4) 공무원 및 군인을 주요 대상으로 삼았다…

이미 1948년의 제주 4.3사건과 여순 10.9사건으로 국무부가 감지하는 수준보다 한국 현지에서의 위기의식은 팽배해져 있었고 한국 USIS는 두 사건의 여파를 잠재우기 위한 선무공작이 필요하다고 판단했다. 그런 맥락에서 제작한 반공영화가 바로 〈전우(Brothers in Arms)〉(USIS50)였다….

〈전우〉의 배경인 여순사건은 국방경비대(1948년 9월 5일에 육군으로 조직됨)와 경찰의 갈등이 원인 중 하나였다. 군인과 경찰은 혈육과 같은 존재라는 메시지를 담기 위해 주인공은 인민군에 저항하다가 월남한 농민 출신 형제들로 설정되었다. 국무부의 대외적 원칙에 어긋나기는 했지만 USIS는 공보선전상의 필요에 따라 반공영화를 제작했다.

해방 이후 진보세력에 대한 말살에도 불구하고 해방의 염원은 끝나지 않고 민중의 가슴 속에 살아 있었다. "학살 진상규명"과 "자주통일"을 내걸고 투쟁했던 1960년 4월혁명에 대해 미국은 반미의식의 성장에 대해 비상한 위기의식을 가지고 있었다. 미국은 사월혁명을 전면 부정한 것이 아니라 미국식 민주주의 투쟁으로 성격을 바꿔놓으려고 공작을 했다.

먼저 〈한국 리뷰 15호〉는 공식적 논평으로서 "4월 학생 봉기"를 "이상주의자들의 혁명"으로 명명한다. 영화는 부패한 독재정부에 맞선 한국 학생들의 봉기가 전국으로 확산되어 민주주의가 회복되고 임시 내각의 개혁 조치를 통해 한국사회가 질서를 재확립하고 일상으로 돌아갔다는 기승전결식 스토리로 전개된다….

같은 제목의 미편집 영상은 〈리버티뉴스〉를 위한 푸티지(footage)였던 것 같다…. 〈한국 리뷰 15〉가 4월 혁명 이후 질서 회복에 초점을 둔 것에 비해 이 영상은 먼저 4월혁명의 원인으로 3.15부정선거와 마산시위를 담았다….

4.19의 원인과 전개 과정을 파악하고 있었던 미국은 이 사건을 성공한

      맑스주의와 포스트모더니즘 신좌파 다원주의 이데올로기 비판

민주주의 혁명으로 자리매김시키는 한편, 어디로 분출할지 모르는 민중의 폭력적 저항을 제한할 방도에 대해 고민했다. 미국은 한국사회의 안정을 위해 경제적 불평등, 독재정부, 부정부패 척결에 대한 열망을 수용하면서도 동시에 미국이 주도하는 동아시아 질서에서 벗어남이 없도록 그것을 조정하고자 했다. 팔리보고서에서 드러났듯 4.19 이후 미국이 가장 경계한 사태는 민중혁명에 의한 정권교체의 경험을 통해 고조된 한국인의 민족주의가 또 다른 혁명으로 이어지는 것이었다.

USIS가 반미시위의 표적이 된 것은 경찰이 보호하는 미국대사관보다 접근이 용이하다는 이유도 있었지만 USIS가 문화공보를 표면에 내세워 정보수집 활동을 하고 미국의 이익을 위해 진실을 왜곡하고 있다는 의혹이 끊이지 않았기 때문이다.

세계에서 유일하게 반미데모가 없었던 한국에서 반미 기운이 감지된 것도 베트남전이 본격화되면서부터였다. 1964년 3월 24일 한일협정에 반대하여 시작된 대학생 시위는 해를 넘겨 전국적 시민운동으로 확산되었고 이 협정에 미국이 개입했다는 사실이 알려지자 시위에 반미 구호가 등장하기 시작했다. 시위 군중은 한일협정을 제2의 '가쓰라-태프트 밀약(Taft-Katsura Agreement)'에 비유하며 미국을 규탄했다.

USIS에 대한 한국인들의 반감은 1982년 3월 18일 부산 미문화원 방화사건(이른바 '부미방')으로 국제적 이슈가 되었다. 고신대 학생들은 "미국 문화의 상징인 부산 미문화원을 불태움으로써 반미 투쟁의 횃불을 들어 부산 시민들에게 민족적 자각을 호소한다"는 유인물을 살포하고 USIS 도서관에 불을 질렀다… 부미방 이래 한국 USIS는 40여 차례 피습당했고 그중 광주 USIS를 목표로 한 공격이 31차례였다.

미국은 '진보지식인'들을 프로파간다에 적극 활용하기도 했다.

〈사상계〉 등의 진보 지식인들이 〈논단〉에 직접 기고한 것을 넘어서
〈사상계〉 자체가 미공보원(USIS)의 자금 지원으로 이루어졌다.

컨소시엄은 대변지 〈인카운터〉 등 20종이 넘는 선전매체(잡지)를 발행했으며, 통신사까지 소유하고 수많은 학술행사, 전시회, 콘서트, 대형 국제회의 등을 열었다. 한국에서도 열린 국제펜클럽 대회가 이 컨소시엄과 무관하지 않으며, 1953년에 창간된 잡지 〈사상계〉가 미 공보원(USIS)의 자금 지원을 받아 탄생했다는 망명객 정경모의 증언도 있었지만 일본의 〈자유〉, 이탈리아의 〈템포프레젠테〉 같은 반공주의 잡지들이 CIA 자금 지원으로 창간됐다.

조지 오웰, 버트런드 러셀, 장 콕토, 한나 아렌트, 솔 벨로, 빌헬름 푸르트벵글러, 쇼스타코비치, 레너드 번스타인, 대니얼 벨, 아서 슐레진저 2세…. 서방 지식계를 이끈 유명인사들도 대거 등장한다. "모르고 한 일일 수도 있겠지만, 전후 유럽의 작가, 시인, 미술가, 역사가, 과학자, 평론가 중 이 은밀한 사업과 연관되지 않은 사람은 거의 없었다." 대중은 CIA의 반공 심리전 각본에 따라 알게 모르게 동원·포섭된 이들의 작품과 의견, 태도, 감정과 행동에 영향을 받아 "사실은 누군가가 바라는 대로 움직인다 해도 스스로는 자신의 의지에 따라 움직인다고 믿게 되는" 상태에 빠졌다. 이 '세뇌' 작전에 가담한 유명인들은 돈을 받아 교양계층의 안락한 기득권을 유지하며 CIA에 포박당했다(한승동 선임기자, '문화냉전' 이끈 CIA는 왜 괴물이 됐나, 한겨레, 2016.10.27).

미제국주의의 프로파간다는 노골적으로 미제의 폭력적, 탐욕적 이해를 관철시키는 강력한 도구였지만 "사실은 누군가가 바라는 대로 움직인다 해도 스스로는 자신의 의지에 따라 움직인다고 믿게 되는" 고도로 세련된 방식으로 수행됐다. 이른바 진보 지식인들 일부는 직접 밀정으로 고용되어 미제 간첩 노릇을 수행했지만 상당수는 부지불식간에 포섭되거나 문화 지원이라는 미명으로 간접 지원을 받고는 진보지식인의 양심에 거리낌을 받지 않은 채 미제의 프로파간다를 전파하는 도구가 되었다.

이처럼 제국주의의 프로파간다 대상에는 나중에 미국 정보기관의 밀정 노릇을 하고 동료들을 정보기관에 넘기던 조지 오웰 같은 트로츠키주의자들을 비롯해 서방의 저명한 지식인들 상당수가 포함됐다.

미국의 프로파간다는 해를 갈수록 점점 더 세련돼지고 교활해지고 있다. 이에 따라 진보적 지식인들이나 단체를 포섭하여 진보적 담론의 이름으로 제국주의의 이해에 복무하는 경우가 점점 더 빈번해지고 있다.

미국의 속국이나 다름없는 한국에서 정치인, 경제인, 학자, 언론인, 문화인, 사회단체인 등은 미국 CIA에 직접 포섭되거나 미국의 이데올로기 전파자 역할을 수행하는 미국 간첩들로 넘쳐난다.

최근 유행하는 각종 인권담론, 개인담론, 성적담론 등 '신좌파' 이름으로 쏟아지는 이데올로기도 미제의 진화된 제국주의 프로파간다와 깊게 연결돼 있다.

　　　맑스주의와 포스트모더니즘 신좌파 다원주의 이데올로기 비판

2장

코민테른 여성해방론과 정체성 '정치'

코민테른 여성해방론에서는 오늘날 유행하는 정체성 '정치', 상호교차성 페미니즘이니 젠더, PC(정치적 올바름)…, 이런 논의들이 단 한 마디도 없다. 그러니 오늘날 첨예한 사회문제, 여성문제를 전혀 해명하지 못하는 옛날 고리타분한 얘기라고 생각할 수 있다.

대신 코민테른 여성해방론은 여성억압이 자본주의 제국주의 착취질서 억압질서에 있기 때문에 여성을 혁명의 주체, 기간대오로 조직해 혁명투사들이 혁명해야 한다는 얘기로 가득 차 있다. 그런데 오늘날 유행하는 정체성 정치의 근본한계를 지적하는 비판들도 결국 이러한 문제로 귀결될 수밖에 없다.

1. 정체성 '정치'

1. 개요: 정체성 정치(Identity politics)란 종교, 인종, 성별, 성 정체성, 성 지향성, 생물다양성 등의 정파(政派)적 정체성을 바탕으로 정치세력을 구성하고, 해당 정체성을 가진 이들의 이익과 관점을 집중적으로 대변하는 움직임을 뜻한다.

2. 기준정체성 정치를 하는 집단은 대부분의 경우 자신들이 대변하는 집단이 사회적 약자로서 구조적 차별과 억압을 받고 있다고 주장한다. 따라서 구조적 차별, 억압을 없애기 위해서는 차별받는 해당 정체성에 의거한 정치적인 운동이 필요하다고 주장한다. 그러나 '보편적인 인권 확산 주장'과 '정치적 의견 대변'이 혼재하는 경우가 많기에 정치적 의견을 대변하는 범위를 어디까지로 잡을지는 논쟁의 여지가 있다.

정체성 정치와 그게 아닌 정치를 나누는 첩경은 "네가 속해 있는 집단이 무엇인가?"를 정치철학의 핵심으로 하는 정치를 말한다. 민족주의 단체, 조직화된 종교 단체, 페미니즘 등이 정체성 정치에 해당한다.

반면 "니가 속해있는 집단이 무엇인가?"에 대해 특별한 관심이 없는 정치이념은 그렇지 않다. 물론 사회 전체적인 변화를 추구한다면 집단적인 변화를 추구할 수 있지만 그 과정에서 어떤 사람들이 어떤 특정 정체성을 내재화할 필요가 있거나 한 것은 아니다. 개인주의적이며 따라서 그 해석이 개인마다 자유로운 개념이 된다. 정치나 종교적인 목적의 사상이라도 생태주의, 계몽주의, 채식주의, 자유주의, 이신론, 무신론 등은 정체성 정치에 해당하지 않는다.

 맑스주의와 포스트모더니즘 신좌파 다원주의 이데올로기 비판

3. 정체성 정치의 출현과 출현 원인: 정체성 정치의 기원은 한 두가지로 단정 지을 수 없지만, 매사추세츠 대학 애머스트 캠퍼스의 명예교수인 Howard J. Wiarda에 따르면 적어도 70년대, 심지어 60년대까지도 소급될 수 있는 것으로 보인다. 일어난 68운동에 의해 촉발된 신좌파 세력이 유럽에서 미국으로 퍼져나가면서 신좌파 특유의 정치 행태를 지칭하는 용어로 자리잡았다.

이를 근거로 일각에선, 1960년대에 세계 곳곳의 공산주의 국가에서 정책 실패로 인한 대규모 인명 피해, 또는 공산당에 의한 대량학살에 관한 소식들이 서유럽과 북미에 속속히 전해지고 있었고 이러한 상황에서 서방 세계의 좌파 젊은이들 사이에서 조차도 공산주의, 더 나아가 마르크스주의가 실패했다는 주장이 공감을 얻기 시작하면서 기존의 억압자-피억압자라는 서사는 유지한 채, 자본가와 노동자의 자리에 각 정체성을 넣은 것(강조는 인용자)이라고 분석하는 경우도 있다(나무위키).

이처럼 정체성 정치는 후르시초프의 스탈린 '개인숭배' 비판과 '중공업 우선 정책' 비판, '대숙청' 등 악마화 이후 소비에트 체제와 그 체제를 낳은 맑스주의가 더 이상 인류의 진보적 대안이 아니라는 회의주의, 청산주의로 인해 등장하기 시작했다. '신좌파'는 '구좌파'의 대립물인데 이들은 기존 자본주의 국가권력을 노동자 민중에 대한 억압기구이자 탄압기구로 보고 이 권력을 타도하고 자본을 몰수하여 노동자 인민이 정치권력과 생산수단을 장악하여 사회적으로 운영하는 운동이 '구좌파', 즉 맑스레닌주의의 원칙과 방식이 더 이상 대안이 아니라고 봤던 것이다. 신좌파의 정체성 정치는 자본가와 노동자의 계급대립, 계급적대 대신에 여성과 남성을 억압자–피억압자라는 구도로 대체해서 이 사회구조와 모순을 분석하고 있다. 위 내용을 바탕으로 본다면 자본과의 투쟁 보다는 주로 여성의 남성에 대한 투쟁이 정체성 '정치'의 본질인 것이다.

이러한 정체성 정치의 한계에 대해 다음과 같이 비판하는 경우도 있다.

《오인된 정체성》의 저자 아사드 하이더(Asad Haider)는 "인종주의에 대항하여 투쟁했던 과거의 해방적인 대중운동과 다인종적 엘리트의 정치에 결부된 현대의 정체성 이데올로기 사이에 경계선을 그을 필요가 있다"고 말한다. 정체성 정치는 1977년 미국 보스턴에서 결성된 흑인 레즈비언 단체 컴바히강공동체에 의해 처음 정치 담론으로 도입됐다. 이들은 '흑인 페미니스트 선언'에서 인종주의와 성차별주의의 억압에 가로막힌 흑인 여성들의 정치적 실천을 위해 '우리는 가장 심오하며 어쩌면 가장 급진적인 정치가 다른 누군가의 억압을 끝내려 노력하는 것이 아니라 바로 우리의 정체성에서 나온다고 믿는다'고 주장했다. 그런데 지은이가 볼 때 이들의 주장과 오늘날 이데올로기가 된 정체성 정치 사이에는 큰 간극이 있다. 컴바히강공동체는 결코 "정치가 정치와 연관된 개인들의 구체적 정체성들로 환원되어야 한다는 것을 의미하지 않았다." 이들이 무엇보다 집중했던 것은 고정된 정체성에서 비롯하는 권리가 아니라 "정치적 이론과 실천을 구축하고 정의할 권리"였으며, 그 정치적 실천으로서의 '연대'였다. "인종주의 없는 자본주의는 있을 수 없다"고 한 맬컴 엑스, 혁명적 민족주의와 반동적 민족주의 사이를 구분했던 휴이 뉴턴 역시 억압을 만들어내는 사회구조를 바꾸기 위한 대중의 정치적 실천을 핵심 과제로 삼았

     맑스주의와 포스트모더니즘 신좌파 다원주의 이데올로기 비판

다"(최원형 기자, 현실 속 억압들 직시하며 '정체성 정치' 극복하기, 한겨레신문, 2021.11.12).

부르주아 사회에서는 대표적인 미국 흑인운동가로 유복한 가정에서 태어나 온건하게 인종차별 반대 운동을 한 마틴 루터 킹을 집중 선전하고 있지만, 빈민가에서 태어나 가장 비천한 밑바닥 생활을 전전하다 급진적인 흑인 혁명가로 변신한 말콤 엑스 역시도 여전히 많은 흑인들의 존경을 받고 있다. 맬컴 엑스의 "인종주의 없는 자본주의는 있을 수 없다"는 주장은 결국 인종주의는 순전히 관념의 산물이 아니라 자본주의 착취와 억압제도로부터 비롯됐다는 것을 말한다. 실제 맑스가 말한 바처럼, "흑인은 흑인이다. 특정한 관계 속에서만 그는 노예가 된다"《임노동과 자본》고 할 수 있다.

흑인에 대한 인종차별은 역사적으로 이른바 '상업무역의 시대'로부터 시작되어 자본주의 시대에도 계속된 흑인노예 사냥과 강제이주, 학살, 착취와 억압이라는 현실에서 파생된 의식이었다. 태초에 차별과 억압이 있고 그 반영으로 인종차별 이데올로기가 생겨났다. 더불어 인종차별 이데올로기는 흑인 차별과 억압을 더 정당화하는 수단이 되었다. 따라서 맬컴 엑스는 자본주의에서 인종주의는 필연적이며 자본주의를 철폐하는 목표를 가지고 인종주의 반대투쟁을 해야 한다는 정치적 결론에 도달했던 것이다. 결국 '인종주의와 성차별주의'에 맞선 투쟁은 "억압을 만들어내는 사회구조를 바꾸기 위한 대중의 정치적 실천을 핵심 과제로 삼"아야 하는 것이다.

쿠바 혁명 지도자 카스트로와 만난 맬컴 엑스

그런데 앞의 정체성 정치 비판 글은 다음과 같이 기존 맑스주의 한계를 비판한다.

'계급이 우선'이라며 인종, 젠더, 장애, 연령, 국적 등 다양한 차원에서 벌어지는 사회적 모순들을 경제적 모순의 뒤로 미뤄놓는 좌파 일각의 태도 역시 정체성 정치에 대한 비판으로는 불충분해 보인다.

그런데 맑스주의(레닌주의)가 과연 그렇게 배타적이고 환원적이고 경제주의적인가? 이는 기계적 유물론이지 변증법적 유물론이 아니다. 레닌의 《무엇을 할 것인가?》만 봐도 노동자들은 인민의 호민관이 되고 사회 전체의 문제, 심지어 다른 계급의 문제에 대해서도 유물론적으로 사고해야 한다고 주장한다.

2. 정체성 정치의 배경

유럽에서 흐르시초프 수정주의 책동 이후 반쏘 반스탈린 공세가 일어
나고 공산주의 운동이 유로꼬뮤니즘으로 타락한 이래 등장한 68혁명 당
시 등장한 상상력에게 권력을 내세운 운동은 반자본주의 운동이었지만
정치적 전망을 가지지 못한 무정부주의 운동이었다. 1970년대의 흑인,
여성들의 민권운동, 인권운동은 진보성이 있었지만 이후 계급분열정치,
몰계급 정치, 무정부주의 정치와 뒤섞여 버리고 심지어는 부르주아 제국
주의자들이 이를 수렴한 이후 일부는 계급착취, 제국주의 지배를 은폐,
정당화하는 반동정치로 전락하기도 했다. 그 과정을 살펴보도록 하겠다.

실제로 1968년 5~6월의 봉기 이후 이어진 사회운동 가운데 가장 두
드러진 것이 페미니즘 운동이다. 이는 오늘날 우리가 '페미니즘의 두 번째
물결'이라고 부르는 것이다….

68혁명은 바로 이런 차이들을 대상으로 한 포스트-근대적인 혁명이었
으며, 그러므로 정치권력을 장악해 평등자유를 선포하는 방식으로 진행
되기보다는 비정치적으로 간주되곤 했던 일상적인 차원의 문제를 정치적
문제로 새롭게 폭로하고 드러내는 방식으로 진행될 수밖에 없었다고 말
이다.

1970년대에 미국 쪽에서 형성된 페미니즘의 유명한 구호는 '개인적인
것이 정치적이다(the personal is political)'였다. 일상의 정치화를 주장한
이 구호는 프랑스의 페미니즘, 더 나아가 68혁명 자체가 공유한 것이라고
볼 수 있다. 드골의 복귀로 종결된 '표면적 실패' 뒤에도 68혁명이 다양한

"정치권력을 장악해 평등자유를 선포하는 방식으로 진행되"지 않는 모든 운동, 투쟁은 대안 없는 무정부주의 운동이고 실제로는 '비정치적인' 운동이다. 기존 부르주아 정치권력, 제국주의 질서와 투쟁하지 않는 이러한 '투쟁', '운동'은 체제 내에 포섭된 '운동'이다. 이러한 운동은 "정치권력을 장악해 평등자유를 선포하는 방식"과 "일상적인 차원의 문제"를 대립시키는 운동이다. 결국 이런 식이라면 '개인적인 것이 정치적"인 것이 아니라 개인적인 것이 된다. 그러나 우리는 사회적 인간이고, 집단적 인간이고 정치적 인간이고 계급적 인간이다. 이러한 사회적, 역사적 조건, 배경과 분리된 개인은 어디든 존재할 수 없다. 계급적 소속, 이해관계, 세계관과 분리된 초월적, 중립적 인간은 존재하지 않는다.

동유럽과 소비에트권의 해체 이후 '청산주의'의 시대가 도래했다. 유럽에서 후르시초프의 스탈린 탄핵(반맑스레닌주의 수정주의) 이후 대두된 반스탈린 반소비에트 노선과 공산주의 운동의 유로꼬뮤니즘으로의 타락 이후 이러한 흐름이 대세가 되었다.

일본에서는 일미동맹 반대투쟁으로 격렬한 투쟁이 일어났으나 이미 1950년대 중반 이후 후르시초프 수정주의 등장과 스탈린 탄핵 이후 벌어진 중소 간 분쟁으로 혼란을 겪고 나서 1960년대부터 공산주의 운동은 우경적으로 변모하였다. 마침내 일본 공산주의 운동은 천황제를 인정하고 일본 제국주의 타도를 부정하는 의회주의 정당으로 타락해버렸다. 일본 내에서도 트로츠키주의를 비롯한 신좌익 운동이 거세게 일어나고 대중운동 내에서는 신좌파 운동이 대세를 차지하게 됐다.

한국은 유럽, 일본의 상황과 시대 상황이 좀 달랐다. 일제로부터 조선의 해방 이후 조선은 인민위원회의 전국적 건설로 해방 열기로 가득 찼다. 그러나 주지하듯. 이남에서는 미군정이 '점령군'으로 등장하여 이 대중적 혁명운동을 잔인하게 진압했다. 백만 이상의 혁명적 활동가, 대중들이 백색테러로 학살당하고 한국전쟁 이후로 대중적 혁명운동은 명맥을 잃어가고 있었다. 4.19로 학살 진상규명, 자주통일 운동이 일어났으나 이승만의 하야 이후 미국이 내세운 박정희 정권은 군사파쇼 백색테러로 이남을 반공주의 요새로 만들었다.

유럽과 일본 등지에서 1950년대 중반부터 시작해서 1960년대 혁명운동이 대혼란에 빠져들고 청산주의가 광범위하게 일어나고 대신 무정부주의 신좌파 운동이 거세게 일어났다면 한국에서는 세계사적 조류와 다르게 1980년 5월 광주학살 이후 다시 대중적인 투쟁이 거세게 일어나고 혁명운동이 부활했다. 1980년대 미제와 신군부의 광주학살 이후 반미반제, 통일운동, 민주주의 투쟁과 87년 노동자대투쟁으로 들불처럼 일어난 노동자 계급의 투쟁, 전위정당 운동 등 '불의 시대', 즉 혁명의 시대라 불리는 시대로 부활했다. 이때에는 사회모순을 총체적으로 인식하려고 하는 사회성격 논쟁, 사회구성체 논쟁이 활발하게 일어났다. 이때에는 혁명의 방법, 순서, 집중점은 달라도 전부 이 사회를 총체적으로 인식하고 이에 기반을 두고 이 사회를 전면 개조하려는 논의와 투쟁을 하였다.

그러나 1980년대 혁명의 시대가 끝나고 동유럽과 소련 사회주의권의 해체 이후 청산주의가 대두하면서 한국에서는 이러한 사상조류가 유행하고 있다. 특히 오늘날 와서 이러한 사상조류는 '지배적'으로 되고 있다.

이렇듯 거대담론, 혁명, 계급해방, 착취철폐, 민족해방, 여성해방을 버린 정체성 정치가 일부 진보성을 가지고 있다 하더라도 보편성을 상실하면 배타적이거나 협소하거나 더 나아가 일부 반동적으로 되기조차 한다.

아프간에서 젠더는 미제의 지배 학살을 은폐하고 정당화는 수단이 되어버렸다. 미제의 철군 이후 국내외 언론 대다수도 탈레반의 봉건적 반동성, 여성억압을 집중 부각시키며 미제의 학살과 약탈상을 은폐, 정당화하고 있다.

각자의 성적, 민족적, 장애적, 정체성을 확인하는 건 각성의 계기가 될 수 있지만 이것이 보편성으로 나아가지 못하고 혁명성과 결합하지 못하면 배타성 폐쇄성에 갇혀 버려 지배계급의 분열하여 통치한다는 계급지배 논리에 이용될 수 있다(이는 노동조합주의도 마찬가지이다). 더욱이 각각의 정체성도 또다시 수없이 많은 정체성으로 나뉠 수 있다. 생물학적 기본성 말고도 논바이너리처럼 수많은 성별 정체성으로 나뉜다고 보는 경우도 있는데, 심지어 이 가운데는 '젠더플럭스'라고 하여 성별 정체성의 강도가 시간에 따라 변한다고 느끼는 경우도 있다고 한다.

여성 내부의 단일한 정체성도 사실 무조건적으로 단일하지는 않다. 특히 여성 자본가계급과 여성노동자 계급은 같은 성적 정체성을 가지고 있지만 서로 세계관, 사고, 경제적 위치 등이 전혀 상반될 수 있다.

오늘날 대중들의 불평등, 부조리에 대한 분노와 해결 열망이 '공정성'의 요구로 나타나고 있다. 그러나 공정성은 객관적 기준이 모호하다. 나의 공정성이 너의 불공정성이 될 수도 있다. 자본가들에게 공정성은 자유로운 계약이라는 미명으로 국가의 비호를 받으며 마음껏 노동자를 착취하

 맑스주의와 포스트모더니즘 신좌파 다원주의 이데올로기 비판

는 것일 것이다. 반대로 노동자의 공정성은 권리를 인정받고 안정된 조건에서 안정된 임금을 받는 것일 것이다. 그런데 부르주아의 공정성은 노동자들을 하나의 계급으로 단결하는 걸 가로막는다. 청년과 중장년, 실업자와 취업자를 분리, 분열시켜 계급통치에 이용해먹는 것이 바로 그것이다. 그리하여 부르주아의 계급분열 이데올로기에 포섭된 청년 일부, 그것도 혜택 받은 일부 청년 정규직들이 비정규직 정규직 전환에 가로막으로 자본의 구사대로 활동하는 것이 그것이다. 그러나 이들 역시도 지난한 계급투쟁, 노조가 투쟁으로 성취한 권리를 누리고 있다.

민족적 정체성, 민족의 자주와 자결의 권리도 제국주의의 민족억압과 지배와 맞서 싸우지 않으면 유지할 수 없다. 여성의 억압도 자본의 착취와 억압, 이러한 물질적 차별을 가능하게 하는 정신적 차별 및 억압, 이데올로기와 싸우지 않으면 해결될 수 없다.

오늘날 전국장애인차별철폐연대(전장연) 처절한 투쟁에서 보듯, 이들 장애인들의 억압과 권리도 국가권력과 싸워야 하고 이들이 조장하는 반장애인 이데올로기와 부단히 싸워야 한다.

인종주의, 이 일종인 오리엔탈리즘도 제국주의와 무관한 이데올로기, 차별이 아니다. 이주노동자에 대한 자본제적 차별과 억압, 사업장 이동의 자유 제한 같은 봉건제적 억압 같은 중첩된 차별과 억압도 자본이 지배하는 착취사회의 모순들이다.

결국 자본가 계급과 노동자 계급처럼 생산관계에서 차지하는 위치로 단일한 계급적 위치를 부여하는 계급이론이 가장 보편적이고 과학적인 기준이 될 수 있다는 것을 알 수 있다. 물론 계급적 출신이 계급의식의 무조건적 보증은 아니다. 자신의 계급적 위치를 뛰어넘는 유산계급 출신 혁명가도 있을 수 있고, 프롤레타리아로서 자신의 계급적 지위를 배반하여 지배계급의 세계관을 가지는 경우도 있고 지식인들의 경우는 누구에게 봉사하느냐에 따라서 자신의 계급적 역할이 서로 다르게 주어지기도 한다. 그러나 이러한 경우도 결국 계급과 계급적 이해를 기준점으로 나뉘는 것이다.

포스트모더니즘 다원주의는 소부르주아정치이자 이로써 그 계급적 성격상 노동계급성 혁명성과 결합하지 못하면 부르주아 제국주의 정치로 될 수밖에 없다.

> 일상의 폭력이나 차별에 맞서는 '인권'은 유럽이나, 선진국이나, 문명국과 같은 한정된 특수성의 세계의 테두리 안에서 개인에 대한 방호적이고 치유적인 일정한 구실을 해왔다. 그러나 '보편적 인권'이 '문명과 야만'이라는 구조적 폭력 위에 안주하면서 '인권'의 수호자인 양 고상한 척 설교를 한다면 오만한 위선일 뿐만 아니라, '인류애에 대한 범죄(Crime against Humanity)'의 공범자가 되는 것이다. 언뜻 반패권적이고, 반권력적으로 보이는 평화, 민주, 인권이라는 가치들도 서구에서 태어나 서구의 안경을 쓰고 세계를 노려보고 있으니, 결코 보편적이라고 할 수 없다. 우리의 눈으로 우리의 현실을 구체적으로 직시하며 인권의 근본 문제를 되짚어봐야 할 것이다(서승, 《동아시아의 과거와 미래를 생각한다 평화로 가는 한국, 제국으로 가는 일본》, 경향신문, 초판 2쇄 2020.4.1).

신좌파 다원주의 사상은 결국 개인인권과 차별도 해결하지 못하고 분열 해체되어버릴 수 있다. 게다가 서방 제국주의 인권과 인도주의 담론 이데올로기의 포로가 될 수도 있다.

3. 페미니즘 인식의 배경

오늘날 한국에서 유행하는 페미니즘이 어떠한 정치적 배경 속에서, 어떠한 인식을 가지고 소개되고, 확산됐는지 살펴보아야 한다.

현대의 여성해방론은 억압과 해방에 관한 마르크스주의의 통찰에 많은 영향을 받았지만 다른 한편으로는 마르크스주의를 비롯한 전통적인 이론의 보편주의와 총체성을 거부하고 탈중심화된 개체성과 기준들 자체가 복수적인(plural) 사유체계들, 이론들, 현존하는 패러다임들, 생활양식, 사회와 문화에 따라 상대적인 것일 대 여러 대안적인 패러다임들의 서로 경쟁하는 진리 주장을 일괄해서 평가하고 판단하게 하는 어떤 실질적인 광범위한 하나의 틀이란 없기 때문이다….

이렇듯 포스트 모더니즘은 전통적인 이론이 추구한 '큰 이야기'(grand narrative)가 배제해온 수많은 '작은 이야기들'이다(태혜숙 효성여대 교수, 영문학, 포스트 모던 여성해방론의 현황과 과제, 1993).

포스트 모던 여성해방론은 이성애중심 사회구조의 일면성과 획일성을 어느 여성해방론 흐름에서보다도 강력하게 비판한다. 그렇지만 포스트 모던 여성해방론에서는 그 사항을 포스트모더니즘이라는 이론적 근거를 갖고 체계화하고 그것은 '개인적인 것이 정치적인 것이다'(the personnal is political)라는 포스트 모던 여성해방론의 핵심 주장과 이어진다. 이 주장은 바로 일상 삶의 정치(politics of everyday life)와 국지적 정치 (politics of local)와 같은 포스트 모던 정치의 입장을 근거로 함으로써 아직 이 시기는 청산주의 시대가 열렸으나 1980년대의 여운이 남아 있는 시기이므로 '포스트 모던'하기는 하지만 페미니즘 대신에 '여성해방론'이라는 표현이 남아 있다. 그러나 결국 '포스트 모던'한 '여성해방론'은 맑스주의 여성해방론일 수 없다는 것이 인식 출발과 전체에서 보인다.

맑스주의의 "보편주의와 총체성을 거부하고", 계급과 노동 중심성을 부정 내지 경시하고 탈중심화된 개인들을 내세우는 운동이 자본주의와 제국주의와 맞서 싸우는 '여성해방론'이 될 수는 없다. 더욱이 이러한 논의들은 '큰 이야기(grand narrative)'와 사유의 총체성을 부정하고 '상대적'이고 주관적이고 개인적인 논의들을 부각시켰다. 큰 이야기, 계급이니 착취니 민족이니 분단과 통일이니, 제국주의니 하는 거대담론을 부정하는 논리가 바로 '포스트모더니즘'이다. 포스트모더니즘은 근대를 넘어서가 아니라 "자본주의 사회 전체의 전면적이고 총체적인 질적 변화와 같은 거창한 목표를" 내세우기보다는 "일상 삶의 주변에 널려 있는 일면 사소해 보이는 문제부터 구체적으로 해결해 보려는 것"이다.

철학적으로 이러한 다원주의는 객관진리는 인식할 수 없다는 비변증법적 불가지론에 빠져 있다.

"지금은 거울에 비추어 보듯이 희미해서 진리는 우리 앞에 명명백백하게 드러나지 않는다. 우리는 이 세상의 허물을 통해 그 진리를 편편(片片)이 볼 수 있을 뿐이다."

《장미의 이름》 프롤로그에 나오는 말이다. 신약성서 고린도전서를 인용해 쓴 구절이다. 진리란 무엇인가. 그것은 하나인가 여럿인가. 분명한 것인가 모호한 것인가. 〈장미의 이름〉을 통해 에코는 포스트모더니즘이 강조하는 이성의 한계를 주목하고 사유의 복수성을 옹호한다.

에코에게 진리란 여럿이며, 그러기에 애매하고 불확실한 것이다. 이렇듯 〈장미의 이름〉은 에코의 다원주의 사상을 압축적으로 보여준다.

이러한 포스트모더니즘의 등장은 한국 자본주의의 구조변동과 밀접히 관련돼 있었다. 소득 향상에 따른 소비계층의 확대와 소비양식의 세계화는 여가활동·영상·레저 등을 새로운 대량 소비품목으로 등장시켰다. 1997년 외환위기가 발생하기 이전까지 소비 취향이 다양해지고 내적 스타일 분화가 증가한 셈이었다. 이러한 현상을 망라하는 개념으로 포스트모더니즘이란 말이 널리 통용됐다(《김호기의 세상을 뒤흔든 사상 70년》 (22) 진리는 하나가 아니다… 소설로 포스트모더니즘 대중화에 기여 김호기 연세대 사회학과 교수, 경향신문 2016.8.16).

포스트모더니즘은 이처럼 거대담론, 총체적 인식을 부정하고 객관적 진리를 부정하고 이를 인식할 수 없다고 한다. 과거 이념과 혁명을 강조하고 이성과 합리성, 과학적 세계관을 내세우는 주의, 주장들은 모더니즘의 세계의 산물에 불과한 것이 된다. 진리가 "여럿이며, 그러기에 애매하고 불확실한 것"이라는 주장은 바로 포스트 모던한 다원주의적 세계관과 인식을 말한다. 이에 따라 노동자중심성, 계급과 민족 대신에 적녹보라 같은 다원주의 사상이 그 자리를 대신한다.

다원주의 사상은 "소득 향상에 따른 소비계층의 확대와 소비양식의 세계화는 여가활동·영상·레저 등을 새로운 대량 소비품목으로 등장시켰다"며 착취와 억압 대신에 변화되고 다양하게 현실이 변화했다는 인식으로부터 출발한다. 이는 신좌파 이데올로기이다.

오늘날 정의당, 녹색당이 바로 그 신좌파 노선의 현 실태이다. 인권 녹색을 내세우며 부르주아 인권담론 반핵담론에 포섭되어 반북 반북핵에 빠져버리게 되는 것이다. 반중, 반러도 그렇다. 오늘날 한겨레의 반창간 정신도 이런 소부르주아 정치에서 비롯된다.

진보당도 상당 부분 이 노선에서 자유롭지 못하다. 진보당 내 청년들이 오늘날 유행하는 신좌파 사조의 영향을 받아 그렇다. 이를 진보당이 당적 사상으로 극복하지 못하고 방치, 조장, 영합하면서 더욱 깊어지고 있다.

 맑스주의와 포스트모더니즘 신좌파 다원주의 이데올로기 비판

4. 코민테른 여성해방론

이제 '모더니즘'적인, 그것도 고색창연한 코민테른(국제공산당)의 여성해방론에 대해 본격적으로 소개, 검토해보고자 한다.

맑스주의가 공상적 사회주의가 하나의 정치적 뿌리이기 때문에 푸리에의 "자유를 향한 여성의 진보와 비례하며, 여성해방이 이루어진 정도가 인간의 보편적 해방을 측정하는 자연적 척도"라는 주장으로부터 기본적인 영향을 받기도 했다.

코민테른 여성해방론의 고전적, 정통적 출발은 엥겔스의 《가족 사유재산 국가의 기원》(아침, 김대웅 옮김)에서 이렇게 주장한다.

> 모권의 전복은 여성의 세계사적 패배였다. 남자는 가정에서도 지배권을 장악하게 되어 여자는 자기의 존귀한 지위를 상실하고 노비로, 남자의 정욕의 노예로, 순전한 산아도구로 전락했다.

그러나 이것은 순전히 성별대립의 결과라기보다는 사적소유의 등장과 함께 시작된 계급지배 사회의 산물이라고 엥겔스는 인식한다.

> 문명 시기에 최고의 발전을 본 노예제의 출현과 함께 처음으로 착취계급과 피착취계급으로 사회가 크게 분열되었다. 이 분열은 문명의 전 기간 동안 존속했다. 노예제는 고대 세계에 고유한 최초의 착취 형태였으며, 그 뒤를 따른 것은 중세기의 농노제와 근세의 임금노동제이다. 이것은 예속의 3대 형태로서 문명의 3대 시기를 각각 특징짓는다. 공공연한, 그리

고 최근에는 은폐된 노예제가 문명의 영원한 동반자이다.

문명이 시작되는 상품생산 단계는 다음과 같은 경제적 특징을 가지고 있다. 즉 1) 금속화폐, 그와 함께 화폐자본(Geldkapitals), 이자(Zinses) 및 고리대금업(Wuchers)의 도입, 2) 생산자들을 중개하는 계급으로서의 상인들의 출현, 3) 토지의 사유 및 저당권의 발생, 4) 지배적인 생산형태로서의 노예노동의 출현이다. 문명에 상응하여 또 문명과 함께 자기의 지배를 종국적으로 확립하는 새로운 가족형태는 여자에 대한 남자의 지배, 즉 일부일처제이며, 사회의 경제적 단위로서의 개별 가족이다. 국가는 문명 사회를 총괄하는 힘으로서 모든 전형적인 시기에 예외 없이 지배계급의 국가이며, 또 본질적으로 모든 경우에 압박받고 착취당하는 계급을 억압하는 기관이다.

그리하여 엥겔스는 사회적 분업이 가져온 모순과 사적소유의 철폐와 가사노동의 사회화에서 여성해방의 길을 찾았다.

최초의 거대한 사회적 분업은 노동생산성의 향상과 재부의 증대 및 생산활동 분야의 확대와 더불어 주어진 모든 역사적 조건 아래서 필연적으로 노예제를 가져왔다. 최초의 거대한 사회적 분업의 결과 두 계급, 즉 주인과 노예, 착취자와 피착취자로서의 최초의 거대한 사회적 분열이 일어났다….

획득하는 것은 언제나 남자의 일이었다. 획득에 요구되는 수단은 남자가 만들었고, 또 그것은 남자의 소유였다. 가족 내의 분업은 남녀 간의 재산분배를 규정했다. 가족 내의 분업은 전과 다름이 없었다. 그러나 이제는 오직 가족 밖에서의 분업이 달라졌기 때문에 가족 내 분업이 종래

   맑스주의와 포스트모더니즘 신좌파 다원주의 이데올로기 비판

의 가정 내 관계를 완전히 전복시켰다. 전에는 가정에서의 여자의 지배를 보장해주었던 바로 그 원인, 즉 여자가 가사노동에만 종사했다는 사실이 오히려 가정에서의 남자의 지위를 보장해주었다. 여자의 가사노동은 이제 남자의 생활필수품 획득에 비해 그 의미를 상실했다. 남자의 노동이 전부였고, 여자의 가사노동은 보잘것없는 부차적인 것이었다. 여성의 해방, 남녀의 평등은 여자가 사회적 노동에서 배제되어 사적인 가사노동에만 종사하고 있는 한 불가능하며, 또 앞으로도 불가능할 것이라는 사실이 이미 여기서 명백해진다. 여성의 해방은 그들이 사회적 규모의 생산에 광범위하게 참여하고, 또 그들이 돌보아야 할 가사가 아주 적을 때에야 비로소 가능하게 될 것이다.

엥겔스는 여성을 옭아매는 가사노동을 사회적 노동으로 전환해야 한다고 주장하나 그렇다고 해서 남과 여의 분업 형식 자체가 근본 문제가 아니라 이 성별분업이 지배와 억압을 가져오게 한 사회적 조건의 결과라고 주장하고 있다. 엥겔스는 부부간, 남녀 간 법률적 평등은 여성해방에서 다음과 같은 의미를 가진다고 본다.

지난 시기의 사회관계로부터 물려받은 부부간의 법률상 불평등은 여성에 대한 경제적 억압의 원인이 아니라 그 결과이다. …부부가 법률상 완전히 동등해졌을 때 비로소 현대 가정에서 아내에 대한 남편의 지배의 특성, 그리고 부부간의 진정한 사회적 평등을 수립할 필요성과 그 방법도 역시 완전히 해명될 것이다. 그때야말로 여성해방의 첫째 조건은 여성 전체가 사회적 노동에 복귀하는 것이며, 그러기 위해서는 또한 개별 가족 부부간, 남녀 간 법적 평등은 필요한 것이다. 그러나 그 법적, 형식적 평등만으로 진정한 평등이 보장되지 않는다고 보는 것이다. 법적 평등이 보장되어야지만 부부간, 남녀 간 불평등의 근원이 법적 문제가 아니라 근본적인 사회적, 경제적 불평등의 결과라는 것이 분명하게 드러난다는 점에서 의미가 있다고 본 것이다.

사적소유도 없고 상속할 재산도 없는 프롤레타리아 가족 내에서 남과 여의 관계는 어떠할 것인가?

이 계급에서는 고전적 일부일처제의 기초도 역시 모두 제거되어 있다. 남성의 지배와 일부일처제는 다름 아닌 재산의 보존과 그 상속을 위한 이룩된 것인데, 그들은 이러한 재산을 가지고 있지 않으며, 따라서 그들에게는 남성 지배의 확립을 위한 아무런 동기도 없다. 그뿐만 아니라 그들에게는 그렇게 할 수단도 없다. 즉 남성 지배를 보호하는 부르주아 법은 오직 유산자들과 프롤레타리아 통제를 위한 것이기 때문에 가난한 노동자의 아내에 대한 지위에는 아무런 효력도 갖지 못한다. 그의 경우에 결정적 역할을 하는 것은 이와는 전혀 다른 개인적·사회적 관계이다. 또한 대공업으로 인해 여자가 가정에서 노동시장과 공장으로 나와 종종 가족의 부양자로 됨으로써, 프롤레타리아 가정에서의 남편의 지배는 그 마지막 잔재마저 존재할 여지가 없게 되었다. 그런 일부일처제 아래 그칠 줄 모르는 아내에 대한 학대는 예외이다.

 맑스주의와 포스트모더니즘 신좌파 다원주의 이데올로기 비판

일부일처제 아래서 남편의 아내에 대한 학대, 남성의 여성에 대한 폭력과 학대가 존재하지만, 사적소유도 없고, 상속할 재산도 없는 프롤레타리아 가정 내에는 남성 지배의 물질적 조건이 사라졌다고 보는 것이다.

이로써 엥겔스의 여성해방론은 "일부일처제 아래 그칠 줄 모르는 아내에 대한 학대" 같은 잔존하는 가부장제적 폭력과 억압, 후진적 의식, 행태에 맞서 싸워야 하지만, 근본적으로는 남녀의 적대와 대립에 기초하는 것이 아니라 프롤레타리아가 계급적으로 단결해서 사적소유를 철폐하고 이 억압의 물질적 기초를 분쇄해야 한다는 결론이 나오는 것이다.

맑스주의 여성해방론을 계승한 코민테른 여성해방론의 주된 이론가는 독일의 혁명가인 클라라 체트킨(Clara Zetkin)이었다.

1. 공산주의 인터내셔널 제2회 대회는 가장 광범위한 프롤레타리아여성 대중의 계급의식을 일깨우고 공산주의사상을 고취시키며, 자신들의 목표를 명확하게 의식하고 실천적 결의로 가득 차, 희생을 마다하지 않을 공산주의여성투사 및 협력자로서 여성들을 결집할 필요가 있다고 한 제1회 대회의 결정을 추인한다. 프롤레타리아여성이 자본주의를 극복하고 공산주의를 실현하기 위한 혁명투쟁에 가장 강력하게 참

가하는 일은 필요불가결하다. 여성이 교육받거나, 직업활동과 어머니로서의 역할을 수행함에 있어서 완전히 자유로운 인격을 발전시킬 수 있으려면 전 사회적으로 강고한 연대 속에서 모든 여성에게 완전한 사회적 권리가 확보되는 것이 필요하다. 단결과 이 목적을 위한 사회적 조건을 창출하기 위해서는 부르주아제도에 반대하는 혁명적 투쟁을 거쳐 그 위에 새로운 제도를 혁명적으로 건설할 수 있도록 프롤레타리아계급이 권력을 획득해야 한다.

2. 과거와 현재의 역사는 사적소유야말로 여성에 대한 남성의 특권적·우월적 지위의 가장 근본적으로 최종적인 원인이었음을 가르쳐주고 있다. 사적소유가 성립되어 확립된 시기에 비로소 노예도, 또 여성과 아이들도 남성의 소유물로 되었다. 한 인간이 다른 인간을 지배하는 것을 기초로 하여 가진 자와 못 가진 자, 착취자와 피착취자 사이의 계급대립이 발생하였고, 또한 여성이 아내이자 어머니로서 남성에게 종속되고 그 밑에 예속되어 가족 안에서나 공공생활에서 권리 없는 상태에 놓이는 관계가 성립하였다.

이 관계는 풍습과 편견 속에, 법 앞에서의 여성의 무권리 상태, 조금 나아졌다고 하더라도 불평등한 권리, 그리고 가족, 국가 및 사회에서 여성의 차별적인 지위, 여성의 정신적인 종속상태와 후진성, 모성의 역할에 관한 사회적 의의의 과소평가로 소위 문화국민 속에조차 여전히 남아 있다. 유럽문화권과 국민들 사이에서는 준프트(Junft)수공업의 발전과 함께 여성이 생업으로서의 사회적 재화생산의 영역으로부터 구축되고 오로지 가사와 자기 가족을 위한 일로 활동이 한정됨에

  맑스주의와 포스트모더니즘 신좌파 다원주의 이데올로기 비판

따라 이러한 사태가 고정되고 촉진되었다. 만일 여성이 형식적으로 작성된 사문화된 법조문 위에서가 아니라 실제로 남성과의 완전한 사회적 동등권을 획득하기 위해서는—여성이 남성과 똑같이 전인격을 자유롭게 발전시키고 발휘할 수 있는 가능성을 획득하기 위해서는, 두 가지의 기본적 조건이 충족되어야 한다. 즉 생산수단의 사적소유를 폐지하고 사회적 소유로 바꾸는 것, 착취 없고 예속 없는 제도에서 여성의 활동이 사회적 재화생산에 편재되는 것 그것이다. 이 두 가지 조건이 실현될 때 비로소 여성이 가족 내에서 아내이자 어머니로서 남성에게 경제적으로 종속된다거나 혹은 착취자와 피착취자 간의 계급대립의 결과로서 경영 내에서 프롤레타리아 여성, 직업여성으로서 자본가에게 경제적으로 예속되고 착취당하는 일이 없어진다. 또한 그렇게 될 때만, 가사와 어머니로서의 역할이나 직업활동에서 일면적으로 과대한 요구 때문에 여성의 귀중한 능력과 자질이 위축되지 않고, 이 두 가지 조건이 실현될 때만 비로소 여성이 의무와 권리가 동등한 일꾼이자 근로자로서 능력과 역량을 전면적으로 발전시켜 활동하고, 직업활동과 어머니로서의 역할이 완전한 생명력의 발현으로 통일되는 것이 보장된다.

3. 부르주아적 여성운동의 요구들은 전체 여성의 완전한 권리와 완전한 인격을 보장할 수 없음을 분명하게 보여주고 있다. 확실히 이 요구의 실현은 부르주아사회와 국가가 여성의 열등성이라는 낡은 편견을 공식적으로 말소하여 여성의 동등권을 승인하는 점에서, 여성들이 사회적인 가치평등을 승인하는 점에서 경시할 수 없는 원칙적 의의를 갖

고 있다. 그러나 실천적 측면에서는 여권론자의 요구들이 실현되더라도 주로 유산계급의 아내와 딸들에게 유리하도록 자본주의제도를 개량하는 것으로 귀착되며, 한편 대다수의 프롤레타리아 여성, 근로인민 여성은 완전히 비자유인, 피착취자로서 위축되고 그 인격, 권리와 이익이 무시당한 상태에 방치된다….

이 선거권은 생산수단의 사적소유를 폐지하지 않거니와 따라서 부르주아계급과 프롤레타리아계급의 계급대립을 폐지하지도 않는다. 그러므로 프롤레타리아 여성에게는 완전한 정치적 평등권도 결코 그들의 운동, 그들의 투쟁의 종국적 목표가 될 수는 없는 것이다.

4. 그러나 여성의 위대한 해방자인 공산주의는 여권론자들의 요구들의 취향에 따라 부르주아제도의 개량을 위해, 즉 남성의 특권적인 사회적 지위에 반대하여 모든 계급의 여성이 공동투쟁한 결과로 실현되는 것은 결코 아니다. 공산주의는 남녀 유산·착취계급의 특권과 권력에 반대하는 남녀 피착취 프롤레타리아 계급의 공동의 계급투쟁에 의해서만 실현될 수 있다.

A. 프롤레타리아가 이미 국가권력을 획득하여 소비에트제도의 형태도 자신의 지배를 구축한 나라들, 예를 들면 러시아에서는

1. 직업여성을 위해서 여성의 육체적 특성에 맞고 모성의 육체적 또는 정신적, 도덕적 요구에 적합하며, 그리고 어머니로서의 역할과 직업활동과의 조화로운 결합—최고의 능률을 확보할 수 있으면서 동시에 완전한 인격으로서의 여성의 전역량과 가치를 발휘하고 활동할 수 있는 결합—을 가능케

　　맑스주의와 포스트모더니즘 신좌파 다원주의 이데올로기 비판

하는 노동조건을 창출할 것.

2. 이제까지 가정에서의 가사노동—낡은 수공업적 방식의 가장 낙후된 형태이자, 가장 불구화되고 영세한 형태—을 일반적인 사회경제 내로 끌어들여 주부를 작은 개별경제의 노예로부터 커다란 사회경제의 자유로운 직업여성으로 전화할 것.

3. 종래 가정에서 여성의 경제적 임무를 떠맡고, 어머니로서의 역할을 줄이고 그것을 보충, 보완할 수 있는 모범적인 사회시설을 설립할 것.

4. 모성과 청소년 보호를 위해 모범적인 사회복지시설을 만들 것.

5. 병자, 허약자, 노인, 노동불구자를 원호하기 위한 사회복지시설을 만들 것. 부르주아 제도의 유산인 매춘부를 룸펜프롤레타리아의 지위에서 근로자의 공동사회로 되돌아오게 하기 위한 경제적 및 교육적 방책을 강구할 것.

6. 교육적인 노동과제와 남녀공학에 기초하여 개성을 발전시킬 수 있는 권리를 보장함과 동시에, 연대정신의 함양에 적합하고, 또한 여성을 위해 전면적인 인격발의 조건을 보장할 수 있는 교육·훈련제도를 창출할 것.

7. 주부와 어머니의 부담을 줄일 것을 목적으로 하거나, 사회복지, 특히 여성, 청소년의 복지에 유용한 방책들의 결정과 실시 및 그러한 시설의 설립, 형성과 운영에 여성을 광범위하게 협력시킬 것.

B. 프롤레타리아가 정치권력을 획득을 위해 투쟁하고 있는 나라들에서는

1. …모든 행동과 투쟁에 광범위한 여성대중을 참가시킬 것. 프롤레타리아 여성의 계급의식을 강화하고, 그들의 혁명적 에너지와 투쟁능력을

높이는 데 적합한 모든 수단, 방책을 강구하고, 시설을 갖출 것.

2. 사적 생활과 공적 생활의 모든 영역에서, 또한 법률상, 실제상 양성의 완전한 동등권.

3. 여성이 평등하고 자유롭게 보통교육과 직업교육을 무상으로 받을 수 있는 권리.

4. 동일노동에 대한 남녀 동일임금.

5. 낡은 형태의 가사노동의 후진적 성격과 그에 따른 시간, 인력, 금전의 낭비에 관해서, 또한 이 가사노동이 자본주의에 의해 주부의 부불노동으로 책정되어 남성의 저임금을 조장하고, 사회생활로부터 여성을 격리시킴으로써 정신적 및 정치적 후진상태에 가두는 수단으로 이용되고 있다는 사실에 관하여 여성을 계몽할 것.

6. 호화주택과 여분의 주택에 대한 부르주아의 소유권 앞에서 공손하게 되로 물러설 것이 아니라 주택제도를 근본적으로 개혁할 것.

7. 공공보건 제도를 조직적으로 광범위하게 정비하고, 무엇보다도 도시와 농촌에 무료의료상담소를 설립할 것.

C. 자본주의 이전의 발전단계에 있는 나라들에서는

1. 여성을 남성의 가내노예, 노동노예, 또는 성욕의 노예적 지위로 깎아내리는 편견, 풍습, 관습, 종교적인 계율 및 법적 규정을 극복할 것— 이것을 극복하기 위해서는 여성을 계몽할 뿐만 아니라 남성도 함께 계몽할 것을 전제로 한다.

2. 교육과 가정생활 또는 공공생활에서 남녀의 완전한 법적 평등.

(이상은 1920년 1월, 클라라 체트킨 집필한 공산주의여성운동을 위한

  맑스주의와 포스트모더니즘 신좌파 다원주의 이데올로기 비판

비록 혁명성이 약화됐지만, 오늘날까지 계속되고 있는 3.8 여성의 날 제창자는 클라라 체트킨을 비롯한 공산주의자들이었다.

클라라 체트킨(좌) 로자 룩셈부르크(우)

대중의 잔인한 운명은 그들이 운이 좋아 자본가 산업 거물, 상인, 투기꾼, 폭리업자, 고리대금업자의 부속물이 아닌 한 무거운데 특히 여성들에게 운명은 더욱 가혹합니다. 오늘날 이중의, 중첩된 격렬한 고통을 겪지 않는 여성들은 없습니다. 여성노동자, 여성공무원, 여성교사 등은 남성동료보다 해고당하기 쉬우며, 일을 하지 않을 때 더 적은 실업수당을 받기 때문에 남성 실업자보다 더한 추위와 굶주림에 시달리고 있습니다.

주부는 남편, 아들, 형제의 모든 근심을 떠안고 있습니다. 그녀는 그들과 함께 고통을 겪을 뿐만 아니라 그들을 지키기 위하여 더 고통을 받습니다. 빵과 따뜻함, 소소한 삶의 기쁨, 약간의 지식과 아름다움에 대한 자녀들의 절규를 채워줄 힘이 없을 때, 무자비한 질병, 낙담 및 죽음의 엄습으로부터 자식들을 보호할 힘이 없을 때 어머니는 골고다의 십자가 앞에 피 흘리는 심정으로 서 있습니다. 발육부진 아동, 영아 사망률, 방치되는 청소년 범죄의 증가, 이것들은 모든 자본주의 국가의 현 사회상태에 대한 가장 적나라한 고발이 아닙니까?

그러나 여성노동자, 주부, 어머니는 일반적으로 그녀들을 괴롭히는 불행에 맞설 능력이 적고 형제들 보다 덜 훈련돼 있습니다. 그녀들은 자신들이 처한 상황의 비참함을 절절하게 느끼지만 부딪쳐 싸우는 대신에 참고 견디며 자기 방어력이 취약합니다. 수 세기 동안 인간에게 예속된 악한 유산, 네 개의 좁은 벽 안에 격리되어 그녀들의 시야가 둔감해지고 의지력이 파괴되었습니다. 여성은 남편의 명령에 순종적으로 복종했거나 가족의 뜻에 굴복한 것처럼 자본주의의 무자비한 착취, 부르주아 국가의 억압에 감히 맞서 싸우지 못했습니다.

주요 국가에서도 여성은 아직 시민권과 정치적 권리를 갖지 못하고 있으며, 이 권리 없이는 자신의 이해와 사랑하는 사람의 이해를 위해 빛을 발할 수 없습니다. 스위스, 프랑스, 벨기에, 이탈리아 등에서 오늘날의 여성들은 입법의회에 대한 투표권이나 피선거권도 없이 어제나 그제나 똑같은 위치에 있는 것이 사실이 아닙니까?

처참한 제국주의 전쟁이 발발한 후 수년 동안 여성노동자들의 고민과 고통은 극도로 깊어졌습니다. 그녀들의 구제책에 대한 가장 간절한 희망은 잔인하게 짓밟혔고 고통의 짐은 점점 더 어깨를 짓누르고 있습니다…

공산주의 인터내셔널은 가난하고 약자의 비참함에서 올바른 정치적 결론을 이끌어 냈습니다. 인터내셔널은 세계 부르주아지에 대항하는 통일전선의 필요성을 주창합니다. 당신의 영혼이 너무 노예화되어 감히 자유를 꿈꾸지 못한다 해도 적어도 당신은 배고픈 배의 소리는 들을 수 있습니다. 증가하는 착취와 극심한 궁핍에 맞서 스스로를 방어하십시오!

이것은 프롤레타리아트가 삶과 죽음과 씨름하고 있는 이 시간에 여러분에게 보내는 우리의 호소이며, 정치적 또는 종교적 신념에 관계없이 모든 여성노동자, 모든 주부 및 어머니에게 보내는 호소입니다. 여러분 모두에게 불행이 함께 하고 있다는 것을 기억하십시오! 단결합시다! 고난을 견디는 도피처에서 나오십시오. 일시적인 승리에 취해 있는 자본주의 세계의 면전에서 고통을 드러내십시오. 당신들의 요구를 당당하게 선언하십시오. 이러한 요구 사항을 위해 싸울 의지를 강화하십시오. 이윤에 대한 맹렬한 탐욕과 자본가들의 공격에 맞서 다음과 같은 요구로 저항하십시오.

동일노동 동일임금, 남녀 실업자를 위한 적절한 지원, 하루 8시간 노동, 토요일 오후 근무 중지, 일하는 여성, 성인 또는 청소년을 위한 법적 보호, 그리고 이러한 보호를 모든 임금 노동자에게 확대. 노동자 평의회와 소비자와 주부들로 구성된 통제위원회에 의한 폭등가격, 생산, 유통, 가격 통제에 반대하는 엄격한 조치. 산모, 유아 및 어린이를 위한 포괄적이고 효과적인 보호, 인간의 존엄성에 걸맞은 노약자, 병약자 또는 전쟁 장애인을 위한 사회적 보호, 생산 노동자에 대한 과세 면제, 부동산 몰수 및 강제 공채(compulsory loans)에 의한 자산계급에 대한 과세, 모든 여성의 조직권과 파업, 완전한 정치적, 사회적 권리의 보장, 투옥된 모든 혁명투사들을 즉각 석방.

국제공산주의 여성조직은 이러한 요구와 이와 유사한 요구의 실현을 위해 투쟁하겠다는 확고한 결의를 선언하는 일에 함께하기를 모든 여성노동자들께 호소합니다. 말이 아니라 행동으로, 착취하는 부르주아지와 클라라 체트킨은 오늘날 유행하는 페미니즘 노선을 염두에 둔 것처럼, "부르주아제도의 개량을 위해, 즉 남성의 특권적인 사회적 지위에 반대하 여 모든 계급의 여성이 공동투쟁한 결과로 실현되는 것은 결코 아니다. 공산주의는 남녀 유산·착취계급의 특권과 권력에 반대하는 남녀 피착취 프롤레타리아 계급의 공동의 계급투쟁에 의해서만 실현될 수 있다"고 주 장하고 있다.

지금까지 맑스주의 여성해방론과 이를 바탕으로 한 100여 년 전의 코 민테른 여성해방론을 살펴봤는데, 과연 이 운동이 앞에서 던졌던 문제의 식들, 즉 "오늘날 첨예한 사회문제, 여성문제를 전혀 해명하지 못하는 옛 날 고리타분한 얘기라고 생각할 수 있"겠는가? 오늘날 유행하는 정체성 정치보다 수 배, 수십 배 근본적이며 또한 현실적이고 구체적이고 실질적 이지 않은가?

3장
거대담론의 시대가 저물었는가?

1. 윤석열의 내란은 포스트모더니즘 가상을 날려버렸다

윤석열이 일으킨 내란은 거대담론의 시대가 끝나고 포스트모더니즘의 시대가 도래했다는 가상의 이념을 산산조각냈다. 윤석열이 인지부조화로 모더니즘의 세계로 회귀한 것이 아니라 거대담론, 거대서사가 끝났다는 포스트 모더니즘의 가상을 날려버리고 모더니즘적 현실을 적나라하게 드러내 버린 것이다.

주지하듯 "포스트 모더니즘은 근대적 거대 서사(큰 이야기)에 대한 불신과 회의에서 출발한다."

포스트모더니즘의 거대서사에 대한 부정은 "헤겔철학·마르크스주의 등 '총체성'을 주로 가치범주로 삼고 있는 근대의 지적 체계들을 말"하는 것으로, "모더니티의 지배적 가치인 이성·주체·진보로서의 역사를 배척한다. 리오타르는 거대 서사들의 총체성 추구 성향이 억압·강제·공포의 전체주의를 정당화한다고 비판한다"(성우제 기자, 늦게 찾은 '진품' 포스

포스트모더니즘은 "그렇기 때문에 정치권력을 장악해 평등자유를 선포하는 방식으로 진행되기보다는 비정치적으로 간주되곤 했던 일상적인 차원의 문제를 정치적 문제로 새롭게 폭로하고 드러내는 방식으로 진행될 수밖에 없었다"(최원 철학자, 글로벌이슈 | 프랑스 68혁명 50년 |'개인적인 것이 정치적인 것' '표면적 실패' 뒤에도 혁명은 계속됐다, 신동아, 2018.06.13.)고 주장한다.

윤석열은 공산전체주의, 반국가세력 척결을 외쳤다. 윤석열은 대북 적대감으로 무장하고는 북한 주적론, 대북 선제타격론을 끊임없이 도발을 자행하고 미국을 등에 업고 역대급의 한미군사훈련으로 전쟁책동을 자행했다. 대북 전단살포를 비호하고 대북방송으로 북을 자극하고 급기야는 무인기를 평양 상공에 보내 전쟁도발을 지속했다. 심지어 북이 대북전단 살포에 맞대응하여 대남 전단을 살포하면 원점타격을 가하려고 기도했다.

윤석열의 대북전쟁 도발은 대북용인 동시에 대남용이기도 했는데 윤석열은 국지전적 전쟁발발과 전쟁위기를 비상계엄의 근거로 삼아 내란을 정당화하려고 시도했다. 윤석열은 "짐이 곧 국가다"라는 신념하에 정권에 비판적이고 반대하는 모든 세력들을 종북세력, 반국가세력으로 간주하고 처단해야 한다고 주장했다.

윤석열은 대우조선 하청노조, 화물연대, 건설노조의 투쟁에 대해 노조 적대감으로 일관하며 노조 자체를 말살하려 하고 노조법 1, 2조 개정에 거부권을 행사했다. 윤석열은 MBC 등 정권에 비판적인 언론에 대한 통제와 탄압을 지속하면서 황색언론을 관리해 왔고 이는 KBS 사장에 파우치 박장범을 임명하고 극우 이진숙을 방송통신위원장에 임명하는 것으로 나타났다. 윤석열은 미일한 전쟁동맹 체계를 유지, 강화하는 데 걸림돌이 되는 일제 식민지배를 미화·정당화하려는 미국의 강압을 따라 친일행보를 지속해 왔다.

윤석열의 친일 역사왜곡과 뉴라이트를 통한 역사전쟁은 과거 해석의 문제가 아니라 파쇼 통치를 강화하고 내란의 분위기를 조장하려 한 것이었다. 윤석열의 이러한 파쇼전체주의는 종북 반국가세력을 척결하겠다는 비상계엄 선포 대국민담화와 "처단한다"로 끝나는 계엄 포고령에서 고스란히 재현되었다.

서방제국주의 프로파간다와 개입으로 소련 내에서도 후르시초프 사회주의 반역자에 의해 스탈린 악마화가 자행되었고 소련사회주의가 억압적인 공포체제라는 허구적 인식이 팽배해 졌다.

다원주의자들은 이러한 서방 제국주의자들의 이념공세에 영향을 받아 맑스주의가 진보사상으로 출발했으나 "거대 서사들의 총체성 추구 성향이 억압·강제·공포의 전체주의를 정당화한다고 비판"한다.

이들의 총체성에 대한 부정은 객관적 진리를 부정하고 다원주의 인식을 주장한다. 다원주의자들은 계급투쟁이나 권력장악 등을 모더니즘 시대의 착오적 인식에 불과하다고 주장한다. 그러나 전체주의는 공산주의의 집단주의와 정반대되는 이념이다. 공산주의의 집산주의는 생산수단의 사회적, 집단적 소유로 출발해 개인주의 대신에 공동체주의를 지향한다. 전 사회의 이해에 반하는 자본가들의 사적인 탐욕적 이윤추구를 원리로 하는 자본주의에 반해 개인은 전체 사회의 발전에 복무하고 전체 사회는 개인의 존엄과 발전을 위해 움직이는 사회다. 권력은 민중억압과 지배의 수단이 아니라 인민에게 봉사하는 멸사봉공의 수단이다.

역사적으로 존재했던 사회주의와 현존하는 사회주의가 제국주의의 부단한 개입과 말살 공세 속에서, 저발전한 구시대의 생산력과 구래의 낡은 인식으로 출발해 한계를 가지고 부단히 오류와 시행착오를 거쳤다고 하더라도 사회주의의 발전은 전 인류의 발전이었고 사회주의의 진보는 전 인류의 진보였다.

사회주의권의 해체는 내란과 민족갈등, 학살, 무상복지 체제의 붕괴와 기업 사유화와 올리가르히(재벌)를 불러왔다. 사회주의권의 해체는 제국주의의 전쟁과 민족억압, 내정간섭을 극도로 조장하고 서방 나라 노동자 민중의 임금인하와 복지체계를 무너뜨렸다.

공산전체주의는 공산집단주의를 왜곡하고 전체주의가 파시즘의 산물이라는 점을 은폐시켰다. 간혹 파시즘의 전체주의가 자본주의의 산물이라는 점을 인정한다고 하더라도 공산전체주의와 대비되는 것을 간주하여 역사의 진보를 부정하는 회의주의와 무정부주의를 조장했을 뿐이다.

윤석열의 공산전체주의론은 자신의 파쇼전체주의를 공산주의에 전가하고 파쇼성을 은폐하는 수단이었을 따름이다.

미국은 윤석열의 계엄을 반대하고 민주주의와 인권을 옹호한다고 했지만, 전쟁과 민주파괴, 친일 역사왜곡의 배후는 미국이었다. 내란이 하루아침에 도둑처럼 찾아온 것이라고 간주하지 않는한 윤석열 내란의 물질적 근거와 이념적 토대인 파쇼전체주의의 90프로는 미국의 직간접적 영향 아래 만들어졌다. 대북 전쟁책동뿐만 아니라 우크라이나에 경제지원, 무기지원을 강요하고 북한파병설을 조작하여 군대 파병을 종용한 것도 미국이었다.

인권과 자유의 수호자를 자처하는 미국이 우크라이나 신나찌를 통해 대러적대와 돈바스학살을 지원하고 레짐체인지를 통해 전쟁을 유도하고 대리전을 치르고 있다. 또한 이스라엘 시오니스트 침략자들을 지원하여 가자지구를 폭격하고 아기와 어린이를 포함해 팔레스타인인 십수만을 학살하고 부상하게 한 미국이 미국식 민주주의와 인도주의의 가치를 내세우고 이 가치질서를 강요하는 것은 인류의 비극을 가져오고 있다.

미국식 민주주의는 경찰의 흑인 및 자국민학살에 비춰볼 때 파시즘의 모든 온상은 미국이라는 것을 알 수 있다.

윤석열의 내란은 헬기가 굉음을 내며 국회의사당 상공을 비행하고 군병력이 국회를 침탈하여 비상계엄 해지결의를 저지하려 하고 서울 시내에 장갑차를 출동시키는 등 초현실적 상황이 2024년에 급작스럽게 벌어짐으로써 서울의 봄이 영화가 아니라 현실에서 벌어지도록 했다. 내란의 전모가 점점 더 밝혀지면서 의원들과 노동운동가들 체포하고 구금계획을 세우고 심지어 수거계획까지 나오면서 학살까지 자행될 수도 있다는 사실에 경악하고 있다.

내란의 공포와 충격은 전 국민적 분노가 됨으로로써 국회에서 윤석열 탄핵 결의가 통과되고 현직 대통령에 대한 체포영장이 떨어지는 사상 초유의 일이 벌어지고 있다.

아직 이 싸움은 끝나지 않았다. 한밤의 내란과 처단 포고령, 전쟁 유도, 민주수호, 정권타도 등의 아와 피아와의 목숨을 건 투쟁 현실은 포스트모더니즘의 인식이 얼마나 안이하고 비현실적 인식이었는지 분명하게 확인시키고 있다.

이러한 초현실적인 현실성은 개인의 인권, 인도주의, 차별, 억압 등 일

상적인 차원의 문제도 민주주의를 수호하기 위한 수백만의 헌신적, 집단
적인 투쟁, 민중항쟁, 정치권력과의 투쟁 없이는 한 발짝도 나아가지 못
하고 심지어 살해당할 수 있다는 것을 냉엄하게 인식시키고 있다.

윤석열의 인지부조화 때문에 내란이 벌어졌고 심지어 개인의 탐욕이
윤석열이라는 괴물을 낳은 주범이라는 유시민의 인식은 객관적 진리를
부정하고 총체적으로 사회 모순을 인식하지 못하는 지적, 정치적 파탄의
결과이다.

포스트 모던한 자유주의, 다원주의 인식은 이 사회의 모순과 부조리를
총제적으로 인식하지 못한다. 이들의 무정부주의적 인식은 파시즘 대두
의 역사적, 구조적 원인을 인식하지 못할뿐더러 파쇼 권력을 타도하고 새
사회로 나아가는 전망을 제시하지 못한다.

윤석열은 문재인과 민주당식 자유주의에 반하여 파시즘으로 나아간 것
이 아니다. 윤석열은 문재인이 산파이며 문재인으로부터 가장 극단적인
파쇼 괴물로 나아간 것이다.

문재인은 촛불투쟁으로 박근혜가 권력에서 내려오고 그 수혜로 권력
을 차지했음에도 불구하고 직접적으로는 윤석열을 임명하고 임기를 보장
했을 뿐만 아니라 검찰권력을 그대로 유지시키고 적폐라는 이 사회의 구
조적, 역사적 모순을 척결하기는커녕 이 모순을 등에 업고 이 모순을 온
존시키는 가운데 민심이 이반하면서 문재인과 맞서는 이미지로 자신을
포장한 윤석열을 대통령으로까지 만들었다.

문재인의 노동존중은 노동착취로, 소득주도 성장은 실질임금 삭감과
역대급 최저임금 인상으로, 부동산문제 해결은 집값 폭등과 막대한 개인
주택부채로, 남북관계 개선은 남북관계 파탄으로, "아무도 흔들 수 없는

    맑스주의와 포스트모더니즘 신좌파 다원주의 이데올로기 비판

나라"는 미제의 입김에도 마구 흔들리는 속국의 확인으로, 종전선언과 평화협정은 북의 남북연락소 파괴와 적대적 민족관계로 나타남으로써 민심의 배반을 낳고 이 전반적 후퇴 속에서 윤석열이 탄생하여 사회 전반을 극단적으로 퇴행시키는 기반이 조성된 것이다. 무소불위 검찰권력과 국가보안법은 종북몰이와 반공주의 덕에 존속해왔던 윤석열과 국민의힘의 토대가 되었다.

2024년은 국제적으로 미제를 위시한 서방 제국주의의 전쟁책동과 학살로, 국내적으로는 윤석열이 포스트 모던의 가상세계를 박살 냄으로써 우리는 다시 권력투쟁, 계급투쟁의 시대를 인식하게 되었다. 깊어지는 경제위기와 저성장, 대중들의 가중되는 빈곤과 실업의 공포는 2025년을 민주 대 반민주의 투쟁을 선명한 노자 간의 계급투쟁으로 분출하게 할 것이다.

일면적, 개별적, 현상적, 표피적, 우연적, 개별적, 분열적 인식을 극복하고, 분단적, 지역적 인식 대신에 통일적 인식으로 나아가고 이 사회의 근본모순을 총체적으로 살펴봄으로써 사회성격을 인식하고 그 인식하여 계급중심성을 세우게 해야 한다. 노동중심성은 배타적이고 우월하고 협소한 인식이 아니라 민주주의의 전위이며 이 사회 발전과 진보의 중심 계급임을 인식하고 실천할 때 비로소 실현되는 것이다.

민중과 손잡고 지식인들이 민중의 이해에 당파적으로 봉사하게 하도록 해야 한다. 청년들이 포스트 모던한 분열적, 불모의 인식 대신에 사회과학의 진보적 세계관으로 무장하고 개인주의를 척결하고 역사발전의 선두에 서도록 해야 한다. 포스트 모던한 다원주의 인식 대신에 혁명적 인식으로 무장 및 재무장하여 내란이 없는 세상, 그를 통해 개조된 새 사회로 나아가는 원년이 되도록 하자.

2. 적대가 없는 평온한 경지를 말하는 우치다 다쓰루에게 맑스의 '맑'이라도 찾을 수 있는가?

맑스는 《공산당선언》에서 문자로 기록된 이래 인류의 역사는 계급투쟁의 역사라고 역사의 본질에 대해 밝혔다. 고대 노예제는 노예 소유주와 노예 간의, 중세 봉건제는 지주·봉건귀족 대 농노 간의, 현대 자본주의는 자본가와 노동자 간의 계급투쟁의 역사라는 것이다.

맑스는 생산력과 생산관계의 모순이 역사를 움직이는 근본 동력이라고 했는데 이는 객관적 관계 자체가 비주체적으로 역사발전의 동인이라고 하는 게 아니다. 이것의 실제 의미는 생산력은 점점 더 발전하는데 이를 질식시키고 특정 착취계급이 부와 생산결과를 독차지하는 적대적 생산관계가 계급투쟁을 만들어내고 이것이 역사를 움직이는 근본 동력이라는 것이다.

특히 이 계급투쟁에서 피억압자들, 피착취자들이 반드시 승리하는 것은 아니지만 승리하지 못하는 투쟁이고 새로운 억압자를 만들어낸다고 할지라도 이 투쟁이 기존 지배계급을 몰락시키며 새로운 사회로 나아가는 계기가 되면서 그만큼의 역사적 발전을 가져온다. 이 투쟁에서 피억업자들, 피착취자들이 승리한다면 역사는 비약적인 진보를 하게 된다.

맑스가 계급적대를 말하여 계급적대가 생긴 것이 아니다. 맑스는 실제 존재하는 적대적·분열적 현실을 과학적으로 통찰하여 밝힌 것이다. 이 계급적대 현실을 아무리 아름답게 치장한다고 하더라도 현실이 아름다워지는 건 아니다. 이는 도리어 현실의 적대를 호도·은폐함으로써 적대적 현실을 낳는 체제와 착취자들에게 봉사할 뿐이다.

한겨레21은 2025년 5월 28일 한국을 방문한 일본의 저명한 '맑스주의자' 우치다 다쓰루의 내한 강연을 대대적으로 알리고 있다. 그런데 한국의 맑스 꼬뮤날레 행사에서 맑스의 흔적조차 찾을 수 없듯이, 한겨레21이 소개하는 우치다 다쓰루의 사상에는 맑스주의의 '맑'도 찾을 수 없다.

한겨레21은 우치다 다쓰로의 사상이 마르크스와 도를 결합시켰다고 하면서 그 핵심에 대해 이렇게 소개한다.

우치다가 말하는 '무도'란 한자로 '닦을 수'(修) 자를 써서 한국인들이 '수행'(修行)이라고 일컫는 몸과 마음의 실천을 가리킨다. 신간 '목표는 천하무적'에서도 우치다는 "'적이 없다'(無敵)는 것은 '적'이라 할 만한 것이 존재하지 않는 온화하고 너른 경지에 이르는 것"이라고 썼다. 종교로 보면 각성, 열반, 해탈에 가깝다. 한마디로 도를 닦는 일이다.

"신체적 공포는 이데올로기에 대한 공포를 느낀다는 뜻이다. 수행은 어제의 나를 버리고 연속적인 자기 쇄신이 이뤄져야 하지만, 이데올로기는 거기에 집착하고, 머무는 것을 뜻한다. 나 또한 (이데올로기적 폭력과 권력에서 느끼는) 혐오와 공포가 있다. 그 고착을 어떻게 해제해나갈 것인지가 나의 테마이자 미션이기도 하다"(마르크스와 무도, 한 몸에서 울리다 사상-수행 잇는 철학자이자 무도가… 신간 '목표는 천하무적' '용기론' 펴내, 한겨레21 1566호, 이유진 기자, 2025.06.01).

여기서 소개하는 우치다 다쓰루의 사상에는 현실도피적인 도인의 풍모만 있을 뿐이다.

맑스는 〈포이어 바흐에 관한 테제〉에서 "지금까지의 철학은 세계를 해석해 왔지만 문제는 실천으로 세계를 변화시키는 것이다"라고 맑스주의 철학의 본질에 대해 주장했다. 여기서 맑스는 과학적 인식과 실천을 대립시킨 것이 아니라 과학적 인식과 실천의 결합을 강조한 것이다.

맑스는 단 한 번도 유유자적하는 도인의 풍모를 말하지 않았다. 맑스는 자아계발을 그 자체로 실천의 목표로 삼지 않았다. 맑스는 혁명적 실천 속에 이 사회 모순된 구조를 타파해 나가고 현실투쟁 속에서 실천과 인식을 더 높은 수준에서 반복하며 개인도 변화·발전해 나간다고 했다.

세상을 변혁하려는 현실의 맑스주의자는 유유자적하는 존재라기보다는 현실과 끊임없이 충돌하고 불화하고, 현실 운동의 상태에 대해 전전긍긍하고 고뇌하고 실천 속에서 자신의 인식 한계를 발견하고 각성하고 다시 인민대중들 속에서 힘을 얻으며 전진하는 모순적 존재이다.

맑스는 비판의 무기는 무기의 비판을 대체하지 못한다고 했다. 전

진하고 실천하는 인민대중 속에서 비판은 현실을 변혁하는 강력한 힘을 발견하는 것이다. 맑스는 비판은 비판 대상자를 (이데올로기적으로) 절멸시키기 위한 것이라고 했다.

맑스를 말하며 맑스의 혁명적 사상을 해체해 나가는 우치다 다쓰루의 도인적 풍모는 강력한 혁명운동으로부터 혁명적 사상운동이 몰락하고 천황제와 미제를 용인하고 반북주의에 빠져 있는 일본 공산당의 모습에서 보듯, 일본 진보운동의 지적, 사상적, 조직적 파산과 파탄상태를 보여줄 뿐이다.

"(이데올로기적 폭력과 권력에서 느끼는) 혐오와 공포가 있다"는 우치다 다쓰루의 사상에는 혁명적 이데올로기, 혁명적 권력을 포함해 모든 이데올로기, 모든 권력을 부정하고 적대함으로써 종국에는 실존하는 반혁명적 이데올로기, 반혁명적 권력과의 일전을 회피하고 이를 기지의 사실로 인정하고 순응하는 반혁명적 이데올로기, 반혁명적 권력만 남게 된다.

이러한 반맑스, 반혁명 사상을 유포하는 소부르주아 한겨레에게는 계급의식이 없다. 한겨레가 창간정신인 한겨레 민족의식을 잃은 지 오래니 한겨레에는 남는 게 없다. 계급적대를 은폐·호도하는 소부르주아 이데올로기는 현존하는 계급적대를 은폐·호도함으로써 이 적대를 양산하는 부르주아, 제국주의에 봉사하게 되는 것이다.

3. 멸망으로 인도하는 문은 크고 그 길이 넓어 그리로 들어가는 자가 많다

멸망의 길이 아니라 진리를 구하고 승리를 위해 좁은 문으로 들어가라!

전 세계적으로도 그렇지만 한국에서도 운동이 이처럼 청산주의적으로 빠지고 우경화되고 붕괴된 출발은 사상적 붕괴로부터 시작되었다. 사상적 붕괴는 맑스주의 혁명적 사상을 부정하는 것이다.

과거 유고 사회주의나 소련사회주의 해체도 맑스주의의 혁명적 사상, 특히 파리꼬뮌을 보면서 보다 구체적으로 정립한 프롤레타리아 독재를 무너뜨리고 당의 지도적 역할을 부정하고 자본주의 이윤체계를 도입하는 것으로부터 출발하였다.

유고에서는 일찌감치 '사회주의로 가는 유고의 길'로 당시 스탈린 시대의 중앙집중 경제와 다른 수정주의의 길을 본격적으로 가기 시작했다.

맑스주의 국가소멸론에 (왜곡)근거하여 '점차 사멸되어가는 국가'론과 '생산자 간의 자유연합'을 들어 국유화와 중앙집중 계획을 배척하기 시작했다. 또한 '당이 없는 직접사회주의 민주주의 길을 실현'한다며 당의 사회 전반에 대한 지도적 역할을 부정하고 중앙집중 대신 자치를 대비하여 강조했다.

마침내 1952년 유고에서는 노동자 자주관리와 시장 사회주의 실험을 본격 채택하였다. 1960년대 중반에는 체코슬로바키아, 1968년에는 헝가리에서 '시장 사회주의' 노선이 동유럽 전반으로 확산되었다. 이로써 1980년대 중반에 유고에서는 외채위기, 인플레이션 위기, 과잉생산 위기, 실업위기가 심각하게 대두하였다.

당의 지도적 역할을 포기와 이윤체계의 도입과 중앙집중 계획의 약화는 지방주의, 이기주의를 대두시키고 이는 지역·연방 간 분열로 민족 분쟁으로 비약되었다. 유고에서 나타나는 사상적·사회적 문제가 동유럽 사회주의 전반에 나타났다(이에 대해서는 노동자정치신문, "수정주의 '전위', 유고 시장사회주의"를 참고하기 바란다).

소련은 후르시초프 때 사회주의의 건설자인 전대 지도자를 개인숭배, 학살자라며 전면 부정하였고 프롤레타리아 독재를 전인민의 국가로 후퇴시켰으며 평화이행론으로 유로꼬뮤니즘의 원류인 의회주의로의 길을 열어주고 제국주의와의 평화공존론으로 투항했다.

또한 이들 수정주의자들은 레닌 시기 제국주의 침입과 내전으로 황폐해진 사회주의를 복구하기 위해 일시적 방책인 거래의 활성화 등 자본주의적 요소를 도입(레닌은 이를 불가피한 자본주의적 조치로의 일시적·잠정적 후퇴이자 프롤레타리아 독재국가에 의한 포위공격이라고 불렀다.)한 신경제정책을 영속화하며 자본주의적 상품_화폐관계를 확대하였다.

특히 기계화의 중요성에 비춰 강조되는 국유화된 기계_트랙터 스테이션을 해체하고 협동농장에 빌려주는 트랙터를 상품으로 판매하는 것에서 보듯 상품이 대폭 늘어나고 국유화 비중이 축소되기 시작했다. 암시장·소생산자 시장 같은 제2 경제도 번성하기 시작했다.

스탈린을 비판한다는 명목으로 사상적으로는 "해빙"이라는 명목으로 반공주의 세계관을 담은 문학, 연극 등 제국주의 프로파간다의 침입을 허용했다.

이러한 맑스주의·레닌주의의 혁명적 사상의 침식과 전 사회적인 수정주의로의 재편은 1980년대 신사고, 인간의 얼굴을 한 사회주의라는 명목으로 고르바초프의 페레스트로이카와 글라스노스트로 개혁·개방, 다당제, 전면적 사유화를 도입하면서 사회주의에서 사민주의로 후퇴하였고 마침내 옐친 도당에 의해 소련사회주의 전면 해체라는 반혁명으로 귀결되었다.

이것이 동유럽과 소련사회주의 해체의 역사적 과정이고 전모다. 그런데 주지하듯, 사회진보연대 같은 단체는 사태를 전도(轉倒), 즉 거꾸로 보았다. 이들은 프롤레타리아 독재가 당독재로, 당독재가 개인독재(개인숭배)로 변질되었다면서 프롤레타리아 독재를 부정하고 당의 지도성과 중앙집중 계획과 국유화를 부정하였다.

동유럽과 소련사회주의의 해체를 과학적, 역사적으로 평가하는 대신에 수정주의적으로 청산주의적으로 평가하였다. 이들은 사회주의를 강화·강성하게 만들었던 요인을 부정하고 사회주의를 해체시켰던 요인들에서 "혁신적" 요소들을 발견하였다.

현존했던 사회주의를 전면 부정하는 이들이 현존하는 사회주의에 대해 전면 부정하는 것은 당연하다. 미제국주의보다도 현실 사회주의에 더 적대적인 태도는 이들을 반소, 반북 이데올로기의 전파자로 만들고 미제의 핵독점·핵패권에 침묵하면서 북핵반대를 내세우면서 결국 제국주의 주구로 만들었다.

심지어 사회진보연대 학생조직인 학생행진은 지난 대선에서 윤석열을 지지하는 것으로 긴 타락의 행진에 마침표를 찍었다. 사회진보연대의 사상적 지주 역할을 해왔던 윤소영 교수 역시 사회진보연대의 극우적 타락의 선구적 안내자로서 반공주의자 이문열에 찬사를 보내고 일본군 "위안부"를 부정하며 윤석열을 지지하는 것으로 극우적으로 타락하였다. 사회진보연대의 타락과 극우화에 반대하며 탈퇴했던 단체조차도 사회진보연대의 우경화의 사상적 근원과 전면 단절한 것이 아니라 그 기조를 그대로 유지하고 있다.

한국사회 '진보적' 지식인들, 노조활동가들, 인권 활동가들, 단체들도 상당 부분 이러한 기조를 유지하고 있다. 이들 '신좌파'적 정치적 사조, 흐름들은 여전히 현존했던 사회주의와 현존하는 사회주의에 부정적이며 심지어 적대적이기조차 하다. 이들은 최근 "체제전환 운동"이라며 자본주의 착취 체제, 분단체제, 제국주의 지배체제를 반대하는 투쟁 대신 비(또는 반)혁명적인 신좌파의 (유사)무정부주의 노선을 그대로 지속하고 있다. 다원주의 노선은 이들의 정치적 정체성이기도 하다.

당의 지도성, 프롤레타리아 독재, 정치혁명, 중앙집중화 노선을 명령경제·지령경제라 부정하고, 위와 아래, 지도자와 대중, 중앙집중과 참여, 통일과 자치를 비변증법적으로 대립시키며 아래로부터 사회주의, 분산적 계획, 자치와 참여를 일면 강조하는 것도 신좌파 다원주의의 (유사)무정부주의적 사조, 경향의 특성이다.

이들은 《공산당 선언》에서 맑스·엥겔스가 공산주의 핵심원리로 강조했던 사적소유 철폐, 생산수단의 국가소유로의 집중을 부정하고 사회주의 국유화 대신 사회화를 강조하기도 한다. 국유화가 국가소멸의 단계 이전인 사회주의에서 사회화의 가장 높은 단계인 국유화에 대해 부정적이다.

앞서본 유고 사회주의에서 그러하듯 이들은 맑스주의 국가소멸론을 왜곡해서 사회주의가 되었는데 국가소멸로 가야지 국가가 강화되었다면서 프롤레타리아 독재로서의 사회주의 국가의 약화를 주장한다.

맑스주의 국가사멸론은 "장구한 세월", 제국주의가 사라지면서 전 세계적 수준의 공산주의가 안정적으로 확립되면서 대중국가의 극소수 반혁명 분자들에 대한 억압적·지배적 성격의 상실이지 중앙집중적 생산의 소멸이 아니다. 레닌은 《국가와 혁명》에서 프롤레타리아 독재를 부정하며 국가소멸로 즉시 나아가자는 자들을 무정부주의라고 신랄하게 비난하였다.

스탈린도 이제 혁명이 되었는데 왜 소련은 국가소멸로 나아가지 않느냐며 소멸을 주장하는 자들을 맑스주의를 경을 읽듯 암송하는 자들이라며 조소하며 제국주의가 소련을 와해시키려 공세를 펼치는 상황에서 프롤레타리아 독재의 약화는 제국주의에 투항하는 것이며 무장해제 하자는 것밖에 되지 않는다고 엄중 비판하기도 했다.

이처럼 일단의 신좌파 다원주의 사조들은 노동당처럼 당과 사회주의를 강조하든, 정의당처럼 사민주의와 당을 강조하든, 트로츠키주의처럼 맑스주의와 당과 혁명을 강조하든 상관없이 이러한 (유사)무정부의적 특성을 공유하고 있다.

"사회주의자"들처럼 사회주의를 전면 내세우고 있는 세력들이 프롤레타리아 독재가 아니라 소비에트 다당제를 사회주의 민주주의의 보증인 것처럼 강조하는 것도 도무지 이해할 수 없는 일이다. 이들은 현실 사회주의에 대해 단 한 번도 실사구시적, 내재적으로 보려 하지 않으며 사회주의 생산의 원리와 현실에 대해 과학적으로 검토해보지도 않았다. 트로츠키주의도 이러한 흐름도 이러한 신좌파적 기조와 기묘하게 합치하고 있다.

이들 신좌파, 트로츠키파, 심지어 "사회주의자"들도 소련과 조선 체제의 원리·원칙, 그 혁명적 지도자들에 대해 부정하고 심지어 적대시하는 것에서는 일심단결하는 기묘한 정치적 지경에 이르렀다. 강단 맑스주의자, 사회주의자들이 이러한 사조에 승선하지 않을 리 없다.

박노자는 현실 사회주의를 적색 개발주의라며 비난해 온지 오래고 한국 사회에 트로츠키주의 내에서 가장 악명 높은 "국가자본주의론"을 수입·번역한 정성진 교수의 경우도 이러한 흐름을 학문적으로 선도하고 있다.

정성진 교수는 지난날 맑스 꼬뮤날레에서 "마르크스주의 대안 사회론의 혁신"이라며 맑스주의의 프롤레타리아 독재론을 문헌적으로, 정치적으로 왜곡하고는 프롤레타리아 독재론, 국유화와 중앙집중 계획 참여 대신 참여와 자치노선인 어쇼시에이션(Association)을 내세워 왔다(이에 대해서는 노동자정치신문, "반(反)'맑스 꼬뮤날레'와 창궐하는 무정부주의"를 참고하기 바란다).

최근에는 포스트 자본주의 운영원리를 구체화한다면서 일본의 사이토 고헤이의 《제로에서 시작하는 자본론》을 번역하고 집중 소개하고 있다. 이 번역서는 그동안 정성진 교수가 주장해 왔던 어쇼시에이션의 연장선이자 정점에 있는 것이다.

여기서 새삼 이 어쇼시에이션을 다시 재비판하지는 않을 것인데(이에 대한 전면 비판을 보려면 《반(反)'맑스 꼬뮤날레'와 창궐하는 무정부주의》, 노동자정치신문, 2019년 6월 10일 글을 보기 바란다), 이에 대한 기존의 비판에 한 마디만 덧붙이자면 이것이 이 글 처음에 소개했던 국가 소멸 운운하며 사회주의 생산관계를 약화시키고 마침내 해체로 가는 길을 닦았던 유고의 참여·자치 노선과 거의 유사하다는 것이다.

전도된 사고는 사물의 참된 이해를 방해할 뿐만 아니라 우리의 행보를 멸망으로 이끈다. "좁은 문으로 들어가라. 멸망으로 인도하는 문은 크고 그 길이 넓어 그리로 들어가는 자가 많고 생명으로 인도하는 문은 좁고 길이 협착하여 찾는 이가 적음이니라."

맑스주의의 혁명적 사상·원칙을 부정하고 현실사회주의에 적대하며 창궐하는 청산주의, 횡행하는 무정부주의적 사조에 맞서 그것이 비록 험난하고 협소하다 하더라도 진리를 찾아 좁은 문으로 들어가야 한다. 이 좁은 문을 들어설 때만이 마침내 드넓은 승리의 길이 나타나게 될 것이다.

버려진 혁명적 사상을 벼리는 것으로부터 대중운동을 전면적으로 쇄신하고 분열된 운동을 통일하는 것으로, 세상을 개조하는 것으로 전면 나아가야 한다.

  맑스주의와 포스트모더니즘 신좌파 다원주의 이데올로기 비판

4. 거대담론, 사회와 역사에 대한 총체적 인식과 혁명적 전망이 무너진 자리에 소부르주아 다원주의만이 남았다

민생과 인권의 위기, 기후·생태위기, 핵과 전쟁위기가 인류의 지속가능한 삶을 위협한다. 그리하여 오늘날 누구나 민생, 인권, 탄소중립 기후위기, 생태위기, 핵공멸, 전쟁위기를 말한다. 이는 신좌파적 "진보적 정치세력"뿐만 아니라 제국주의 프로파간다나, 그 영향에 있는 지식인들, 언론들도 비슷한 어조로 그 위기에 대해 말한다.

이들은 공히 이제 착취, 분단, 반제국주의, 권력타도 같은 거대담론의 시대는 갔다고 주장한다. 이러한 요구들을 해결하기 위해 민생, 생태, 노동, 인권, 여성 등의 요구들을 개별적, 나열적으로 내건다. 그러나 이러한 사회에 대한 개별적, 분리적, 지엽적, 파편적, 일면적, 현상적 인식으로는 이러한 문제의 근본원인들을 제대로 인식하지 못할 뿐더러 전망을 가지지 못하고 지배계급의 인식에 사로잡히게 된다.

다원주의 인식은 사회와 역사에 대한 총체적 인식, 객관적 진리를 부정하는 인식론적 문제가 있을 뿐만 아니라 그 해결의 전망도 혁명적이지 못하고 그럼으로써 실제 당면한 다양한 위기들을 해결하지도 못하게 된다.

민생의 문제가 자본의 착취와 어떻게 분리될 수 있으며, 생태 문제가 자본주의 무정부성, 무계획성과 맹목적이며 탐욕의 이윤추구와 어떻게 분리될 수 있는가?

핵문제와 전쟁위기가 미제국주의 핵독점·핵패권과 대북적대시 정책, 반북·반중·반북·반쿠바·반이란·반예멘·반베네수엘라·반시리아 '가치동맹'과 나토의 동진, 아시아판 나토와 분리될 수 있는 문제인가?

기후위기 역시 도시집중과 농촌파괴, 무차별 위락·유흥시설의 난립, 그린벨트 훼손과 난개발, 자본에 대한 규제완화, 기후협약의정서에 대한 미국의 패권적 태도, 제국주의의 제3세계 원료독점과 자연파괴 등과 무관한 문제일 수 있는가?

> 한 세기가 넘는 기간 동안 가장 많은 양의 온실가스를 배출하면서 전 세계적으로 노동이 창출한 자본은 제국주의 기업과 은행의 금고로 흘러 들어 갔다. 제국주의 중심 국가인 미국은 제일 잘 준비가 되어 있고 동시에 기후 변화와 싸워야 할 가장 큰 책임이 있는 국가로 여겨진다. 그러나 수십 년 동안 미국 에너지 회사, 은행 및 미국 기업 전체는 배출 억제 조치를 막고 방해했다[스콧 셰퍼(Scott Scheffer), 파키스탄 홍수와 자본주의가 초래하는 기후변화, 노동자정치신문 2022.9.6.]

교토기후협약 의정서와 파리협정을 파기한 것도 미국이었고, 일본의 핵오염수 방류를 찬성한 것도 미국이었다. 반면 중국은 어떠한가?

> 양대 강국의 기후위기 대응에서 눈여겨볼 만한 지점이 있다. 중국의 행보다. 최악의 온실가스 배출 국가로 지목돼온 '세계의 굴뚝' 중국이 어떤 면에서는 오히려 미국을 앞서나가고 있다. 여기서 의아한 이들이 있을 것이다. 미세먼지와 환경오염의 나라 중국이 기후위기 대응에서 두각을 나타낸다고? 하나씩 살펴보자.
>
> 세계 최대의 통신장비 업체인 중국의 화웨이는 올해 1월 국제 비영리 환경기구 CDP(Carbon Disclosure Project:탄소 정보공개 프로젝트)의

기후변화대응 평가에서 최상위 등급인 'A리스트'를 받았다. 재생에너지 생산량을 늘리고 제품 생산 및 포장 단계에서 탄소배출을 줄인 점을 인정받아 '우수 환경 리더십상'도 수상했다.

지난해 4월 화웨이는 '친환경 개발 2030 보고서'를 발표하고 '녹색산업'에 대한 전망을 제시했다. 요약하면 이렇다. △주류로 자리 잡은 재생에너지 △산업 전반의 친환경화 △전기 교통수단 본격화 △탄소중립으로 운영되는 건물 △친환경 디지털 인프라 △저탄소 생활에 대한 관심 증대 등이다.

화웨이의 사례는 일부일 뿐이다. 알리바바, 텐센트, 바이두 등 막대한 전기를 사용하는 중국의 거대 IT 기업들이 2021년을 기점으로 일제히 탄소중립을 선언하고 나섰다. 계획의 현실성과는 별개로, 2022년에 탄소중립을 선언한 한국의 삼성전자보다 빨랐다.

중국 기업의 탄소중립 선언 뒤에는 정부가 있다. 시진핑 국가주석이 2020년 유엔 총회에서 탄소중립을 선언한 이래 중국은 기후위기 대응에 박차를 가하고 있다. 중국의 전략은 이른바 '쌍탄소' 정책이다. 2030년에 탄소배출 피크를 찍고 2060년에 탄소중립을 달성한다는 계획이다.

세계 최대의 수력발전소인 싼샤댐 등 풍부한 수력자원을 가진 중국은 이미 재생에너지 강국의 토대를 갖췄다"("유일한 선택은 '협력'", 기후위기에 대처하는 미국과 중국의 자세, 이오성 기자, 시사인, 2023.03.01).

여성의 차별과 억압 역시 저임금 자본주의, 유연노동과 비정규직 확대, 출산·보육·교육의 개인부담, 가사노동의 전담, 이러한 물질적 차별과 이를 바탕으로 하는 차별적 인식과 분리될 수 있는 문제인가? 여성의 이중의 억압구조, 이중의 굴레는 당면 권리를 쟁취하기 위한 투쟁, 여성해방과 노동해방의 추구 없이 해결될 수 없는 문제다. 이러한 투쟁 속에 후진적 인식의 문제인 문화혁명을 해야 한다.

인권과 인도주의 문제의 태반도 자본주의 억압과 민주주의 파괴, 전쟁과 제국주의가 조장한 내전책동과 난민 등과 분리되는 문제일 수 있는가? 그런데도 미제국주의·서방제국주의자들은 "보편적 인권"과 인도주의 기치를 내걸고 조선. 쿠바 적대시와 제재, 반중·반러 책동, 세계 각국에 대한 전쟁과 침략·학살·파괴·지배를 정당화한다.

문명의 이름으로 팔레스타인 점령과 학살을 정당화하는 비열하고 파렴치한 작태는, 문명의 이름으로 식민지배를 미화, 정당화했던 제국주의의 상습·상투적 수법이었다. 자본주의 착취와 봉건적 억압이 중첩된 이주노동자의 문제도 그렇다.

지금은 "진보정치"도 벗어나 어느 별에 안착했는지도 모르는 조성주의 신좌파적 다원주의 인식이 이러한 모순들을 당면 사안들을 인식하는지 보자.

그러나 아직 한국사회의 구성원들은 기후위기를 마치 90년대 중반 '세계화'처럼 거대한 외부환경의 변화와 같은 것으로 인식하는지도 모르겠다. 그래서인지 기후위기는 국가가 방향을 결정하고 대응해야 하는 문제이지 그 구성원들이 서로에게 무언가의 위험과 부담을 나누는 문제로 인식하지 못하는지도 모른다. 정치인과 정당들도 대부분 국가가 잘 대응할 것을 강하게 촉구할 뿐 시민 개개인이 어떻게 다른 시민들을 위해 스스로의 삶의 방식을 변화해야 하며 그 과정에서 위험과 부담도 함께 지어야

　맑스주의와 포스트모더니즘 신좌파 다원주의 이데올로기 비판

하는지에 대해서 설득하려 하지 않는다(《조성주의 정경유착》 우리는 서
로의 기후다, 생태지평, 2023.06.29).

　현실의 '기후정치'에서 우리의 대안비전과 레토릭도 조금은 더 정치해질
필요가 있다. 그러기 위해서는 '파멸론', '위기담론', '변혁론'이 아닌 것으로
도 시민을 설득할 수 있어야 한다(《조성주의 정경유착》 9 기후위기 시대,
성장에서 성숙으로-'탈성장사회'와 '성숙사회', 생태지평, 2023.09.01).

　파멸론, 변혁론이 아니라 남는 것은 결국 개인들의 성찰뿐이다. 자본과
권력, 제국주의에 대한 투쟁은 빠진다. 심지어 조성주는 "정의로운 산업
전환"이라는 미명으로 노동자들의 양보를 주장하는 반노동자적 주장으
로 자본의 이윤확대에 복무한다.

　사실 노동조합들의 주장대로 '친환경', '저탄소'라는 '대의명분'을 달성하
기 위해 지금 임금수준에서 상위 20% 내에 들어가는 공공부문 노동조
합 조합원들에게 당장의 추가적인 '임금인상'이 꼭 필요한 것은 아니다.
해당 산업 종사 노동자의 노동조건이 높아지는 것과 해당 산업이 친환경,
저탄소 지향으로 변화하는 것은 별개의 문제이며 때로는 해당 산업 종사
노동자들의 손해를 감수해야 하는 경우도 많다(조성주 정치발전소 상임
이사, "기후변화를 위해 노동조합들을 설득할 수 있을까?", 정치발전소,
2021.03.16).

　이러니 자본주의, 제국주의가 좋아하는 담론이 될 수밖에 없다. 전 세

계적으로 대다수 신좌파 녹색당 노선이 제국주의 전쟁을 지지하고 체제에 복무하게 되는 것은 당연하다. 이러한 노선은 신좌파 다원주의 노선이다.

사회진보연대가 신좌파 다원주의 인식하에 소련과 동유럽 해체원인이 프롤레타리아 독재 체제, 당독재에 있다고 하면서 우경화되고, 소련과 조선 같은 현실 사회주의를 적대시하고, "한반도 비핵화" 노선으로 미제의 핵독점·핵패권에 침묵하면서, 자위권의 일환으로 만든 북핵의 "비핵화"를 주장하며 결국 제국주의의 대리자들이 된 것은 이러한 인식의 오류로부터 출발했다. 사회진보연대와 함께 움직이는 "평등의길" 역시 이러한 다원주의 인식이 낳은 제국주의 인식을 낳았다. 오늘날 반쏘, 반북 신좌파를 표방하는 대다수 정치적 흐름도 그렇다.

현대 제국주의 프로파간다는 프랑스 68년 혁명을 거치면서 세련된 반자본의 기치를 내건 소부르주아 인권, 젠더, 생태 다원주의 담론을 포섭했다. 이리하여 소부르주아 담론은 프롤레타리아 계급과 부르주아 사이를 오가거나 심지어 제국주의이데올로기까지 진폭이 오가게 되었다.

정의당은 이러한 반북, 반쏘 다원주의 신좌파 노선의 당적 표현이다. 녹색당도 마찬가지다. 노동당은 사회주의라는 수사를 제외하면 상당 부분 신좌파 다원주의 영향을 받고 있다. 진보당이 당차원에서 이 종북몰이에 굴종하고 의회주의와 부르주아 세태에 굴복하여 점점 더 이러한 신좌파 다원주의로 경도되면서 '진보대단결'이 이뤄지고 있다는 것은 우리 운동의 비극이다.

간첩조작, 종북몰이가 판치며 사상의 자유가 파괴당하고 인권이 유린당하며 계급착취와 빈곤과 불평등, 분단, 침략과 학살과 수탈의 제국주의 체제에서 우리는 여전히 포스트 모던할 수 없다.

　맑스주의와 포스트모더니즘 신좌파 다원주의 이데올로기 비판

5. '동물권'과 요즘 유행하는 각종 다원주의적 사조

(1) '동물권' 주창하는 신좌파의 정치 노선에 대해

2022년 대선에서 한상균 노동자 대통령 후보의 개돼지 발언이 논란이 되고 급기야 선대본 차원에서 공식 사과까지 했다. 한상균 후보가 과거 나향욱처럼 "민중은 개돼지로 취급하면 된다. 개·돼지로 보고 먹고 살게만 해주면 된다고" 하는 망언을 일삼은 것도 아니고 필시 민중을 개돼지 취급하는 권력자들에 대한 분노의 표현으로 사용했던 표현에 대해 파문이 일고 급기야 선대본에서 이를 공식 사과까지 했다는 점에서 개탄스럽기까지 하다.

이는 해프닝 정도가 아니라 작금에 유행하는 신좌파 다원주의 같은 사상의 문제이기 때문이다. 이는 계급운동을 외치는 이들도 이러한 신좌파 다원주의의 깊은 영향력 하에 놓여 있는 사상의 문제이기 때문이다.

한상균 선대본은 노동자 계급성과 변혁성을 외치는 세력과 신좌파 다원주의가 연합한 선대본이기 때문에 필연적으로 나타날 수밖에 없는 문제다. 또한 이 연합을 유지하기 위해서는 이들 신좌파 다원주의 세력들의 피시(정치적 올바름)주의를 수용할 수밖에 없는 구조이기에 나타나는 문제다.

엥겔스가 《독일고전철학의 종말》에서 비판했던 것처럼, 이들은 언어를 바꾸면 사물이 바뀔 수 있다고 생각하는듯하다.

동성애나 동성애자가 인간의 한 실존적 모습이기에 그 자체로 인정·존중하고 극우들의 혐오에 맞서 싸워야 한다. 자본주의의 공장식 축산이나 생명 있는 동물학대에 대해 분노하는 건 인지상정이다. 그러나 그것도 정도가 있고 보편적·진보적·합리적 상식을 넘지 말아야 한다. 관계를 파탄시킬 정도로 피곤하게 하지 말아야 한다.

더욱이 이는 이를 노선으로 삼는 자유주의적 신좌파 다원주의자들의 문제이기도 하다.

(2) 신좌파 다원주의는 청산주의의 산물

이들은 계급·착취철폐·노동자중심성·분단·민족　·제국주의 등 근본문제를 제기하고 혁명적으로 싸우자는 주장과 노선을 거대담론이라 부정하며 미시담론·각종 인권담론을 제기한다. 서구에서는 후르시초프의 반스탈린 악마화 이후, 소비에트 적대성이 서구 좌파에 만연하고 공산주의 운동의 분열과 유로꼬뮤니즘으로 우경화되면서 정치적 전망을 상실한 뒤 프랑스 68혁명을 계기로 이러한 소부르주아 사상이 만연하기 시작했다.

국내에서는 혁명의 시대 80년대가 지나 소련과 동유럽 해체 이후 청산주의가 대두되고 북의 고난의 행군을 보면서 회의주의가 만연하면서 맑스주의 위기니 노동운동 위기니 하며 포스트 맑스주의 포스트모더니즘 등 신좌파 다원주의가 만연하고 지금에는 최고조에 이르렀다.

이들의 이러한 사유·인식·실천이 노동운동 진보운동 내에도 상당히 영향을 미치고 있다. 변증법적 유물론은 인간중심적이다. 그런데 이것이 자연을 마구 파괴하고 생명 있는 동물을 마구 학대하라는 게 아니다.

엥겔스는 《자연변증법》에서 자연파괴를 경고했다. 자연파괴, 동물학대, 인간혐오는 무한 이윤을 추구하는 자본주의 착취사회, 특수하게는 한국의 백색테러 반공주의, 파쇼체제에서 더더욱 악랄하고 파괴적이다.

　　맑스주의와 포스트모더니즘 신좌파 다원주의 이데올로기 비판

맑스주의는 인간과 세계의 조화를 강조한다. 이 사회의 근본변혁을 주장한다. 피시주의의 계몽적 엘리트주의 대신 기층 인민대중에 근거하고 겸손하게 배울 것을 강조한다. 끈질긴 설득과 교양, 상호배려·존중·단결을 주장하다.

"정치적 올바름"은 정치적으로 올바르지 않다. 분열을 조장한다. 물론 이들의 합리적·진보적 요소가 있다면 이들과는 한시적·조건적 연대는 가능하다. 그럼에도 이들의 자유주의(리버럴) 사상, 소부르주아 사상과 싸워야 한다. 특히 미제의 국제개발처가 전 세계에 리버럴 사상을 유포한 것에서 보듯 제국주의 프로파간다의 일환이기도 하다는 점을 폭로해야 한다.

미제가 인권·인도주의를 내걸고 반북·반러·반중·반이란·반쿠바·반베네수엘라 레짐체인지를 기도하는데 여기에 부화뇌동하지 말아야 한다. 미제와 프랑스·영국·독일·일제가 중국 일대일로, 러시아의 우크라이나 전쟁 등을 가지고 중국혐오, 루소포비아를 유포하며 신제국주의론을 유포하는데 여기에 놀아나지 말아야 한다.

신좌파 다원주의자들이 말하는 개인의 인권·생태·기후위기도 상당 부분은 (서방)제국주의, 반공 종북몰이와 싸움으로 해결할 수 있다. 체제전환 노선에서 말하는 평등은 전노협의 착취철폐 평등사회 건설 노선이 아니다. 미제·분단척결 계급착취 철폐로 체제를 혁명으로 전환하자는 노선이 아니다. 분단척결, 미제척결, 착취적 생산양식 철폐가 아니라 그 체제 내에서 모종의 전환을 의미하다. 실제로는 체제전환 노선이 아니다. 체제 내의 노선이다.

(3) 요즘 유행하는 각종 다원주의적 사조에 대하여

특히 청년들 상당수가 가지고 있는 사조들, 감성들, 인식들을 고려해볼 때, 신좌파 다원주의 사조가 등장하여 많은 이들을 사로잡을 수 있었던 배경에는 주로 기존 남성들의 잘못된 행태에 한 원인이 있기도 하다.

이러한 잘못된 행태들을 바로잡아야 한다. 특히 이준석으로 대변되는 안티페미니즘 조류는 상당히 보수적이거나 일정 부분 반동적인 요소가 있다. 이선옥 씨는 아주 세련된 논리를 구사하고 있고 일부 합리적 요소가 있지만 여성차별과 억압이 이제는 더 이상 존재하지 않는다는 데에서 출발하고 있고 보수적인 남성들에게 호소하며 이준석과 공감하며 지지하는 것으로 결론이 난다.

물론 여기에는 기존 페미니즘 조류 중 극단적인 워마드 류의 극단적인 것에 대한 반발에서 비롯되기도 했는데 반대로 워마드 류도 기존 일베류의 여성, 인간혐오, 극우적인 인식, 행태에 대한 대응(미러링)에서 나왔다는 것을 간과해서는 안 될 것이다.

그런데 일차적 책임이 일베나 남성들 다수의 후진적 행태에 대한 반발로 나타났다고 해서 그 대립물인 워마드 류가 결코 새로운 사회의 전망을 제시하거나 단결을 추구하는 주의가 될 수는 없다.

페미니즘이 다양한 색채를 가지고 있고 심지어 '맑스주의적 페미니즘' 조차도 맑스주의가 여성해방의 도구가 되는데 한계가 있다, 결여되어 있다는 인식으로부터 출발하기에 계급적 관점으로 여성해방, 계급해방을 추구하는 맑스주의에서는 비판적으로 볼 수밖에 없다.

세계적으로 이 조류는 반쏘 반스탈린으로 대표되는 반공주의에서 출

　　맑스주의와 포스트모더니즘 신좌파 다원주의 이데올로기 비판

발하여 68혁명을 거치면서 무정부주의 사조에서 비롯되었고 한국에서는 소련과 동유럽 해체 이후 맑스주의 위기 운운하며 혁명운동 계급운동 민족운동 노동운동 등을 거대담론이라 비판하며 개인 인권을 전면에 부각시키는 신좌파 사조로 등장했다.

요즘 맑스 코뮤날레가 적녹보라 다원주의로 노동자중심성 맑스주의 혁명성을 부정하고 자유인들의 연합체 코뮤니즘 운운하며 혁명으로 기존 생산수단을 몰수하여 생산수단의 중앙집중. 국유화를 부정하는 반맑스 사조의 경연장이 돼버린 것에도 알 수 있다.

성소수자 문제에 대한 극우들의 인간존재부정·혐오의 뿌리는 개신교 근본주의자들에서 보듯 그 기원은 한국사회의 국가보안법 반공주의에서 비롯될 것이다. 이러한 극우들의 인간혐오 적대에 맞서 싸워야 한다.

도대체 어떻게 인간 존재 중 하나의 형태를 있는 그대로 존중하지 않고 배격하고 적대할 수 있는가?

이러한 문제를 극복하기 위해서는 결국 개인의 인권과 분단구조 분열통치와 싸우고 양자를 결합시키는 방향으로 나아가야 한다. 그러나 극우 사조의 반대(?)편에는 미국이나 유럽 각국 자유주의 리버럴들이 이러한 사조를 유포시켜 반이란·반북·반러·반중의 첨병도구로 사용하는 경우도 있다. 미국 국제개발처가 이를 지원하기도 했다.

개인의 성적 정체성이 억압과 차별 혐오에 맞서 정치적 각성의 계기가 되기도 한다. 그런데 위의 제국주의 리버럴 프로파간다에서 부추기는 것에서 보듯, 그 개인별 정체성 구별이 수십, 수백 개의 분열로 나아가서 부르주아, 제국주의 이데올로기의 활용 수단이 될 수 있는데 이에 맞서기 위해서는 보편적 인식으로 확장되어 억압구조, 착취체제에 맞서는 싸움으로 나아가야 할 것이다.

그런데 문제는 이를 과학적으로 인식한다는 것과 이러한 사조에 사로잡힌 대상들을 혁명적 정치와 결합시키는 문제는 또 다른 측면에서 많은 고민이 필요하다.

일단은 대상의 감성·정서·상태를 신중하게 고려하면서 비판보다는 이해하며 이러한 사조가 그렇듯 이중적 성격이 존재하므로 특정 부분은 지지·연대하며, 특정 부분은 포지티브하게 맑스주의 여성해방론, 맑스주의 이데올로기를 제시하여 분열보다는 단결을 추구하며 세심하게 접근해야 하는 것 아닌가 생각한다.

그리고 무엇보다도 계급착취 지배계급의 분열하여 통치하는 전략을 비판하고 분단·반미 등의 문제를 가지고 싸우며 제국주의 이데올로기를 폭로하며 단결로 극복해야 할 문제다.

4장

체제전환 전망 없는 '체제전환' 운동

1. 일각에서 유행하는 체제전환 운동은 이행 전략이 있는가?

최근 일각에서 유행하는 체제전환 운동은 이행 전략이 있는가? "모든 것은 국가권력의 문제다"라는 말은 국가권력의 분쇄하지 않으면 새로운 체제로 전환할 수 없다는 혁명의 본질적 성격을 말하는 것이다. 물론 이 체제의 이행은 각 나라마다 역사적 배경과 조건이 다르기 때문에 이행의 경로와 방식은 저마다 다르다. 그럼에도 "모든 것은 국가권력의 문제다"라는 보편적 성격을 바탕으로 성립될 수 있는 것이다.

남미에서 유행하는 21세기 사회주의 역시 20세기 혁명의 보편적 문제인 국가권력의 문제를 제기한다. 베네수엘라 혁명에 대해 서구 사민주의와 같은 반동으로 보는 것은 극좌편향이지만 동시에 미제와 그 대리인들의 반혁명 공세를 분쇄하지 못하고 국유화와 전면적인 중앙계획, 이를 보장하는 혁명적 대중권력으로 나아가지 못하고 중도 반동한다면 이 진보권력은 무너지게 될 것이다.

최근 일각에서 유행하는 체제전환 운동은 기후위기나 불평등, 빈곤, 주거권, 사유화 같은 다방면의 자본주의 문제를 제기하지만 제국주의와 자본주의 착취 체제를 타도하고 사회주의로 전환할 전망이 없다. 이 운동은 소련사회주의 같은 실존했던 사회주의나 쿠바, 특히 조선이나 중국 같은 현존하는 사회주의에 대해 부정적이고 심지어 적대감을 가지고 있다.

이 체제전환 운동에는 구체적인 역사적 모델이 없으며 이행전략, 전술이 없다. 한 사회의 모순에 대한 총체적인, 과학적인 사회성격에 대한 인식이 없다. 이 모순 인식 속에 이 이행을 이끄는 당에 대한 전망이 없고 통일전선의 구상도 없다. 한마디로 정리하면 무정부주의적 운동이다. 무정부주의 운동은 불모의 운동이다. 현실성이 없다. 전망이 없다.

2. '체제전환' 운동의 공통 합의는 없는가?

- 계급, 착취, 민족, 민주주의, 해방을 전면에 제기하지 않는 것이다!

운동들마다 자신의 의제가 있고, 그에 따라 마주하고 있는 모순과 체제의 성격이 다르다. 가령 청소년운동은 나이주의나 능력주의, 승자독식의 경쟁교육 체제에 맞서 행동한다. 페미니즘과 성소수자 운동은 가부장제와 성차별, 혐오에 맞서 싸운다. 도시빈민들의 주거권 운동은 소유권 중심의 사회, 부동산 투기 체제의 모순에 도전한다. 기후정의운동은 끊임없이 채굴하고 폐기하는 탄소자본주의에 저항한다. 노동운동은 장시간 노동과 불안정 노동을 양산하는 신자유주의 노동체제에 맞서 투쟁한다. 이처럼 여러 사회운동은 제각각 명명된 모순에 맞서 싸우지만, 이 모순

　맑스주의와 포스트모더니즘 신좌파 다원주의 이데올로기 비판

들은 사실 서로 연결되어 있는 거대한 체제의 일부이거나 그것이 낳은 일종의 표현이다. 우리는 그것을 단순하게 자본주의 체제라고 부르기도 하고, 가부장제적 자본주의 혹은 자본세(Capitalpocene)라고 부르기도 한다. 이 체제는 기후위기와 불평등, 돌봄 위기, 민주주의 붕괴 등을 야기하면서 끊임없이 지구의 생태적 한계를 초과해 이윤을 추구한다

　이 체제에 대한 여러 운동들의 비판은 사적소유에 기반한 '자본에 의한 노동착취' 문제의 중요성을 수긍하면서도 비단 이것에 국한되지만은 않는다. 오히려 이것으로만 다양한 사회문제의 원인을 설명할 때 초래될 수 있는 일면적이고 환원주의적으로 접근하게 되는 위험을 경계한다. 자본주의 체제는 경제 영역만이 아니라, 사회의 재생산과 생태 등 비경제적인 영역까지 포괄하기 때문에 '제도화된 사회질서'를 통해 구현될 수밖에 없다. 그 때문에 자본주의 체제를 넘어서고자 하는 여러 사회운동들은 과거의 자본주의 비판으로는 오늘날의 운동이 형성한 맥락과 문제의식을 충분히 드러내지 못한다고 여길 수 있다. '자본주의'라는 이름 앞에 이런저런 수식어들이 붙는 것은 이 때문이다(〈동향2〉 체제전환운동포럼은 무엇을 위해 기획됐고 어디로 향하고 있나, 홍명교 체제전환운동 정치대회 조직위원회 공동집행위원장, 2024.03.01).

　"'체제전환'이 구체적으로 무엇을 의미하는가에 대한 체계적이고 합의된 설명은 부재하다"고 하지만 몇 가지 (암묵적인) 합의는 분명하다.

　혁명이라는 목표와 수단을 한사코 배제한다는 모종의 합의다. 레닌은 "혁명의 근본문제는 국가권력의 문제다"라고 했다. 이는 사적소유라는 자본주의 착취체제를 분쇄하고 그 체제를 폭력으로 비호하는 국가권력

을 타도하고 노동자·인민의 집단적 소유체제로 전환하는 것이다.

이러한 혁명의 보편적인 문제를 "일면적이고 환원주의적" 접근이라면서 한사코 부정하거나 짐짓 외면하고 각 의제들을 나열적으로 내세우는 것이 바로 '체제전환' 운동이다. 이 운동은 또한 특수하게는 이 사회의 역사적 모순, 분단과 미제국주의 문제를 전면에 내세우지 않는다는 공통의 합의점이 있다.

민주주의를 말하되, 국가보안법 철폐, 이 사회의 지배적, 폭력적 인식인 반공주의, 종북몰이에 맞서는 투쟁을 전면화하지 않는다. 그렇기 때문에 착취체제, 식민지해방 투쟁을 통해 노동자·인민의 권력을 세우고 중앙집중 계획을 세우는 역사적으로 존재했던 소련과 동유럽의 현실 사회주의, 조선과 쿠바 같은 현존 사회주의에 대해 적대적이거나 부정적이다.

이 체제전환 운동은 인민대중에 의거하여, 인민대중에 복무하고 인민대중을 이끌어가는 당운동에 대해 부정적이다. 이 운동은 인민대중과 긴밀하게 결합해 있으면서도 인민대중의 구심적 역할을 하는 지도자라는 존재, 지도자의 역할과 임무에 대해 부정적이다. 이 운동은 계급투쟁, 이 투쟁을 이끌고 새 사회의 주체인 노동자 계급중심성에 대해 부정적이다. 이 운동은 통일전선에 대해 부정적이다.

이 운동은 거대담론, 사회와 역사에 대한 총체적 인식에 대해 부정적이다. '체제전환 운동'과 "정치권력을 장악해 평등자유를 선포하는 방식"을 부정하거나 외면하고 "비정치적으로 간주되곤 했던 일상적인 차원의 문제를 정치적 문제로 새롭게 폭로하고 드러내는 방식으로 진행"하는 신좌파 다원주의 운동은 유사한 인식, 방식, 목표를 가지고 있다.

이 운동은 서구에서는 프랑스 68'혁명' 이후 1970년대부터, 한국에서는 1990년대 초 소비에트권 해체와 조선의 고난의 행군 이후 정치적 전망을 상실하면서 전격 대두되고 지금 만연한 신좌파 다원주의 운동의 일종이다.

이른바 "옛것은 가고 새것은 아직 오지 않았"(홍명교 체제전환운동 정치대회 조직위원회 공동집행위원장)다는 주장처럼, 반자본주의적이나 혁명을 통한 사회주의 권력을 지향하지 않는다.

체제전환 운동이 아니라 혁명운동이어야 한다. (범)무정부주의 운동이 아니라 정치혁명, 계급투쟁, 민족해방 투쟁, 급진적 민주주의 투쟁이어야 한다.

3. '체제전환' 운동, 자본주의 착취체제, 그 총본산인 제국주의는 혁명 없이 자연 '전환'되는가?

> 운동들마다 자신의 의제가 있고, 그에 따라 마주하고 있는 모순과 체제의 성격이 다르다(체제전환운동포럼은 무엇을 위해 기획됐고 어디로 향하고 있나).

이는 체제전환 운동이 제기하는 모순과 체제의 성격에 대한 규정이다. 여기에는 사회 성격에 대한 총체적이고 종합적이며 통일적인 인식이 없다. 한 역사적 시대의 보편적·특수한 성격을 과학적, 역사적으로 인식하고 여기에 근거해 기본모순, 근본모순, 주요모순을 판단해 주력군을 정하고 통일전선을 확장하고 중립자들을 견인하고 주적을 최대한 고립시켜 혁명적으로 모순을 해결해나가는 전략·전술·목표·방법·순서도 없다.

"운동들마다 자신의 의제가 있"다면 그것은 개별적이고 분산적이고 분리적이고 지엽적이고 부분적인 "운동"이다. "그에 따라 마주하고 있는 모순과 체제의 성격이 다르"다면 이 체제를 자본주의 착취체제, 제국주의 체제, 또는 특수하게 분단체제 등으로 규정할 수 없다. 무수히 많은 규정은 나열적·병립적이지 통일적인 규정이 아니다.

체제전환 운동은 한편으로는 "사적소유에 기반한 '자본에 의한 노동착취' 문제의 중요성을 수긍"한다고 하면서도 다른 한 편으로는 이러한 인식이 "다양한 사회문제의 원인을 설명할 때 초래될 수 있는 일면적이고 환원주의적으로 접근하게 되는 위험을" 가지게 된다며 비판·경계하며 실제로는 부정하고 있다. "다양한 사회문제의 원인" 배후에 있는 근본적인 동력을 인식하는 것은 일면적이고 환원주의적 인식이 아니라 과학적이고 역사적이며 다양한 현상을 통해 본질을 추구하는 것이다.

"다양한 사회문제의 원인"을 통일적으로, 그 본질을 인식하지 못하는 것은 현상에 집착하는 것이며 즉자적이며 분리적이다.

맑스·엥겔스는 공산주의 운동의 목표를 하나로 정리하며 사적소유 철폐라고 했다. 이 사적소유로부터 자본의 노동자 착취가 나오고 근로인민에 대한 수탈이 나오고 무정부적·무계획적 생산이 나오고 다른 나라에 대한 전쟁을 자행하고 침략과 지배를 일삼는 제국주의가 나온다.

이 사적소유 체제를 국제적으로 유지, 확산하기 위해 미제국주의는 이 땅을 반공주의 전초기지로 삼았으며 군사독재를 내세워 폭정의 전초기지로 삼았다. 국가보안법은 이 사적소유 체제를 유지, 강화하기 위해 반

　　　　맑스주의와 포스트모더니즘 신좌파 다원주의 이데올로기 비판

공·반북주의 이데올로기로 백색테러 체제를 구축하는 파쇼지배체제의 법적 수단이다. 이는 지금도 종북몰이, 친미 숭배주의, 또는 그 변형, 확장된 형태로 반중주의·루소포비아 이데올로기를 확산시키고 있다.

이 사적소유로부터 저임금·장시간 노동체제, 외주화와 죽음의 노동, 직업병·중대재해, 유연생산 체계와 비정규직 확산, 불안정 노동체제와 실업 만연, 영세상공인의 파산, 복지축소, 이주노동자에 대한 봉건적·자본주의적 이중착취, 여성(노동자)의 이중의 굴레, 노동3권의 파괴와 노조 적대시 정책, 민주주의 파괴·인권유린, 대북 적대시 정책 등이 나온다. 이 사적소유 체제는 규제완화, 도시 난개발, 투기·위락시설, 자연산림 파괴, 도시집중과 주택난, 이에 반하거나 이의 결과로 농촌 황폐화를 낳기도 한다. 빈곤과 불평등이 나온다. 이 사적소유 체제는 무한경쟁의 강요로 교육을 망치고 있고 이 과정에서 교권, 학생인권도 같이 망가뜨리고 있다.

기후위기도 자본주의 체제의 무한 이윤추구로부터 나오는 것이 아닌가? 과연 이러한 인식이 일면적이고 환원주의적 인식인가? 그렇다면 무엇을 해야 하는가?

이 체제 내에서의 점진적인 '체제'전환이 아니라 혁명으로 체제 변혁을 해야 한다. 자본의 사적소유를 사회적, 집단적 소유로 전환하는 통일된 운동으로 다양한 사회문제를 해결하는 궁극목표를 가져야 한다. 사회 모순에 대한 총체적 모순과 집단주의적 해결을 위한 21세기 사회 성격 논쟁이 다시 재개되어야 한다.

다원주의가 아니라 자본주의 사적소유 철폐를 궁극적 목표로 노자 적대를 기초로 국가권력과 그 배후의 (미)제국주의 지배와 투쟁하고 적대관계로 전환된 민족·동족관계를 복원하기 위해 투쟁하고 국가보안법 철폐를 위시로 민주주의 투쟁을 전면화하며 투쟁해야 한다. 통일단결된 운동을 만들어야 한다.

제국주의 프로파간다 비판

CIA는 어떻게 현대 좌파를 창조했으며 우파는 왜 여전히 그것을 맑스주의 계획이라고 생각하는가?

라이안 퍼킨스(Ryan Perkins, 2025년 7월 30일)
https://ryanperkins.substack.com(출처)

1. 서구의 전후 사회주의 및 공산주의 급증(1945-1955)

비록 역사에서 대체로 지워졌지만, 2차 세계대전 직후 서구 세계 전역의 사회주의 및 공산주의 정당들은 인기가 급증했다. 전쟁의 파괴, 구체제의 붕괴, 그리고 대공황과 같은 자본주의의 전전 실패에 대한 기억은 모두 전례 없는 정치적 재편성에 기여했다.

프랑스부터 이탈리아, 영국부터 그리스까지, 한때 정치 스펙트럼의 주변부에 머물렀던 사회주의 이데올로기는 노동자, 지식인, 그리고 전쟁에 지친 대중의 대규모 운동을 배경으로 주류 정치로 급부상했다.

서유럽에서 사회주의와 공산주의 정당들은 재건, 사회 정의, 평화의 수호자로 빠르게 자리매김했다. 기존 엘리트들은 파시스트와의 협력이나 무능으로 인해 전후 광범위하게 신뢰를 잃었다. 대조적으로, 공산주의자들은 종종 반파시스트 저항 운동을 이끌었고 대중의 신뢰가 깊어진 상태로 등장했다.

나치 독일을 격파하는 데 있어 붉은 군대의 역할은 공산주의의 위신을 더했고, 소련은 산업 발전과 반파시스트 강국의 대안 모델로서 서구의 많은 사람들에게 존경을 받았다.

미국에서는 공산주의와 사회주의 운동의 인기로 두 번째 적색 공포(매카시즘)가 발생했다. 국내 또는 외국의 공산주의자들이 미국 사회와 연방 정부를 잠식하거나 전복하고 있다는 인식은 트루먼 독트린과 매카시 재판으로 귀결된 일련의 가혹한 국내 행적 숙청으로 이어지는 공포를 불러일으켰다.

이제 대중의 기억에서 지워졌지만, 1945년 이후 10년은 혁명적 사회주의가 서구의 가능한 미래처럼 보였던 드문 순간으로 남아 있다.

2. 마셜 플랜(그리고 숨겨진 부속물)

사회주의 좌파에 대한 대중의 존경은 냉전 긴장이 고조되면서 곧 충돌하게 되었고, 미국과 그 동맹국들은 공산주의 영향력을 억제하기 위한 지속적인 캠페인을 시작했다. 마셜 플랜(1947)은 사회민주주의 모델로 유럽을 재건함으로써 공산당의 선거 인기에 대응하는 것을 목표로 했다.

그러나 마셜 플랜은 훨씬 더 나아갔다. 혁명적 사회주의 정치의 매력에 대항하기 위해, 미국 정보기관들은 지금도 그렇지만 자신들이 만든 비밀 혁명에 자금을 지원했다. 그들은 반공주의적 사회, 문화, 지적 생태계를 구축하기로 했다. 계급 정치를 회피하고 혁명 대신 사회 변환에 대한 급진적 개인주의적 해석을 지지하는 대안적인 '반체제 좌파'를 형성하려 했다.

1950년대 초까지 냉전은 군대와 경제뿐만 아니라 사상, 미학, 지적 정당성의 국제적 경쟁으로 격화되었다. 소련은 역사, 계급, 진보에 대한 전망을 제시했다. 이에 대응하여 미국은 노골적인 친자본주의 선전이 아닌, 비트 시, 현대 미술, 그리고 난해한 좌익 잡지로 자신의 이데올로기 공세를 시작했다.

마셜 플랜 사무소—경제협력처(ECA)와 이후 상호안보처(MSA)와 같은—는 중요한 군사적 엄폐물을 제공했다. 문화자유회의(CCF), 출판물 및 행사는 유럽부흥계획(ERP, European Recovery Program, 마셜 플랜)은 해외 사무소를 통해 용이하게 진행될 수 있었으며, 이는 미국중앙정보국(CIA)의 직접적인 관여를 숨겼다. 자금은 때때로 유럽부흥계획 계정이나 관련 재단을 통해 세탁되었다.

　　　맑스주의와 포스트모더니즘 신좌파 다원주의 이데올로기 비판

3. 기계 속의 유령[2] 창조

이러한 아이디어의 조용한 전쟁을 조종한 것은 CIA였다. 사립 재단, 문학 평론, 엘리트 학술 회의의 허울 뒤에서, 이 기관은 문화자유회의를 통해 방대한 반공주의 좌파 지식인 생태계에 자금을 지원했다. 이후 포드 재단과 조지 소로스의 오픈 소사이어티(열린사회) 재단과 같은 단체들은 이 임무의 요소들을 계승하게 된다.

자유 민주주의를 촉진하고 스탈린주의를 봉쇄하려는 노력으로 시작된 것이 완전히 다른 괴물을 탄생시켰다. 급진적 예술가, 트로츠키주의자, 포스트맑스주의자, 그리고 환멸을 느낀 학자들에게 자금을 지원함으로써, CIA는 궁극적으로 자유주의 자체를 공격하게 될 비판 문화를 배양하는 데 도움을 주었다.

오늘날, 이 환경의 이데올로기적 후손들은 종종 "워크(Woke)"[3] 좌파라고 불린다. 특히 미국의 많은 보수주의자들에게 그들은 수십 년에 걸친 맑스주의적 전복의 절정으로 비친다.

역설적으로, 이 운동의 기원은 모스크바가 아닌 워싱턴, 랭리, 그리고 뉴욕의 회의장에 있다.

---

2   기계 속의 유령(the Ghost in the Machine)은 반공주의 소설을 쓴 아서 쾨슬러의 1967년에 쓴 철학적 심리학 서적이다. 그가 이 책에서 말하는 기계는 인간의 뇌가 지닌 파괴적 본성을 은유하는 표현이다(역주).

3   워크는 깨우다, 각성시키다(wake)의 과거형으로 미국의 인종차별 반대 운동에서 정치적으로 각성되었다는 의미로 사용되기 시작했는데, 최근에는 사사건건 말과 의식을 교정하려 한다는 '정치적 올바름(PC)'에 대한 비난의 의미로 사용하기도 한다(역주).

4. 반공 문화전선 만들기

1950년, CIA는 문화자유회의를 정식으로 출범시켰다. 이는 서구 전역에 자유주의적이고 민주주의적이며 반공주의적인 문화 엘리트를 양성하기 위한 방대한 계획이었다.

마이클 조셀슨과 당시 CIA 정보대응국장이자 모더니스트 시를 좋아했던 제임스 지저스 앵글턴(James Jesus Angleton)과 같은 요원들 주도로 문화자유회의는 문화적 초강대 국제기구가 되었다.

이 단체는 회의를 조직하고, 작가와 예술가에게 자금을 지원하며, 잡지 Encounter(영국)[4], Der Monat(독일)[5], Preuves(프랑스)[6]를 포함한 20개 이상의 저명한 잡지에 보조금을 지급했다. 책 번역, 미술 전시회, 학술 행동에도 자금을 지원했다.

1999년 그의 중요한 저서 'Who Paid the Piper?'(누가 자금을 대었는가?)에서 프랜시스 스토너 손더스(Frances Stonor Saunders)가 말했듯이, 1950년대 후반까지 이 단체는 "서유럽에서 가장 중요한 지적 생활의

4　　1953년 시인 스티븐 스팬더(Stephen Spender)와 저널리스트 어빙 크리스톨(Irving Kristol)이 영국 런던에서 창간한 문예잡지로 CIA가 자금을 지원했다(역주).

5　　미국 저널리스티인 맬빈 J. 래스키(Melvin J. Lasky)가 첫 편집자였고 이후 독일인이 편집자가 되었다. 1943년 독일에서 처음 발간된 잡지로 정치·문화 에세이 언어 저널이었다. 이 잡지는 독일 점령 미군정(OMGUS)의 지원으로 공산주의와 파시즘 둘 다에 반대한다는 명분을 내걸고 발행되며 제국주의의 이해에 복무하였다(역주).

6　　1951년 문화자유회의가 창간한 최초의 간행물로 프랑스어 월간 정치·문화 잡지로 파리에 본사를 두었다. CIA의 자금 지원을 받고 창간되었다(역주).

　　　맑스주의와 포스트모더니즘 신좌파 다원주의 이데올로기 비판

후원자"가 되었다.

임무는 다음과 같이 간단했다. 계급의식과 계급투쟁을 거부하는 좌파, 자본주의의 물질적 구조를 의문시하지 않지만 지적 급진주의의 분위기를 유지하는 좌파를 지원하여 감정과 사고를 사로잡는 것이었다. 사회주의를 단일한 블록으로 보는 미국 우파와 달리, CIA는 다양한 빨간색(좌파)의 차이를 구분했다. 환멸을 느낀 공산주의자들, 트로츠키주의자들, 사회민주주의자들, 그리고 전직 맑스주의자들은 맑스주의 계급 분석에 유용한 균형추로 여겨졌다.

크렘린 홀에서 보드카가 아닌, 파리 카페에서 에스프레소를 마시는 부르주아적이고 존경받는 좌파들이 바로 대상이다.

5. 트로츠키주의자들, 추상 예술가들, 무조성[7] 음악가들, 그리고 이상한 신좌파

중개자를 통해 CIA가 지원한 많은 사상가들은 이전에 맑스주의나 트로츠키주의와 연관되어 있었다. 인카운터(Encounter)의 공동 편집장이자 후일 신보수주의의 창립 인물이 된 어빙 크리스톨은 한때 젊은 트로

---

7 무조음악(Atonal Music)은 유럽음악의 전통적인 조성(tonal) 규칙을 따르지 않고, 12개의 반음을 균등하게 사용하여 으뜸음 중심의 조성 체계에서 벗어난 음무이다. 아르놀트 쇤베르크가 무조성주의와 12음 기법을 창안했다(역주).

츠키주의자였다. 《Darkness at Noon》(정오의 어둠)[8]의 저자 아서 쾨슬러(Arthur Koestler)는 전 코민테른 회원에서 반소련 논객으로 변신한 인물이다. 그들과 그와 같은 많은 이들은 임금뿐만 아니라 명성과 강단으로 보상을 받으면서 이념이라는 냉전 전장에서 이데올로기 용병이 되었다.

하지만 자금 지원 대상은 사상 영역만이 아니었다. 미학도 그 대상이었다. 냉전의 가장 초현실적인 장 중 하나에서 CIA는 당시 급진적이고 비순응주의적이며 개인주의 일색으로 여겨졌던 예술 운동인 추상 표현주의[9]를 비밀리에 옹호했다. 현재 미국 예술가의 전형으로 여겨지는 잭슨 폴록,

---

8 《정오의 어둠 》(독일어: Sonnenfinsternis lit, 일식)은 오스트리아–헝가리 출신의 소설가 아르투르 쾨슬러가 1940년에 처음 출판한 소설이다. 국내에서는 후마니타스 출판사에서 《한낮의 어둠》이라는 제목으로 출간하였다. 국내 후마니타스 출판사는 이 책을 "혁명 이후 권력의 문제를 그린 아서 쾨슬러의 대표작"으로 흔히 조지 오웰의 『동물농장』이나 알렉산드르 솔제니친의 『수용소 군도』와 더불어 공산주의 정치체제에 대한 20세기의 가장 뛰어난 작품으로 소개하고 있다. 후미니타스는 "혁명 정부의 2인자였던 루바쇼프는 어느 날 반역과 최고 지도자 암살 모의 혐의로 체포되어 집요한 심문을 받는데, 심문은 옛 동지였던 이바노프, 혁명이 낳은 새로운 세대이자 냉정하고 이성적인 전형 글레트킨, 그리고 자기 자신과, 혁명·대중·도덕·양심·권력·정치 등에 대해 벌이는 치열한 논쟁이다. 글레트킨은 루바쇼프에게, 결백하더라도 유죄를 인정함으로써 대중들이 당에 대한 반대파를 경멸할 수 있게 하는 것, 옳은 것은 보기 좋게 도금하고, 틀린 것을 검게 칠하라고, 자신을 희생해서 혁명을 지켜 내는 것이 당이 루바쇼프에게 요청하는 마지막 봉사라고 말한다. 루바쇼프는 고민한다. 침묵 속에서 죽을 것인가, 마지막까지 당에 봉사할 것인가"라고 하는데, 이 책이 스탈린 시대 트로츠키를 포함한 반대파들의 숙청을 통해 소련을 전체주의 독재체제로 비판하는 책임을 알 수 있게 한다(역주).

9 사회주의 리얼리즘에 반대하는 미술 사조로 1940년대 후반부터 1950년대까지 미국 뉴욕을 중심으로 등장한 추상 미술 운동이다. 작가의 주관적 감정과 내면을 격정적으로 표현한다. 노골적으로 반공주의를 내걸지는 않지만 현실을 외면하고 미국 문화의 자유와 개인주의를 부각함으로써 냉전 이데올로기에 봉사하였다(역주).

    맑스주의와 포스트모더니즘 신좌파 다원주의 이데올로기 비판

마크 로스코, 빌렘 드 쿠닝은 모두 검열이나 사회주의 리얼리즘에 얽매이지 않은 아방가르드 창의성의 증거로서 국제적으로 선전되었다.

음악도 무기화되었다. 아르놀트 쇤베르크(Arnold Schoenberg)와 피에르 불레즈(Pierre Boulez)의 무조성과 12음 음악은 자유와 복잡성의 불협화음적인 은유로서 유럽 전역에 홍보되었다. 소련이 차이콥스키와 교향곡적 사회주의 찬가를 선호했다면, CIA는 불협화음과 자발성[10]을 제시했다.

비록 예술가들과 작곡가들 대부분은 자신들의 경력이 랭글리(Langley)[11]의 후원으로 발전하고 있다는 사실을 알지 못했지만, 이러한 제도적 지원은 문화적 권위와 그 뒤를 이은 지적 지형을 낳았다.

6. 프랑크푸르트학파와 문화 비판의 확장

CIA가 "존경받을 만한" 반공주의 좌파에 자금을 지원하면서, 미국 학계에서는 또 다른 지적 흐름—같은 방향을 가지지만 전면적으로 연결되지는 않은—이

---

10 음악에서 불협화음은 불안정하고 서로 어울리지 않는 음의 조합을 의미하며, 자발성은 작곡이나 연주 과정에서 연주자나 작곡가의 즉흥적이고 우연적 요소가 개입하는 것을 말한다. 불협화음은 그 자체로 불안정성을 유발하며 청자에게 긴장감과 역동성을 제공한다(역주).

11 버지니아주의 도시로 미국 중앙정보국(CIA) 본부가 있다. CIA를 '랭글리'라고 은유적으로 부르기도 한다.

확산되고 있었다.

사회연구소로 공식 알려진 프랑크푸르트학파는 1930년대에 나치 독일을 피해 미국으로 건너와 뉴욕 컬럼비아 대학에서 재정립되었다. 테오도르 아도르노, 막스 호르크하이머, 헤르베르트 마르쿠제, 그리고 후에 위르겐 하버마스와 같은 사상가들은 계급정치를 거부하고 맑스주의를 문화, 심리학, 이데올로기의 렌즈를 통해 재해석하려고 시도했다.

스탈린의 소련 모델에 불만을 가지고 자본주의 민주주의에 회의적인 그들은—계급이 아닌—문화가 새로운 전장이라고 주장했다. 그들은 대중 매체, 소비주의, 기술관료적 합리성을 사회 통제의 도구로 공격했다. 그들의 작업은 후일 비판 이론, 정체성 정치, 그리고 현대 "사회 정의" 담론의 수렁에 이르는 이론적 기초를 놓았다.

CIA가 프랑크푸르트학파에 직접 자금을 지원하지는 않았지만—실제로 관계는 때때로 적대적이었다—그들의 문화적 인프라는 그들의 사상이 번성할 수 있는 분위기를 조성했다. 학문의 자유, 인문학 학부, 반공주의 지식인에 대한 정보국의 투자는 자본주의에 대한 급진적 비판이—비록 계급이 아닌 문화적 렌즈를 통해서지만—예의 바른 대화로 재진입할 길을 개척했다.

1960년대 후반까지 헤르베르트 마르쿠제는 '1차원적 인간'과 같은 저작으로 자본주의와 공산주의 사회 모두를 억압 체제로 규탄하면서 신좌파의 지도적 사상가가 되었다. 그의 가장 지속력 있는 사상인 "억압적 관용"은 반동적 사상이 번성하도록 허용함으로써 지배를 가능하게 한다고 주장했다. 이 역설은 캠퍼스 급진주의와 후일 진보적 정통의 중심 교리가 되었다.

　　　맑스주의와 포스트모더니즘 신좌파 다원주의 이데올로기 비판

7. 냉전 전사에서 캠퍼스 혁명가로

– 이데올로기적 틀의 균열

1970년대에 이르러, 이 반공주의 지적 생태계는 균열하기 시작했다. 베트남 전쟁, 시민권 투쟁, 경제 위기는 새로운 세대로 하여금 소련식 공산주의뿐만 아니라 미국의 자유주의까지 의문시하게 만들었다. 마르쿠제와 파농을 읽은 캠퍼스 급진주의자들은 스탈린이 아닌 국방부(펜타곤), 월스트리트, 그리고 대학 이사회를 표적으로 삼기 시작했다.

역설적으로, 그들은 냉전 자유주의가 구축한 기관 내부에서, 그리고 종종 그 기관의 자금으로 그러한 행동을 했다. 많은 이들은 1950~60년대 대학 확장 붐 덕분에 학술 직위를 가졌는데, 이들은 국가와 포드 재단과 같은 자선 단체의 지원을 받았다.

포드 재단은 냉전 초기 CIA와 협력했던 이후, 1980년대까지 인종 관계, 여성 연구, 포스트식민주의 이론, 국제 개발 프로그램에 자금을 지원했다. 이러한 보조금은 의도치 않게 서구 패권, 가부장제, 자본주의에 대한 급진적 비판—후에 그 적들에게 "워크(woke) 이데올로기", 정체성 정치, 교차성, 체계적 비판—으로 알려지게 될 지적 기둥들을 지원했다.

8. 유리 베즈메노프 등장

유리 베즈메노프는 소련 국가보안위원회(KGB) 정보원이자 자칭 선전

전문가로, 1970년대에 서방으로 망명했다. 캐나다에 정착한 후 CIA 및 서방 정보계의 다른 지부들과 협력하면서, 그는 소련의 '이데올로기적 전복' 또는 '능동적 조치'[12]라는 장기 전략이 미국 및 기타 서방 민주주의를 내부에서 약화시키고 있다고 경고하는 강연과 인터뷰를 시작했다.

베즈메노프는 아마도 말단 KGB 요원이자 기회주의자였을 것이지만, 소련의 대외 및 간첩 정책에 대한 높은 수준의 지식을 가지고 있다고 주장했다. 베즈메노프는 소련이 특히 학계, 미디어, 문화 기관을 통해 국내 주민의 현실 인식을 변화시키는 느리고 체계적인 과정으로 이데올로기적 전복이라는 장기 사업에 몰두하고 있다고 주장했다.

그는 전복의 네 가지 주요 단계를 다음과 같이 확인했다.

1. **도덕 해이** – 가치와 국가 정체성 훼손(15–20년 소요).

2. **불안정화** – 경제, 외교 관계, 방어 체계를 표적(2–5년).

3. **위기** – 폭력적인 권력 또는 구조 변화

4. **정상화** – 새로운 정권이 질서 회복의 명목 아래 통제를 공고히 함

그는 소련 정보 작업의 대부분이 전통적인 의미의 간첩 행위가 아니라 여론과 이데올로기에 영향을 미치는 작업이었다고 주장했다. 베즈메노프의 환상은 부상하는 '반체제 좌파'에게 극도의 공포를 느끼는 보수주의자들에게 그들이 공포를 느끼는 괴물은 공산주의 음모에 영감을 준 크렘

12　타국의 사회주의 혁명을 유도하고 자본주의 국가들을 약화시키려는 목적으로 자본주의 폭로와 공산주의 이데올로기를 적극 서방에 전파할 뿐만 아니라 비밀공작과 사회주의 국가와 민족해방 투쟁을 지원하기도 한다는 전략을 말한다(역주).

린이라고 설득시켰다.

그의 주장은 새로 선출된 로널드 레이건 대통령의 '미국의 아침' 프로그램의 시대정신과 시스템이 통제 불능 상태에 이르렀다는 광범위하고 교묘한 기득권층의 편집증과 완벽하게 일치했다.

이 치밀하게 구성된 판타지는 냉전 긴장을 고조시키려는 초기 신보수주의 운동의 주장을 강화하고, 안보 국가의 가장 편집증적인 집단의 지지를 확보했으며, 그에게 미국 정보계의 명성을 안겨주었다. 그러나 그의 지속적인 유산은 포퓰리스트 우파 이데올로기 설계자들 사이에 오래 지속되는 맑스주의 음모론의 존재를 확고히 한 것이었다.

9. 열린사회재단, 문화 비판의 세계화, 그리고 객관적 현실의 붕괴

정보 국가가 용인하고 후원한 반체제 정서는 자본주의에 대한 비판이 결코 계급적 렌즈를 통해서가 문화적 렌즈를 통해 보이도록 장려했다. 이것은 결국 사회의 급진적 변혁이 계급의식이나 생산력에 대한 물질적 분석을 통해서가 아니라, 개인의 급진적—그리고 궁극적으로 주관적인—변화를 통해 이루어져야 한다는 주장으로 이어졌다.

자본주의의 물질적 구조를 의문시하는 것이 금지되면서, 그 비전은 상징적 제스처, 미학적 선택을 강조하고 현실의 주관적 해석을 옹호했다.

냉전이 종식되면서, 조지 소로스와 그의 열린사회재단이라는 새로운 주자가 등장했다. 동유럽의 후발 사회주의 국가들에서 소로스는 교육, 시민 사회, 미디어 구상에 수십억 달러를 쏟아붓기 시작했다. 미국과 서유럽에서는 학과, 사회 정의 구상, 트랜스 권리 운동에 자금을 지원했다. CIA와 달리 소로스는 그의 임무와 국제적인 야망을 숨기지 않았다.

문화자유회의(CCF)에서 포드를 거쳐 소로스에 이르는 길은 직접적인 관계를 맺지는 않았지만 제도적 환경으로 연결되어 있다. 각각은 이전의 네트워크와 가정 위에 구축되었다. 각각은 그들 버전의 '사상의 자유'가 공산주의에 대한 최선의 방어막이므로 서구 권력 구조를 보존하는 최선의 방법이라고 주장하며 자기들의 수단을 정당화했다.

그 결과 사회적 비판, 상대주의, 주관성, 그리고 도덕적 긴급성에 깊이 빠진 교수, 기자, 예술가, 활동가의 글로벌 엘리트 계층이 형성되었다.

비록 여전히 문화자유회의(CCF)와 그것이 영감을 준 급진 좌파의 문화적 유산에 깊이 젖어 있지만, 조지 소로스의 열린사회재단의 비정부기구(NGO) 및 미디어 조직 네트워크는 현실을 국제 자본의 필요성에 순응하고 묵인하는 것으로 재구성하는 도구가 되었다.

집단 정체성의 지속적인 분열과 주관성의 지속적 악화는 고립되고 권력을 잃은 개인들의 원자화된 사회를 만들어 연대를 방해한다.

미학적 변화를 혁명으로 내세우고 개별 인간 경험의 주관성에 초점을 맞춤으로써 그것은 허무주의로 전락했다. 현대 좌파 사상은 지배 엘리트의 필요에 따라 주무를 수 있는 이데올로기적인 점토가 되었다.

그것은 그들에게 약속된 민주주의에 환멸을 느끼고, 그들의 지배 엘리트로부터—그리고 각자—소외되었으며, 이제 거의 정당성을 내세우지 않고 통치하는 기술관료들을 점점 더 경멸하는 사회를 위한 사회통제 메커니

 맑스주의와 포스트모더니즘 신좌파 다원주의 이데올로기 비판

즘이 되었다.

10. 맑스주의 음모의 영원한 신화

지적 소매상, 사기꾼, 기회주의자, 스파이, 괴짜, 그리고 유급 선전가들의 공헌으로 인해, 많은 보수주의자들은 여전히 '현대 좌파'가 사회를 전복하려는 거대한 맑스주의 음모의 일부라고 믿고 있다. 실제로, '문화적 맑스주의'는 좌파 학계와 운동을 위한 포괄적인 비하 어휘가 되었다.

비록 CIA가 비판적 인종 이론, 트랜스 권리 운동 또는 현대 좌파의 다른 극단적 현상을 직접 발명하지는 않았지만, 인공적인 반공주의 지적 생태계 창조에 자금을 지원함으로써, 현대 문화적 좌파를 탄생시킨 비판—철학적, 예술적, 제도적—의 인프라에 자금을 지원하는 데 도움을 주었다.

그 유산은 이제 분열되고 국제 자본의 필요에 맞게 변형되어, 공산주의에 대한 방어벽일 뿐만 아니라, 황폐한 디스토피아를 향해 비틀거리는 무미건조한 기술관료와 약탈적 헤지펀드 경영자들의 군대를 막기 위한 집단행동에 대한 방어벽이 되고 있다.

2장

제국주의 선전과 서방 좌파 지식인의 이데올로기
: 반공주의와 정체성 정치에서 민주주의 환상과 파시즘까지

❧ 가브리엘 록힐(Gabriel Rockhill)과 쟈오딩키(Zhao Dingqi) 대담

[출처: 먼슬리 리뷰(https://monthlyreview.org)]

가브리엘 록힐은 비판이론 공동연구모임(Critical Theory Workshop/ Atelier de Théorie Critique)의 공동 대표이자 펜실베이니아 주 빌라노바 대학교의 철학 교수이다. 그는 현재 다섯 번째 단독 저서인 《지적 세계대전: 맑스주의 대 제국주의 이론 산업(The Intellectual World War: Marxism versus the Imperial Theory Industry)》(먼슬리 리뷰 프레스, 출간 예정)을 완성하는 작업을 진행 중이다. 쟈오딩키(Zhao Dingqi)는 중국사회과학원 맑스주의연구소의 부연구원이자 〈세계사회주의연구(World Socialism Studies)〉 편집자이다.

본 인터뷰는 원래 2023년에 〈세계사회주의연구〉 제11권에 중국어로 게재되었으며, 〈먼슬리 리뷰(MR)〉에 실리기 위해 일부 수정되었다.

쟈오딩키:

냉전 시대 동안 미국 중앙정보국(CIA)은 어떻게 '문화 냉전'을 수행했는가? CIA의 '문화자유회의'(Congress for Cultural Freedom)는 어떤 활동을 했으며, 어떤 영향을 미쳤는가?

가브리엘 록힐:

CIA는 다른 국가 기관들과 주요 자본가 기업 재단들과 함께 공산주의를 억누르고 궁극적으로 뒤엎고 파괴하기 위한 다각적인 문화 냉전을 수행했다. 이 선전 전쟁은 범세계적 규모였으며 여러 다른 측면들을 가지고 있었는데, 저는 아래에서 그중 일부만 언급하겠다. 그러나 시작에 앞서, 그 광범위한 영향력과 이에 투입된 풍부한 자원에도 불구하고, 이 전쟁 전체를 통해 많은 전투에서 패배했다는 점을 주목하는 것이 중요하다. 오늘날 이 갈등이 어떻게 지속되고 있는지 보여주는 최근 사례 하나를 들자면, 라울 안토니오 카포테(Raúl Antonio Capote)가 2015년 자신의 저서에서 지식인, 작가, 예술가, 학생들을 표적으로 한 쿠바 불안정화 캠페인에서 수년간 CIA를 위해 일했음을 밝혔다. 그러나 'the Company'로 알려진 정부 기관이 모르는 사이에, CIA가 교묘히 유인하여 그들의 더러운 술책을 퍼뜨리게 했던 쿠바 대학 교수는 실제로 자만심 가득한 첩보 요원들을 속이고 있었다(그는 쿠바 정보부의 위장 요원이었던 것이다). 이것은 CIA가 여러 승리를 거두었음에도 불구하고, 지구 주민의 압도적 다수에게 적대적인 세계 질서를 강요하려 하고 있지만 결국 이기기 어려운 전쟁을 하고 있음을 보여주는 많은 다른 징후 중 하나일 뿐이다.

문화 냉전의 핵심 중 하나는 1966년 CIA의 앞잡이 조직으로 밝혀진

'문화자유회의'(CCF)였다. 이 주제를 광범위하게 연구한 휴 윌포드(Hugh Wilford)는 문화자유회의를 세계 역사상 가장 위대한 예술과 문화의 후원자 중 하나라고 묘사했다. 1950년에 설립된 문화자유회의는 국제 무대에서 장-폴 사르트르(Jean-Paul Sartre)와 시몬 드 보부아르(Simone de Beauvo) 같은 이들과 함께 맑스주의 경쟁자들에 맞서 레이몽 아롱(Raymond Aron)과 한나 아렌트(Hannah Arendt)[13]와 같은 협력주의 학자들의 작업을 장려했다.

자유문화회의는 35개국에 사무소를 두었고, 약 280명의 직원을 동원했으며, 전 세계적으로 약 50개의 저명한 학술지를 발행하거나 지원했고, 수많은 예술 및 문화 전시회와 국제 콘서트 및 페스티벌을 조직했다. 활동 기간 내내 자유문화회의는 최소 38개 기관과 협력하여 약 135개의 국제 회의와 세미나를 기획 또는 후원했으며, 최소 170권의 책을 출판했다. 그 언론 서비스인 포럼 서비스(Forum Service)는 전 세계에 무료로 12개 언어로 자유문화회의에 매수된 지식인들의 보고서를 방송했으며, 이는 600개 신문과 500만 독자에게 도달했다. 이 방대한 국적 네트워크는 그 책임자 마이클 조셀슨—마피아를 연상시키는 표현으로—이 "우리의 대가족"이라고 부른 것이었다. 파리 본부에서는 반공주의 지식인, 예술가, 작가

13　한나 아렌트는 독일 출신의 미국 철학자로 《인간의 조건》, 《전체주의의 기원》 등의 저자로 국내에서도 유명하다. 특히 《예루살렘의 아이히만》 같은 저작에서는 '악의 평범성'이라는 명제로 파시즘을 고발한 저자로 잘 알려져 있지만 실은 '나찌즘과 스탈린주의'를 전체주의로 양비론 입장에서 고발하며 반공주의자로 CIA의 협력자였다(역주).

　맑스주의와 포스트모더니즘 신좌파 다원주의 이데올로기 비판

들의 목소리를 증폭시키기 위한 국제적인 반향실 효과(echo chamber)[14]를 갖추고 있었다. 1966년 예산은 2,070,500달러였으며, 이는 2023년 기준 1,950만 달러에 해당한다.

그러나 조셀슨의 "대가족"은 CIA가 통제하는 미디어 및 문화 프로그램의 국제 주크박스로 프랭크 위즈너가 그의 "극장 피아노"(Mighty Wurlitzer)[15]라고 부른 것의 극히 일부에 불과했다.

이 거대한 심리전 체계의 몇 가지 예를 들자면, 칼 번스타인(Carl Bernstein)은 1952년부터 1977년 사이에 최소 400명의 미국 언론인들이 비밀리에 CIA를 위해 일했다는 충분한 증거를 제시했다. 이러한 폭로 이후, 뉴욕 타임스는 3개월간의 조사를 실시하고 CIA가 "800개 이상의 뉴스 및 공공 정보 조직과 개인을 포용했다"고 결론지었다. 이 두 폭로 기사는 그들이 분석하고 있던 바로 그 네트워크에서 활동했던 언론인들에 의해 주류 매체에 발표된 것이므로, 이러한 추정치는 낮을 가능성이 있다.

1935년부터 1961년까지 뉴욕 타임스 사장을 역한 아서 헤이스 설즈버

---

14 반향실 효과는 뉴스 미디어에서 전하는 정보가 해당 정보의 이용자가 갖고 있던 기존의 신념만으로 구성된 커뮤니케이션에 의해 증폭 및 강화되고, 같은 입장을 지닌 정보만 지속적으로 되풀이하여 수용하는 현상을 비유적으로 나타낸 말이다. '반향실'에 들어선 사람들은 자신이 지닌 기존의 관점을 강화하는 정보를 반복하여 습득할 수 있고 이로 인해 부지불식 간에 확증 편향을 지니게 될 수 있다(위키피디아).

15 Mighty Wurlitzer는 CIA 요원 프랭크 위즈너(Frank Wisner)가 다양한 표면 조직을 통해 여론에 미치는 기관의 영향력을 설명하기 위해 사용한 은유이기도 하다(위키피디아).

거(Arthur Hays Sulzberger)는 기밀 유지 계약(최고 수준의 협력)에 서명할 정도로 CIA와 매우 밀접하게 협력했다. 윌리엄 S. 페일리(William S. Paley)의 미국 CBS 방송국은 의심의 여지 없이 시청각 방송 분야에서 CIA의 가장 큰 자산이었다. 그것은 CIA와 아주 긴밀하게 협력하여 중앙 교환원을 통하지 않고 CIA 본부로 직통 전화선을 설치했다. 헨리 루스의 타임 Inc.(타임, 라이프, 포춘, 스포츠 일러스트레이티드 포함—번스타인이 이후 글을 싣게 된 곳)은 주간 및 월간 분야에서 가장 강력한 협력자였다. 루스는 CIA 요원들을 기자로 고용하는 데 동의했으며, 이는 매우 일반적인 위장책이 되었다. 1991년 CIA 국장 로버트 게이츠가 소집한 'CIA 개방 확대 태스크포스'에서 알 수 있듯이, 이러한 관행은 위에서 언급한 폭로 이후에도 줄어들지 않고 다음과 같이 계속되었다.

CIA의 공보실(PAO)은 현재 국가의 모든 주요 통신사, 신문, 뉴스 주간지, 텔레비전 네트워크의 기자들과 관계를 맺고 있다. …많은 경우, 우리는 기자들에게 기사를 연기, 변경, 보류 또는 심지어 폐기하도록 설득했다.

CIA는 또한 미국 신문 조합을 장악했으며, 요원들의 위장처로 사용하기 위해 통신사, 잡지, 신문의 소유주가 되었다. CIA는 LATIN, 로이터, AP 통신, UPI 등의 다른 통신사에도 요원들을 배치했다. 정부 허위 정보 전문가 윌리엄 샤프는 CIA가 "전 세계 약 2,500개의 미디어 단체를 소유하거나 통제했다"고 증언했다. "게다가, 프리랜서부터 매우 유명한 기자와 편집자에 이르기까지 사실상 모든 주요 미디어 조직에 CIA 소속 사람들이 있었다."

 맑스주의와 포스트모더니즘 신좌파 다원주의 이데올로기 비판

한 CIA 요원은 기자 존 크루드슨에게 "우리는 어느 때든 모든 외국 수도에 최소한 한 신문씩은 '보유'하고 있었다"고 말했다. 더 나아가, 그 정보원은 "CIA가 완전히 소유하거나 막대하게 보조금을 지원하지 않은 매체들에는 유료 요원이나 직원 요원을 침투시켜 CIA에 유용한 기사는 게재하게 하고 해로운 기사는 막았다"고 말했다. 디지털 시대에 이 과정은 물론 계속되었다. 야샤 레바인, 앨런 매클라우드 및 다른 학자들과 언론인들은 빅테크와 소셜 미디어 영역에서 미국 국가안보국가의 광범위한 관여를 상세히 설명했다. 그들은 특히 페이스북, X(트위터), 틱톡, 레딧, 구글의 핵심 직위에 주요 정보기관 출신자들이 자리 잡고 있다는 점 등을 입증했다.

CIA는 또한 전문 지식인 사회에 깊이 침투했다. 처치위원회[16]가 1975년 미국 정보기관에 대한 보고서를 발표했을 때, CIA는 "수백 개"의 기관에서 "수천 명"의 학자들과 접촉하고 있다고 시인했다(그 이후 어떤 개혁도 이 관행을 추진하거나 확대하는 것을 막지 못했으며, 이는 위에서 언급된 1991년 게이츠 메모에서 확인된다).

하버드와 컬럼비아의 러시아 연구소, 스탠퍼드의 후버 연구소, MIT의 국제연구센터와 같은 곳들은 CIA의 직접적인 지원과 감독으로 발전했다. 뉴스쿨 폴 소셜 리서치의 한 연구원이 최근 나에게 CIA의 극악한 MK울트라(MKULTRA) 프로젝트가 (적어도) 44개 대학에서 연구를 수행했다

---

16 처치위원회는 1975년 미국 상원 특별위원회로 중앙정보국, 국가안보국, 연방수사국, 국세청의 인권 침해를 조사했다. 당시 위원장을 맡은 미국 상원의원 프랭크 처치(민주당, 아이다 호)의 이름을 따 처치위원회라 부른다(역주).

는 일련의 문서를 알려주었으며, 우리는 최소 14개 대학이 약 1,600명의 나치 과학자, 엔지니어, 기술자들을 미국으로 데려온 악명 높은 작전 페이퍼클립에 참여했다는 것을 알고 있다. MK울트라는, 잘 모르는 분들을 위해 설명하자면, 피실험자들에게―그들의 동의 없이―고용량의 정신 활성 약물 및 다른 화학 물질을 전기 쇼크, 최면, 감각 차단, 언어 및 성적 학대, 그리고 다른 형태의 고문과 결합하여 투여하는 사디스트적인 세뇌 및 고문 실험을 수행한 CIA의 프로그램 중 하나였다.

CIA는 또한 예술계에 깊숙이 관여해 왔다. 예를 들어, 그것은 사회주의 리얼리즘에 맞서 미국 미술, 특히 추상 표현주의와 뉴욕 예술계를 장려했다. CIA는 서방의 자유로운 예술이라고 칭송되는 것을 보급하기 위해 미술 전시회, 음악 및 연극 공연, 국제 미술제 등에 자금을 지원했다. CIA는 이러한 노력에서 주요 미술 기관들과 긴밀히 협력했다. 단 하나의 의미 있는 예를 들자면, 문화 냉전에 관여한 주요 CIA 장교 중 한 명인 토머스 W. 브래든은 CIA에 합류하기 전에 뉴욕 현대 미술관(MoMA)의 행정 책임자였다. 뉴욕현대미술관 관장들에는 넬슨 록펠러가 포함되었는데, 그는 은밀한 정보 작전의 최고 조정자가 되었고 록펠러 기금이 CIA 자금의 통로로 사용되도록 허용했다. 이 관장들 중에는 록펠러의 전시 라틴아메리카 정보기관에서 일했던 르네 다르농쿠르를 찾아볼 수 있다. 동명의 미술관의 존 헤이 휘트니와 율리우스 플라이슈만은 미술관 이사회에 참여했다. 전자는 CIA의 전신 조직인 전략사무국(OSS)에서 일했고 그의 자선 단체가 CIA 자금의 통로로 사용되도록 허용했다. 후자는 CIA의 파필드 재단의 회장을 역임했다. CBS 사장이자 CIA를 포함한 미국 심리전 프로그램의 주요 인물 중 한 명인 윌리엄 S. 페일리는 미술관 국

　맑스주의와 포스트모더니즘 신좌파 다원주의 이데올로기 비판

제 프로그램 구성원 이사회에 있었다. 이러한 관계망이 보여주듯이, 자본가 지배 계급은 문화 장치를 철저히 통제하기 위해 미국 국가안보국가와 긴밀히 협력한다.

미국 정부의 엔터테인먼트 산업 관여에 대해 많은 책들이 쓰여졌다. 매튜 앨퍼드와 톰 세커는 국방부가―완전하고 절대적인 검열 권한과 함께―최소 814편의 영화 지원에 관여했으며, CIA는 최소 37편, FBI는 22편에 관여했다고 기록했다. TV 프로그램의 경우(일부는 매우 오랫동안 방영됨), 국방부는 1,133개, CIA는 22개, FBI는 10개이다. 이러한 수치 가능한 사례를 넘어서, 당연하게도 국가안보국가와 할리우드 사이의 질적 관계가 존재한다. 존 리조는 2014년 이렇게 설명했다.

CIA는 오랫동안 엔터테인먼트 산업과 특별한 관계를 유지해 왔으며, 할리우드의 유력 인사들―스튜디오 임원, 프로듀서, 감독, 유명 배우―과의 관계를 유지하는 데 상당한 주의를 기울여 왔다.

테러와의 전쟁 첫 9년 동안 CIA 부법률고문 또는 법률고관 대행을 역임하며 그 기간 동안 글로벌 특별 송환, 고문, 드론 암살 프로그램을 감독하는 데 깊이 관여했던 리조는 문화 산업이 제국주의적 학살에 어떻게 방패를 제공할 수 있는지 잘 이해할 위치에 있었다.

이러한 활동과 수많은 다른 활동들은 미국 제국의 주요 특징 중 하나인 진정한 스펙터클의 제국[17]을 드러낸다.

그 주요 초점 중 하나는 심리와 정신 전쟁이었다. 이를 위해 그것은 국제 심리전을 수행하기 위해 광대한 글로벌 인프라를 구축했다. 주류 미디

---

17 미국의 문화 제국주의, 언론선전 제국주의 면모를 의미한다(역주).

어에 대한 그것의 거의 절대적인 통제력은 최근 우크라이나에서 러시아에 대한 미국의 대리전을 지지하도록 얻어내려는 움직임에서 분명하게 드러났다. 그 격렬한 매순간의 반중국 선전도 마찬가지다. 그럼에도 불구하고, 수많은 용감한 활동가들의 작업과 그것이 현실 자체에 반하여 작동한다는 사실 덕분에, 스펙터클의 제국은 서사를 완전히 통제할 수 없다.

쟈오딩키:

귀하의 한 글에서 CIA 요원들이 미셸 푸코, 자크 라캉, 피에르 부르디외 등의 프랑스 비판이론을 열심히 읽었다고 언급했다. 이런 현상의 이유는 무엇인가? 프랑스 비판이론을 어떻게 평가하나?

가브리엘 록힐:

공산주의에 대한 문화 전쟁의 중요한 전선 중 하나는 지적 세계대전이었으며, 이는 제가 현재 먼슬리 리뷰 출판사에서 완성 중인 책의 주제이다. CIA는 매우 중요한 역할을 했지만, 다른 정부 기관들과 자본가 지배계급의 재단들도 마찬가지였다. 전체적인 목표는 맑스주의의 신뢰를 떨어뜨리고 반제국주의 투쟁과 현존 사회주의에 대한 지지를 약화시키는 것이었다.

서유럽은 특히 중요한 전장이었다. 미국은 제2차 세계대전 이후 지배적인 제국주의 강국으로 등장했다. 세계적 헤게모니를 행사하기 위해, 미국은 서유럽의 이전 주요 제국주의 강국들을 (동양의 일본과 마찬가지로) 하위 파트너로 편입시키고자 했다. 그러나 이는 프랑스와 이탈리아와 같이

　　맑스주의와 포스트모더니즘 신좌파 다원주의 이데올로기 비판

강력하고 활기찬 공산당을 가진 국가들에서는 특히 어려운 일임이 증명되었다. 따라서 미국 안보국가[18]는 정당, 노동조합, 시민 사회 단체, 그리고 주요 뉴스 및 정보 매체에 침투하기 위한 다각적인 공격을 시작했다.

그것은 파시스트들로 채워진 비밀 대기 군대(stay-behind armies)를 설치하기까지 했으며, 공산주의자들이 투표를 통해 권력을 잡을 경우를 대비해 군사 쿠데타 계획까지 세웠다(이 군대들은 나중에 1968년 이후 민간인을 대상으로 테러 공격을 자행했고, 이는 공산주의자들의 소행으로 돌리는 '긴장 전략'에서 활성화되었다).

보다 명시적으로 지적인 전선에서, 미국 권력 엘리트는 맑스주의의 신뢰를 떨어뜨리려는 요량으로 단호하게 반공주의적인 새로운 교육 기관들과 국제적 지식 생산 네트워크의 설립을 지원했다. 그것은 역사적 및 변증법적 유물론에 공개적으로 적대적인 지식인들에게 지위 향상(승진과 가시성)을 제공하는 한편, 사르트르와 보부아르와 같은 인물들에 대한 극악한 비방 캠페인을 동시에 진행했다.

바로 이 정확한 배경 안에서 프랑스 이론은 적어도 부분적으로는 미국 문화 제국주의의 산물로 이해될 필요가 있다. 이 낙인과 연관된 사상가들—푸코, 라캉, 질 들뢰즈, 자크 데리다 등—은 다양한 방식으로 구조주의 운동과

---

18 미국(U.S. national security state)는 제2차 세계대전 이후 냉전 체제를 거치면서 형성된, 국가안보를 최우선 가치로 삼는 미국의 법률, 기관, 정책, 인력 등을 총칭하는 용어다. 옥스퍼드 사전에서는 안보국가를 '정치, 경제, 지식, 사회생활 등 거의 모든 측면이 국방과 국가 방위에 대한 고려에 의해 지배되는 제2차 세계대전 이후의 국가'로 정의하고 있다(AI).

연관되었으며, 이 운동은 대체로 이전 세대의 가장 저명한 철학자였던 사르트르에 반대하며 자신을 규정했다. 후자의 1940년대 중반 이후 맑스주의적 성향은 일반적으로 거부되었고, 반헤겔주의—반맑스주의의 암호—가 시대의 화두가 되었다. 단 하나의 의미 있는 예를 들자면, 푸코는 사르트르를 "마지막 맑스주의자"라고 비난하며, 그가 19세기의 인물로서 푸코와 그의 부류의 다른 이론가들이 대표하는 (반맑스주의적인) 시대에 뒤떨어진 사람이라고 주장했다.

이 사상가들 중 일부는 프랑스 내에서 상당한 명성을 얻었지만, 그들을 국제적인 주목받는 위치로 단숨에 부각시키고 미국에서의 그들에 대한 선전으로 국제 지식인들에게 필수 독서물로 만들었다.

먼슬리 리뷰에 실린 최근 글에서, 저는 프랑스 이론의 시대를 시작한 것으로 널리 인정받는 사건, 즉 볼티모어의 존스 홉킨스 대학에서 1966년에 열려 이 사상가들을 처음으로 한자리에 모았던 회의 배후에 작용한 일부 정치적, 경제적 세력들에 대해 상세히 설명했다. CIA와 함께 자유문화회의에 공동으로 자금을 지원했고 CIA의 선전 노력과 많은 긴밀한 연관을 가졌던 포드 재단은 그 회의와 다른 후속 활동들에 36,000달러(오늘날 339,000달러)라는 거금을 지원했다. 이는 대학 학회에 대해 정말로 엄청난 금액이며, 그 행사에 대한 보도가 타임스와 뉴스위크에 의해 보장되었다는 사실은 말할 것도 없다. 이런 종류의 학술 환경에서는 전대미문의 일이다.

자본가 재단들, CIA, 그리고 다른 정부 기관들은 맑스주의를 대체할 수 있는 급진적으로 세련된 작업을 장려하는 데 관심이 있었다. 그들이 맑스주의를 단순히 파괴할 수 없었기 때문에, 그들은 맑스주의를 시대에 낡은 사상으로 묻어버리기 위해 최첨단이고 비판적인 것으로 마케팅될 수 있는—비록 어떤 혁명적 실체도 결여되었지만—새로운 형태의 이론을 육성하려고 했다. 우리가 이제 이 주제에 대한 1985년 CIA 연구 보고서에서 알 수 있듯이, 정보 기관은 프랑스 구조주의 아날 학파, 그리고 Nouveaux Philosophes(신철학자들)로 알려진 그룹의 기여에 기뻐했다. 특히 푸코와 클로드 레비-스트로스와 연관된 구조주의 아날 학파의 방법론을 인용하면서, 그 보고서는 다음과 같은 결론을 내린다.

우리는 그들이 사회 과학에서 맑스주의 영향력을 비판적으로 파괴한 것이 현대 학문에 지속적으로 커다란 공헌이 될 가능성이 있다고 믿는다.

프랑스 이론에 대한 제가 생각하는 바를 말하자면, 그것이 무엇인지 인식하는 것이 중요하다고 말하고 싶다. 적어도 부분적으로는 미국 문화 제국주의의 산물로서, 이는 부르주아 문화적 절충주의에 탐닉하고 담론적 화려함에 동원하여 현실에서는 아무것도 바꾸지 않는 담론 속의 상상된 혁명을 창조하기 위해 맑스주의를 반공주의적 이론 실천으로 대체하려 한다.

프랑스 이론은 더 나아가 프리드리히 니체와 마르틴 하이데거와 같은 반공주의자들의 작업을 재활용하고 장려함으로써, '급진적'을 '급진적으로 반동적인' 것으로 은밀히 재정의하려고 한다. 프랑스 이론가들이 맑스주의와 접촉할 때, 그들은 그것을 다른 담론들 중 하나로 변형시키며, 이것은 비맑스주의적이고 반변증법적인 담론들(니체적 계보학, 하이데거적 파괴, 프로이트적 정신분석 등)과 혼합될 수 있고 심지어 혼합되어야 한다고 본다. 바로 이 때문에 이 사상가 중 상당수가 "그들 자신의 맑스"에 대한 독점적 주장을 하며, 이는 때때로 그들이 어떻게든 맑스주의자이이거나 맑스주의적이라는 환상을 생산한다. 그러나 압도적인 경향은 맑스의 작업에서 그들 자신의 철학적 브랜드와 공명한다고 추정하는 매우 특정한 요소들을 임의로 추출하는 것이다. 이는 예를 들어, 데리다의 불확실성의 유령 같은 문학적 맑스, 들뢰즈의 유목적인 탈영토화 맑스, 장-프랑수아 리오타르의 차이(differend)의 반변증법적 맑스 등에서 그렇다. 이렇게 하여 맑스 담론은 그들에게 고유의 브랜드를 개발하고 그것에 포용성과 급진성의 분위기를 주기위해 절충적으로 이용될 수 있는 부르주아 규범 속의 사료 역할을 한다. 월터 로드니는 이러한 이론적 실천의 진정한 본질을 다음과 같이 설명하며 요약했다.

부르주아 사고는 그 변덕스러운 본성과 그것이 별종들을 부추기는 방식 때문에, 당신은 어떤 길이든 가질 수 있다. 왜냐하면, 결국, 당신이 어디에도 가지 않고 있을 때, 당신은 어떤 길이든 선택할 수 있기 때문이다!

쟈오딩키:

프랑크푸르트 학파도 현대 중국에 널리 영향을 미치고 있다. 프랑크푸르트 학파의 이론을 어떻게 평가하는가? 그것은 CIA와 어떤 종류의 연관이 있는가?

가브리엘 록힐:

"프랑크푸르트학파"라고 통속적으로 알려진 사회연구소(Institute for Social Research)는 원래 부유한 자본가의 자금 지원을 받아 프랑크푸르

 맑스주의와 포스트모더니즘 신좌파 다원주의 이데올로기 비판

트 대학의 맑스주의 연구 센터로 등장했다. 막스 호르크하이머가 1930년 연구소의 소장직을 인수했을 때, 그는 역사 유물론과 계급투쟁에서 점점 더 멀어지는 사변적이고 문화적인 관심사로 결정적인 전환을 지휘했다.

이 점에서, 호르크하이머 지도하의 프랑크푸르트학파는 소위 서구 맑스주의, 그리고 보다 구체적으로는 문화 맑스주의 수립에 기초적인 역할을 했다. 호르크하이머와 그의 평생 협력자 테오도르 아도르노와 같은 인물들은 현존하는 사회주의를 거부했을 뿐만 아니라, 프랑스 이론과 매우 유사하게 '전체주의'라는 이데올로기적 범주에 어리석게도 의존함으로써 그것을 파시즘과 직접 동일시했다. 후에 TINA('대안이 없다')[19]로 알려지게 될 것의 고도로 지적이고 멜로드라마적인 버전을 수용하면서, 그들은 부르주아 예술과 문화의 영역을 아마도 유일한 구원의 잠재적 장소로 집중한 듯하다.

이는 아도르노와 호르크하이머와 같은 사상가들이 소수의 예외를 제외하고는 이론적 실천에서 대체로 관념론적이었기 때문이다. 그들은 실제 세계에서 의미 있는 사회 변화가 막혔다면, 구원은 새로운 사고 형태와 혁신적인 부르주아 문화의 지적·영적 영역에서 추구되어야 했다.

이 서구 맑스주의의 대제사장(high priests)들은 "파시즘과 공산주의는 같다"는 자본주의 이데올로기적 주문(Mantra)[20]를 받아들였을 뿐만

19　There Is No Alternative(TINA)는 1980년대 마거릿 대처 전 영국 총리가 자유주의 자본주의만이 유일하게 실행 가능한 체제라고 주장하며 사용했던 말이다(역주).

20　만트라(Mantra)는 원래 산스크리트어에서 유래한 말로, 명상이나 기도에서 반복적으로 외우는 소리나 구절을 뜻한다(역주).

아니라, 제국주의를 공개적으로 지지하기도 했다.

예를 들어, 호르크하이머는 베트남 전쟁을 지지하며 1967년 5월에 "미국에서는, 전쟁을 수행해야 할 때… 그것은 조국방어라는 문제라기보다는 본질적으로 헌법 방어, 인간 권리 방어의 문제"라고 선언했다. 아도르노는 종종 그러한 호전적인 성명보다는 조용한 동조의 교수 정치를 선호했지만, 그는 이스라엘, 영국, 프랑스에 의한 1956년 제국주의적 이집트 침공(나세르를 전복하고 수에즈 운하를 장악하려 했음)을 지지하는 데 호르크하이머와 한편이 되었다. 나세르를 "모스크바와 공모하는 파시스트 두목"이라고 부르며, 그들은 이스라엘과 접경하는 국가들을 "아랍 도둑 국가들"이라고 공개적으로 비난했다.

프랑크푸르트학파의 지도자들은 미국 자본가 지배 계급과 국가안보국의 지원으로부터 막대한 이익을 얻었다. 호르크하이머는 주요 자유문화회의 중 적어도 하나에 참여했고, 아도르노는 CIA의 지원을 받는 잡지들에 기사를 발표했다. 아도르노는 또한 독일의 반공주의 문화투쟁(Kulturkampf)[21]의 선도적 인물인 CIA의 멜빈 라스키와 서신을 교환하고 협력했으며, 자유문화회의가 앞잡이 조직으로 밝혀진 후에도 그 확장 계획에 들어 있었다.

프랑크푸르트의 핵심 인물들은 또한 록펠러 재단과 미국 정부로부터 전후 연구소의 서독 귀환을 지원하기 위한 것을 포함하여 막대한 자

---

21 문화투쟁(Kulturkampf, culture struggle)은 1871년에서 1878년에 걸쳐 프로이센의 로마 가톨릭교회의 역할과 영향력을 약화시키기 위해 프로이센 총리 오토 폰 비스마르크의 주도 아래 계획된 독일의 정책이다(위키백과).

    맑스주의와 포스트모더니즘 신좌파 다원주의 이데올로기 비판

금을 지원받았다(록펠러는 1950년에 103,695달러를 기부했으며, 이는 2023년 기준 130만 달러에 해당한다). 그들은 프랑스 이론가들처럼, 미국 제국의 지도자들이 지원하기 원했고 실제로 지원했던 종류의 지적 작업을 하고 있었다.

또한 프랑크푸르트학파에서 호르크하이머의 핵심 내부 인자 8명 중 5명이 미국 정부와 국가안보국을 위한 분석가 및 선전가로 일했다는 점은 주목할 가치가 있다. 헤르베르트 마르쿠제, 프란츠 노이만, 오토 키르히하이머는 모두 전쟁정보국(OWI)에 고용된 후 미국 전략정보국(OSS)의 연구 분석 부서로 이동했다. 레오 뢰벤탈(Leo Löwenthal) 또한 전쟁정보국에서 일했으며, 프리드리히 폴록(Friedrich Pollock)은 법무부의 반독점 담당관으로 고용되었다. 이는 미국 국가의 특정 부문들이 파시즘과 공산주의와의 투쟁에서 맑스주의 분석가들을 적극 등용하려 했기 때문에 다소 복잡한 상황이었다. 동시에, 그들 중 일부는 미국의 제국주의적 이익과 양립할 수 있는 정치적 입장을 취했다. 따라서 프랑크푸르트학파 역사의 이 사안은 훨씬 더 많은 검토를 받을 가치가 있다.

마지막으로, 프랑크푸르트학파가 2세대(위르겐 하버마스)와 3세대(악셀 호네트, 낸시 프레이저, 사이라 베나비브 등)로 진화하는 것은 그 반공주의적 성향을 조금도 바꾸지 않았다. 오히려, 하버마스는 국가사회주의는 파산했다고 명시적으로 주장했으며, 자본주의 체제와 그 소위 민주적 제도 내에서 포용적인 "담론적 의지형성 절차"의 이상을 위한 공간을 창출할 것을 주장했다. 3세대의 신-하버마스주의자들은 이러한 성향을 계속 이어왔다. 호네트는, 제가 논의 중인 다른 사상가들도 다루는 상세한 글에서 주장했듯이, 부르주아 이데올로기 자체를 비판 이론의 매우 규범적

틀로 세웠다. 프레이저는 자신을 사회 민주주의자로 위치지음으로써 끊임없이 자신이 비판 이론가들 중 가장 좌파인 것처럼 자신을 내세운다. 그러나 그녀는 이것이 구체적으로 무엇을 의미하는지 명확히 할 때면 꽤 모호한 태도를 유지하며, "긍정적인 프로그램을 정의하기 어렵다"고 공개적으로 시인한다. 그러나 부정적인 프로그램은 다음과 같이 분명하다.

쟈오딩키:

현재 서방 좌파에서 유행하는 정체성 정치와 다문화주의의 역할과 기능을 어떻게 이해하는가?

가브리엘 록힐:

정체성 정치와, 그것과 연관된 다문화주의는 오랫동안 부르주아 이데올로기의 특징을 이루어 온 문화주의와 본질주의의 현대적 발현이다. 후자는 자본주의의 물질적 역사의 결과인 사회적 및 경제적 관계를 자연화하려 한다. 예를 들어, 인종적, 국민적, 민족적, 성별, 성적 그리고 다른 형태의 정체성들이 시간에 따라 변해 왔고 특정한 물질적 힘들의 결과인 역사적 구성물임을 인식하기보다는, 이것들을 자연화되고 정치적 구성원들의 분명한 기초로 취급한다. 이러한 본질주의는 이러한 정체성들 배후에 작용하는 물질적 힘들, 이하 그것들을 둘러싸고 벌어져 온 계급 투쟁들을 은폐하는 역할을 한다. 이것은 지배 계급과 그 관리자들이 탈식민지화와 물질주의적 반인종주의 및 반가부장제 투쟁의 요구에 대응해야 했을 때 특히 유용했다. 식민지화, 인종주의, 그리고 성별 억압의 물질적 기초를 결코 다루지 않기 때문에 매우 실제적인 문제들에 가짜 해결책을 제안하는 본질화하는[22] 정체성 정치로 응답하는 것보다 더 나은 방법이 있겠는가?

주디스 버틀러와 같은 이론가들의 작업에서 작동하는 스스로 반본질주의적이라고 주장하는 정체성 정치의 버전들은 근본적으로 이 이데올로기와 결별하지 않는다. 이러한 범주들 중 일부를 개인이나 개인 집단이 의문을 제기하고, 다루고, 재수행할 수 있는 담론적 구성물로 드러냄으로써 그것들을 해체한다고 주장하면서, 해체의 관념론적 매개변수 내에서 작업하는 이론가들은 이러한 범주들을 집단적 계급투쟁의 주요 장소들로 생산해 온 자본주의 사회 관계의 역사에 대한 물질주의적이고 변증법적 분석을 결코 제공하지 않는다. 그들은 또한 이러한 관계들을 집단적으로 변형시키기 위한 실제 존재하는 사회주의의 투쟁의 오랜 역사에 참여하지도 않는다. 대신, 그들은 해체와 실질적으로 탈역사화된 푸코적 계보학에 의존하여 성별 및 성적 관계를 담론적으로 생각하는 경향이 있으며, 기껏해야 계급투쟁이 이익집단 옹호로 대체된 자유주의적 다원주의

---

22 '본질화하다(Essentializing)'는 어떤 대상의 핵심적이고 불변하는 본질을 고정시켜 강조하는 것을 의미한다. 주로 특정 집단이나 사물의 특성을 고정된 본질로 규정하고, 그 외 다른 다양성을 간과하는 맥락에서 사용된다. 이 용어는 비판이론 등에서 사회적 특성을 단순화하는 행위를 설명하기 위해 자주 사용된다(AI).

를 지향한다.

대조적으로, 도메니코 로수르도가 그의 방대한 저작 《계급투쟁》에서 입증했듯이, 맑스주의 전통은 복수형의 계급투쟁을 이해하는 깊고 풍부한 역사를 가지고 있다. 이것은 그것이 성별, 민족, 인종, 그리고 경제적 계급들(그리고 우리는 성적 지향을 추가할 수 있음) 사이의 관계를 둘러싼 전투들을 포함한다는 것을 의미한다. 이러한 범주들이 자본주의 아래서 매우 특정한 위계적 형태를 띠게 되었기 때문에, 맑스주의 유산의 최고의 요소들은 그 역사적 기원을 이해하고 그것들을 근본적으로 변형시키려고 노력해 왔다. 이것은 여성들에게 가해진 가사 노예제에 대한 오랜 투쟁과 민족과 그것의 인종화된 민중의 제국주의적 종속을 극복하기 위한 투쟁에서 볼 수 있다. 물론 이 역사는 중단과 재개를 반복하며 전개되어 왔으며, 아직도 해야 할 일이 많이 남아 있다. 부분적으로는 제2인터내셔널의 맑스주의와 같은 특정 계열들이 부르주아 이데올로기의 요소들에 오염되었기 때문이다. 그럼에도 불구하고, 로수르도와 다른 학자들이 놀라운 박학으로 입증했듯이, 공산주의자들은 이러한 문제들의 가장 뿌리인 자본주의 사회관계로 가서 가부장적 지배, 제국주의적 종속, 그리고 인종주의를 극복하기 위한 이러한 계급투쟁들의 선봉에 서 왔다.

정체성 정치는 선도적인 제국주의 국가들, 특히 미국에서 발전한 대로, 스스로를 급진적으로 새로운 의식의 형태로 보여주기 위해 이 역사를 묻어버리려 했다. 마치 공산주의자들이 여성 문제나 민족/인종 문제에 대해 생각조차 해본 적이 없는 것처럼 말이다. 따라서 정체성 정치의 이론가들은 오만하고 무지하게도 그들이 이러한 문제들을 다루는 첫 번째 사람들이라고 주장하는 경향이 있으며, 이를 통해 소위 속물적 환원주의 맑스주의자들의 상상된 경제 결정론을 극복했다고 본다. 더 나아가, 이러한 문제들을 계급투쟁의 장소로 인식하기보다는, 그들은 정체성 정치를 계급정치에 대한 쐐기로 사용하는 경향이 있다. 만약 계급을 그들의 분석에 통합하려는 어떤 제스처를 취한다 하더라도, 그들은 일반적으로 그것을 구조적 소유관계가 아닌 개인적 정체성의 문제로 축소한다. 따라서 그들이 제시하는 해결책들은 이차적인 현상인 경향이 있다. 즉, 그것들은 사회경제적 질서의 사회주의적 변혁을 통해 가사 노예제와 인종화된 초과착취의 노동관계를 극복하는 것과 같은 것이 아니라, 대표성과 상징주의의 문제들에 초점을 맞춘다. 그들은 결국 문제의 근본으로 가지 않기 때문에 의미 있고 지속 가능한 변화로 이어질 수 없다. 아돌프 리드 주니어가 그의 특유의 날카로운 위트로 종종 주장했듯이, 정체성주의자들은 지배계급과 전문 관리자 층 내에 억압받는 집단들의 필요한 비율의 대표성이 있다는 조건 하에—제가 덧붙이자면 국가들 사이의 제국주의적 관계를 포함하여—현존하는 계급 관계를 유지하는 데 완벽하게 만족한다.

서방 좌파 내에서 계급정치와 분석을 대체하는 것을 돕는 것 외에도, 정체성 정치는 좌파 자체를 특정 정체성 문제들을 둘러싼 고립된 논쟁들로 분열시키는 데 주요한 기여를 했다. 공동의 적에 대한 계급 연대 대신에, 정체성 정치는 노동하고 억압받는 인민들에게 그들이 특정한 성별, 성적 지향, 인종, 민족, 민족성, 종교 집단 등의 구성원으로서 가장 먼저 정체화하도록 장려함으로써 그들을 분열시키고 정복한다. 이러한 점에서, 정체성 정치 이데올로기는 실제로 훨씬 더 깊은 수준에서, 하나의 계급정치이다. 그것은 세계의 노동하고 억압받는 인민들을 분열시켜 더 쉽게 지배하기 위한 부르주아지 정치이다. 그러므로 그것이 제국주의 핵심부의 전문 관리자 계급층의 지배적 정치라는 것은 놀라운 일이 아니다. 그것은 그 기관들과 정보 매체들을 지배하며, 그것은 리드가 통찰력 있게 "다양성 산업"이라고 부르는 것 내에서 경력 승진의 주요 메커니즘 중 하나이다. 그것은 관여된 모든 사람에게 그들의 특정 집단과 동일시하고 그들의 특권된 대표자로 가장하여 그들 자신의 개인적 이익을 추진하도록 장려한다. 게다가, 워크이즘(wokeism)은 또한 일부 사람들을 우파의 품으로 내모는 효과도 있다는 점을 우리는 주목해야 한다. 만약 지배적인 정치문화가 경쟁적 개인주의와 결합된 배타적 써클 정신을 장려한다면, 백인들과 남성들 또한—다양성 산업에 의해 그들이 박탈당했다고 인식하는 것에 대한 과도한 대응으로—그들의 특정 의제들을 시스템의 "희생자"로서 내세운 것은 놀라운 일이 아니다. 따라서 계급분석이 결여된 정체성 정치는 절대적으로 우익 그리고 심지어 파시스트적 변형에 적합하다.

마지막으로, 정체성 정치가 그 최근의 이데올로기적 뿌리를 신좌파 그리고 V. I. 레닌이 유럽 좌파에서 더 일찍 진단했던 사회배외주의에 두고 있으며, 그것이 제국주의의 주요 이데올로기적 도구 중 하나라는 것을 언급해야 할 것이다. 분할 통치 전략은 종교적, 민족적, 국민적, 인종적, 또는 성별 갈등을 조장함으로써 표적으로 삼는 국가들을 분열시키는 데 사용되어 왔다. 정체성 정치는 또한 아프가니스탄의 여성들을 해방시키고, 쿠바에서 "차별받는" 흑인 래퍼들을 지원하고, 라틴아메리카에서 소위 "생태사회주의적인" 원주민 후보들을 지지하고, 중국의 소수 민족들을 "보호"하는 것과 같은 명분 하에 제국주의적 개입과 간섭, 그리고 불안정화 캠페

   맑스주의와 포스트모더니즘 신좌파 다원주의 이데올로기 비판

인을 위한 직접적인 정당화 역할을 해왔다. 여기에서 우리는 순전히 상징적인 정체성 정치와 계급투쟁의 물질적 현실 사이의 완전한 단절을 명확히 볼 수 있으며, 정체성 정치가 제국주의를 위한 얇은 가리개를 제공할 수 있고 실제로 제공하기 때문이다. 이 수준에서도, 그러므로, 정체성 정치는 궁극적으로 하나의 계급정치, 즉 제국주의 지배계급의 정치이다.

쟈오딩키:

슬라보예 지젝은 현재 국제 좌파 학계에 널리 영향력을 미치는 학자이며, 물론 많은 논쟁이 있다. 왜 그를 "자본주의의 궁정 어릿광대"(capitalist court jester)로 보는가?

가브리엘 록힐:

지젝은 제국주의 이론 산업의 산물이다. 마이클 파렌티가 지적했듯이, 현실은 급진적이다. 즉, 자본주의 세계의 노동하는 사람들은 고용, 주거, 의료, 교육, 지속 가능한 환경 등을 위한 매우 현실적이고 물질적인 투쟁에 직면해 있다. 이 모든 것은 사람들을 급진화하는 경향이 있으며, 많은 사람들을 맑스주의로 이끈다. 왜냐하면 그것은 그들이 살고 있는 세계, 그들이 직면한 투쟁을 실제로 설명하고 명확하고 실행 가능한 해결책을 제시하기 때문이다. 바로 이 때문에 자본주의 문화 장치는 노동하고 억압받는 인민대중의 맑스주의에 대한 매우 현실적인 관심을 다뤄야 한다. 제국주의가 개발한 한 전략은, 특히 젊은이들과 전문 관리자 계급 층이라는 대상 청중을 위해, 그 근본적 실체를 왜곡하는 고도로 상품화된 버전의 맑스주의를 장려하는 것이다. 따라서 제국주의는 맑스주의를 상품 중심 사회로부터의 해방을 위한 집단적인 이론적, 실천적 틀이 아니라, 다른 어떤 상품처럼 팔릴 패션 브랜드로 변모시키려 한다.

지젝은 여러 면에서 이 프로젝트에 적합한 인물이다. 그는 유고슬라비아 사회주의연방공화국(SFRY)에서 자란 반공주의 토착 정보원이다. 그는 서구에서 자신의 경력을 위한 지위 향상을 추구한 소부르주아 지식인으로서의 주관적 경험이 어떻게든 사회주의의 진정한 본질에 대해 증언할 특별한 권리를 자신에게 부여한다고 정기적으로 주장한다. 그리하여 유고에서의 그의 경험에 대한 개인적인 일화는 객관적 분석을 대체한다. 이익과 영광을 찾는 기회주의자에게는 놀랍지 않게도, 지젝은 그의 사회주의 조국을 그에게 그러한 지위 향상을 제공해 준 서구 자본주의 국가들보다 열등한 것으로 경험했으며, 이제 그는 '포린 폴라이시'(Foreign Policy, 미국 국무부의 사실상의 앞잡이)라는 간행물에 의해 최고 국제적 사상가 중 한 명으로 인정받고 있다.

지젝은 유고에서 사회주의를 해체하는 데 있어서 그의 개인적 역할에 대해 공개적으로 자랑한다. 그는 유고슬라비아 공산당이 CIA의 지원을 받는다고 비난했던 저명한 반체제 출판물 믈라디나(Mladina)[23]의 주요 정치 칼럼니스트였다.

그는 또한 자유민주당을 공동 창당했고, 최초로 분리 독립한 공화국인 슬로베니아에서 그 당의 대통령 후보로 출마하며, 그가 "국가의 이데올로기적 현실 사회주의적 장치의 분해에 실질적으로 기여할 것"이라고

---

23 믈라디나는 1920년대 창간된 슬로베니아의 반공주의적 주간 정치 및 시사 잡지이다(역주).

   맑스주의와 포스트모더니즘 신좌파 다원주의 이데올로기 비판

약속했다. 그는 가까스로 패배했지만, 자본주의가 복원된 후 슬로베니아 국가와 그 집권당을 공개적으로 지지했으며, 대다수 주민의 생활 수준을 재앙 수준으로 추락시키는 자본주의 충격 요법의 잔혹한 과정 전체를 지지했다(그 자신은 제외하고). 그가 공동 창당한 친사유화당은 또한 유럽 연합과 나토(NATO) 가입의 주요 옹호자였기 때문에 제국주의 진영으로의 통합을 명확히 지향했다.

저는 이 동유럽 자유주의자를 자본주의의 궁정 어릿광대로 본다. 왜냐하면 그는 맑스주의를 웃음거리로 만들기 때문이며, 이것이 바로 그가 자본주의 사회 내 지배적 세력들에 의해 그렇게 광범위하게 선전된 이유이다. 실제 물질적 투쟁에 뿌리 둔 집단적인 해방의 과학이라기보다는, 그가 이해하는 맑스주의는 무엇보다도, 기회주의 말썽꾸러기(enfant terrible)의 소부르주아적 정치적 태도로 귀결되는 지적 요설의 도발적 담론이다. 그의 장난기 어린 소행 그리고 공산주의 코스프레는 부르주아지를 즐겁게 하고 무지한 사람들의 짧은 집중력을 사로잡는다. 그는—어릿광대처럼—사람들에게 자극을 주거나 웃음을 이끌어내는 재능이 있으며, 이것은 디지털 시대에 쉽게 '좋아요'와 조회수로 전환된다. 그는 또한 할리우드와 일반적으로 부르주아 문화 장치의 상품들을 내세우는 데 특히 능하다. 자본이라는 왕은 확실히 이 사기꾼을 사랑하며, 그는 그 과정에서 부정 착복했다. 어떤 훌륭한 어릿광대처럼, 그는 궁정 예절의 한계를 알고 있으며, 궁극적으로 실제 존재하는 사회주의를 비하하고, 자본주의적 수용을 장려하며, 종종 심지어 제국주의를 직접 지지함으로써 그 한계를 존중한다. 그가 부르주아 언론이 때로 묘사하는 대로 정말로 세계에서 "가장 위험한 지식인"이라면, 그것은 그가 제국주의와 싸우고 사회주의 세계를 건설하는 맑스주의 사업을 위협하기 때문이다.

객관적인 사회적 지위 향상과 주관적 우경화 사이의 비율을 잘 정하듯, 지젝은 반공주의적 제국주의 지지에서 점점 더 반동적으로 변했다고 주장할 수 있다. 아프리카의 신식민주의에 도전하는 최근의 운동에 대한 그의 다음과 같은 독단적인 판단을 생각해 보라.

중앙아프리카의 '반식민주의' 봉기들이 프랑스 신식민주의보다 훨씬 더 나쁘다는 것은 분명하다.

또 다른 최근 공개 발언에서, 그는 그가 지지하는 혁명의 유형을 매우 명확하게 설명했다. 경찰이 나엘 메르주크를 살해한 이후인 2023년 여름 프랑스의 반란에 대해 논의하면서, 그는—그가 주장하는 어떤 일관된 것에 대해 종종 그러듯이—봉기가 그것을 승리로 이끌 수 있는 조직 전략이 없다면 실패할 것이라는 중요한 맑스주의 통찰력을 끌어왔다. 그런 다음 그는 성공적인 혁명의 예를 제시했다.

공개 시위와 봉기는 2013–14년 우크라이나의 마이단 봉기와 같은 해방적 비전에 의해 지속된다면 긍정적인 역할을 할 수 있다.

널리 알려진 바와 같이, 마이단 봉기는 미국 국가안보국가가 선동하고 지원한 파시스트 쿠데타였다. 이것은 그가 사미르 아민이 "유로/나치 폭동"이라고 부른 제국주의에 의해 지원받는 파시스트 쿠데타를 성공적인 혁명으로 이끈 "해방적 비전"의 "긍정적인" 사례로 간주한다는 것을 의미한다. 이 입장, 그리고 우크라이나에서의 미국-나토 대리전에 대한 그의 확고한 지지는 세계에서 "가장 위험한 지식인"이 무엇을 의미하는지 분명히 한다. 그는 공산주의자인 척하는 친파시스트자이다.

쟈오딩키:

미국은 오랫동안 서구에 의해 자유민주주의 모델로 여겨져 왔다. 하지만 당신은 미국이 한 번도 민주주의가 아니었다고 생각한다. 당신의 관점을 설명해 주겠는가?

가브리엘 록힐:

객관적으로 말해서, 미국은 한 번도 민주주의가 아니었다. 그것은 공화국으로 설립되었으며, 소위 건국의 아버지들은 민주주의에 공개적으로 적대적이었다. 이는 1787년 필라델피아에서 열린 헌법 제정 회의에서 취한 노트인 연방주의자 논집(The Federalist Papers)[24]과 미국의 건국 문서들, 그리고 이주민 식민지에 원래 수립된 통치의 실질적 관습에서 분명하다.

주지하듯, 독립 선언서에서 "무자비한 인디언 야만인"이라고 불린 미국의 원주민들은 갓 만들어진 공화국에서 민주적 권력을 부여받지 못했으

---

24 '연방주의자 논집(The Federalist Papers)'은 1787~1788년 동안 알렉산더 해밀턴, 제임스 매디슨, 존 제이가 '푸블리우스(Publius)'라는 필명으로 쓴 85개의 논설 모음집이다(AI).

며, 아프리카 출신의 노예나 여성들도 마찬가지였다. 평범한 백인 노동자들도 아주 마찬가지였다. 테리 바우턴과 같은 학자들이 상세히 기록했듯이, "대부분의 평범한 백인 남성들은 소위 미국) 혁명이 그들의 이상과 이익을 주요 목표로 삼는 정부를 가지게 되었다고 생각하지 않았다. 그와 반대로, 그들은 혁명 엘리트가 스스로에게 이익이 되고 평범한 사람들의 독립성을 약화시키기 위해 정부를 재구성했다고 확신했다." 결국, 헌법제정회의는 대통령, 대법원, 또는 상원의원에 대한 직접 민중 선거를 제도화하지 않았다. 유일한 예외는 하원이었다. 그러나 자격은 주 의회에 의해 설정되었으며, 이는 거의 항상 재산 소유를 선거권의 기초로 요구했다. 따라서 당시 진보적 비평가들이 이것을 지적한 것은 놀랍지 않다. 패트릭 헨리는 미국에 대해 다음과 같이 단호하게 말했다.

"그것은 민주주의가 아닙니다."

조지 메이슨은 새 헌법을 "자유민 사이에 전제적 귀족제를 수립하려는 세상이 목격한 가장 대담한 시도"라고 묘사했다.

비록 공화국이라는 용어가 당시 미국을 설명하는 데 널리 사용되었지만, 이는 1820년대 후반에 변화하기 시작했다. 앤드루 잭슨—그의 대량 학살 정책으로 "인디언 킬러"라고도 불림—이 포퓰리즘 대통령 선거 운동을 벌였을 때이다. 그는 매사추세츠와 버지니아 출신의 귀족들의 통치를 끝낼 평범한 미국인이라는 의미에서 민주주의자로 자신을 내세웠다. 통치 방식에 어떤 구조적 변화도 취해지지 않았음에도 불구하고, 잭슨과 같은 정치인들 그리고 엘리트 및 그 관리들의 다른 구성원들은 공화국을 설명하기 위해

    맑스주의와 포스트모더니즘 신좌파 다원주의 이데올로기 비판

민주주의라는 용어를 사용하기 시작함에 따라 그것이 국민의 이익에 복무한다는 것을 암시했다. 이 전통은 물론 민주주의는 과두적 부르주아 지배를 위한 완곡어로 계속되었다.

동시에, 미국에서는 2세기 반 동안의 계급투쟁이 있었고, 민주주의 세력들은 종종 지배 계급으로부터 매우 중요한 양보를 얻어냈다. 비록 선거인단은 아직 폐지되지 않았고 대법관들은 여전히 종신 임명되지 국민선거의 영역은 상원의원과 대통령을 포함하도록 확대되었다. 선거권은 여성, 아프리카계 미국인, 그리고 미국 원주민에게까지 확대되었다. 이것들은 물론, 전체 선거 및 선거 운동 과정에 대한 깊은 민주주의 개혁을 통해 방어되고, 확대되고, 더 실질적으로 만들어져야 할 주요 성과들이다. 그러나 이러한 민주주의적 진전들이 중요함에도 불구하고, 그것들은 금권정치 지배의 전체 시스템을 바꾸지는 못했다.

다변수 통계 분석에 기반을 둔 매우 중요한 연구에서, 마틴 길렌스와 벤자민 I. 페이지는 "경제 엘리트와 기업 이익을 대표하는 조직화된 집단들은 미국 정부 정책에 상당한 독립적 영향을 미치는 반면, 평균적인 시민들과 대중 기반 이익 집단들은 거의 또는 전혀 독립적인 영향력을 행사하지 않는다"는 것을 입증했다. 이 금권정치 통치 형태는 물론 국내뿐만 아니라 국제적으로도 작동한다. 미국은 그 어디에서나 자신의 반민주적 기업 통치 형태를 강요하려 시도해 왔다. 제2차 세계대전이 끝난 때부터 2014년 사이에, 윌리엄 블럼의 꼼꼼한 연구에 따르면, 미국은 50개 이상의 외국 정부를 전복하려 기도했으며, 그 대다수는 민주적으로 선출된 정부들이었다. 미국은 금권 제국이며, 그 용어의 어떤 의미 있는 또는 실질적인 의미에서도 민주주의가 아니다.

나는 물론, 부르주아 민주주의, 형식적 민주주의, 그리고 자유민주주의와 같은 표현들이 다양한 이유로 이러한 형태의 금권정치를 지칭하기 위해 종종 사용된다는 것을 안다. 또한 금권 정치 통치 아래 특정 형식적 민주적 권리들이 존재한다는 것이 노동자 인민들에게 주요한 승리이며, 그 중요성이 결코 경시되어서는 안 된다는 것도 사실이고 강조할 가치가 있다. 우리에게 궁극적으로 필요한 것은 변증법적 평가이다. 이는 미국에서 국가에 대한 과두적 통제와 계급투쟁을 통해 획득된 중요한 권리들을 포함하는 통치 방식의 복잡성을 설명하는 평가이다.

쟈오딩키:

부르주아지가 주창하는 "언론의 자유"를 어떻게 평가하는가? 언론의 자유는 오늘날 부르주아 세계에 정말로 존재하는가?

가브리엘 록힐:

부르주아 이데올로기는 언론의 자유 문제를 권력과 소유권 문제로부터 분리하려 함으로써, 그것을 고립된 개인들의 행동을 지배하는 추상적 원리로 변모시키려 한다. 이러한 접근은 통신수단과 누가 그것을 소유하고 통제하는지 라는 매우 중요한 문제에 대한 어떤 실질적 분석도 막으려 한다. 따라서 이 이데올로기는 분석의 전체 영역을 사회적 총체로부터 이론적 원리와 고립된 개인적 발언 행위 사이의 추상적 관계로 전환한다.

이 접근법의 장점 중 하나는 의견이 반영될 수 있는 힘을 결여했기 때문에 정확히 추상적인 언론의 자유 권리를 부여받을 수 있다는 것이다.

   맑스주의와 포스트모더니즘 신좌파 다원주의 이데올로기 비판

이것은 자본주의 세계에서 사는 대부분의 사람들의 상태이다. 원칙적으로, 그들은 그들이 원하는 어떤 방식으로든 개인적 견해를 표현할 수 있다. 그러나 현실에서는, 이러한 의견들이 통신수단의 소유자들이 전파하려는 관점에 맞지 않는다면 대체로 무시당하게 될 것이다. 그들은 플랫폼을 부여받지 못할 것이다. 지배 계급이 통신수단에 대해 그같은 엄청난 권력을 가지고 있어서 많은 사람들에게 검열이 존재하지 않는다고 확신시켰기 때문에, 이러한 견해들은 일반 대중이 별로 주의를 기울이지 않는 사이에 공개적으로 억압되거나 보이지 않게 제한당할 수도 있다.

자본주의 주류에서 벗어난 관점들이 넓은 청중을 얻고 실제 힘을 구축하기 시작한다면, 우리는 소유 계급과 부르주아 국가가 무엇을 할 수 있는지 안다. 그들은 그들 계급의 적과 그들 사상의 자유로운 유통을 지원하는 어떤 기반 시설도 파괴한다는 명목으로 언론자유에 대한 어떤 호소든지 파기하는 긴 역사를 가지고 있다. 우리는 외국인 및 선동 법안(Alien and Sedition Acts), 팔머 급습(Palmer Raids)[25], 스미스 법(Smith Act), 매카란 법(McCarran Act), 매카시 시대, 또는 '신'냉전을 예로 들 수 있다.

러시아의 우크라이나 특별군사작전이 시작된 이후로, 세계는 미국 내에서 부르주아지가 통신수단을 완벽하게 통제한다는 현장 교육을 받아왔다. 유튜브(YouTube)와 소셜 미디어, 특히 러시아 투데이(Russia Today)와 스푸트니크(Sputnik)에 대한 광범위한 검열에 더하여, 모든 주

---

25 팔머 급습(Palmer Raids)은 1919년에서 1920년에 걸쳐 미국 법무부가 사회주의자, 무정부주의자, 공산주의자 등 급진 좌파 인사들을 체포하고 추방하기 위해 감행한 대규모 급습 작전이다. 당시 법무부 장관이었던 A. 미첼 팔머의 이름을 따 명명되었다(AI 주).

요 미디어들은 반러 및 반중국 선전 그리고 미국의 대리전에 대한 무조건적인 지지를 했다(비록 최근에는 일부 보수주의자들이 이것을 어떻게든 반전(反戰)으로 자신을 내세울 기회로 보기 시작했지만). 부르주아지가 주창하는 언론자유의 권리는 지배 계급이 통신수단을 소유할 자유에 해당한다. 그래서 그들은 누구의 견해가 증폭되고 널리 퍼져야 할 가치가 있고, 누구의 견해가 주변화되거나 침묵 속에 파묻힐 수 있는지를 자유롭게 결정할 수 있다.

쟈오딩키:

당신의 한 글에서 "파시스트 통치 방식들은 소위 자유주의 세계 질서의 매우 현실적이고 현재적인 일부"라고 말했다. 왜 그렇게 생각하는가?

가브리엘 록힐:

《파시즘과 사회주의 해법(Fascism and the Socialist Solution)》이라는 가제의 책을 위한 연구에서, 저는 지배적인 '일국가–일정부' 패러다임에 의문을 제기하는 설명 체계를 개발해 왔다. 통상적인 견해에 따르면, 각 국가는—공개적인 내전 상태가 아니라면—특정 시점에 단 하나의 통치 방식만을 가진다. 이 비변증법적 모델의 문제점은 미국과 같은 소위 자유주의 부르주아 민주주의 국가들에서 쉽게 볼 수 있다.

제가 그 주제에 대한 글에서 문서화했듯이, 미국 정부는 제2차 세계대전 이후 수만 명의 나치와 파시스트들을 재활용했다. 수많은 나치와 파시스트들이 페이퍼클립(Paperclip)[26] 같은 작전을 통해 미국으로의 안전한 통로를 부여받았고 그들의 과학, 정보, 그리고 군사 기관(나토와 NASA를 포함)에 통합되었다.

많은 다른 이들은 유럽 전역의 비밀 대기군(stay-behind armies)과 유럽 정보 네트워크와 심지어 정부(이탈리아의 바돌리오 원수처럼)에도 편입되었다. 또 다른 이들은 라트라인(ratlines)을 통해 라틴아메리카나 세계 다른 곳으로 보내졌다. 일본 파시스트들의 경우, 그들은 대체로 CIA에 의해 권력에 다시 복귀되었다. 그들은 자유당을 장악하고 그것을 제국주의 일본의 옛 지도자들을 위한 우익단체로 만들었다. 미제국에 의해 권력을 부여받은 이 노련한 반공주의자들의 국제망은 추악한 전쟁, 쿠데타, 불안정화 시도, 파괴 활동, 그리고 테러 활동에 참여해 왔다. 파시즘이 제2차 세계대전에서 패배했다는 것이 사실이라면, 주로 약 2,700만 소련 인민들과 2,000만 중국 인민들의 엄청난 희생 덕분이지만, 그것이 소위 자유민주주의 국가들 내부를 포함하여 모든 상황에서 제거된 것은 전혀 아니다.

누군가는 진보적 자유주의 평론가들이 때로 주장하듯이, 미국은 해외에서는 파시스트 통치 형태를 배치하지만 국내 전선에서는 민주주의를

---

26 페이퍼클립 작전(Operation Paperclip)은 제2차 세계대전 이후 실시된 미국 전략사무국(OSS)의 나치 독일 주요 인사 포섭작전. 페이퍼클립이라는 작전명은 나치 독일 과학자, 정보기관 출신의 인물들의 명단을 클립으로 표시해 놓은 것에서 유래했다. 1945년부터 1946년까지 OSS에 의해 수행되었으며 OSS가 폐쇄되고 CIA가 미국의 정식 정보기관이 된 후 페이퍼클립 작전과 유사한 나치 독일 과학자 포섭작전을 1955년까지 수행하였는데 전리품으로 나치 독일의 과학기술과 유능한 과학자들을 포섭하였다. 특히 항공역학, 로켓기술, 화학무기, 화학반응기술, 의약품에 대한 과학기술을 중점적으로 획득하였고 이에 관련된 과학자들은 가족들과 함께 모두 미국으로 이주하였다(나무위키).

유지한다고 말하고 싶어 할 수 있다. 그러나 그것은 전혀 사실이 아니다. 제가 어떤 작업에서 주장했듯이, 사적유물론적 분석은 항상 경험적으로 구별되는 세 가지 차원—역사, 지리, 그리고 사회 계층화—을 고려해야 한다. 이 점에서, 자유주의 평론가들과 같은 계급 부분들뿐만 아니라 전체 주민들을 검토하는 것이 중요하다. 예를 들어, 원주민 인구를 생각해 보라. 대량 학살의 말살 정치에 종속된 후 미국 국가에 의해 통제되고 감독되는 보호 구역에 격리된, 많은 이들—특히 가장 가난한 이들—은 여전히 인종주의적 경찰 테러의 표적이며 기본적인 인간 및 민주적 권리를 위해 싸우고 있다. 빈곤 및 아프리카계 미국인 노동자들, 이민자들도 마찬가지이다. 이것이 바로 우리가 조지 잭슨[27]이 미국을 "제4제국"이라고 부른 날카로운 비판을 이해하는 방법이다.

주민의 특정 부분들, 즉 생존을 위해 싸우는 인종화된 빈곤층 및 노동자들은 종종 민주적 권리와 대의제 시스템을 통해 통치되기보다는 국가 및 준국가적 억압을 통해 주로 통치된다. 그렇다면 우리는 왜 그들이 민주주의 속에 살고 있다고 가정하겠는가? 게다가 명심해야 할 것은, 나치 자신들이 미국에서 인종 차별적 아파르트헤이트 국가 운영의 가장 발전된 형태를 보았고, 그들은 그것을 명시적으로 모델로 사용했다는 점이다.

다중 통치 방식 패러다임은 자본주의 사회 내에서 작동하는 계급 역학, 그리고 주민의 다양한 구성 요소들이 동일한 방식으로 통치되지 않

---

27 조지 잭슨은 1941년 출생한 흑인 공산주의 혁명가로 감옥 안에서 흑인해방과 인권투쟁을 전개하다 1971년 감옥 안에서 살해당했다(역주).

 맑스주의와 포스트모더니즘 신좌파 다원주의 이데올로기 비판

는다는 사실에 주의를 기울인다는 점에서 변증법적이다. 예를 들어, 미국의 전문 관리자 계급 층 구성원들은 형식적 의미에서 특정 민주적 권리를 누리며, 이러한 권리들은 다양한 형태의 법적 계급투쟁에서 성공적으로 호소될 수 있다. 초과착취 주민으로서 자본주의 군화 아래 있는 이들은 대개 아주 다른 방식으로 통치된다. 특히 그들은 잭슨(잭슨이 알려진 것처럼)의 용[28]의 경우처럼 그 군화를 벗어나기 위해 조직하기 시작하면 더욱 그렇다.

그들은 경찰 테러와 자경단 폭력에 종속되며, 그들의 소위 권리들은 종종 무차별적으로 유린당한다. 1968년과 1976년 사이에 미국연방수사국(FBI)과 경찰에 의해 살해된 29명의 흑인 팬더당원들과 69명의 미국 원주민 활동가들이 그렇다(워드 처칠의 계산에 따르면). 그의 성인 생활을 감옥에서 보낸 후 의문사한 잭슨과 같은 이론가들은 이것을 파시즘이라고 부르는 것을 주저하지 않았다.

자본주의 아래에서 통치가 실제로 어떻게 기능하는지 이해하기 위해서는, 그 다른 방식들에 주의를 기울이는 세밀한 변증법적 접근을 취하는 것이 중요하다. 소위 자유민주주의는 자본주의의 착한 경찰처럼 기능하며, 순종적인 대상들에게 권리와 대표성을 약속한다. 그것은 주로 중산층 및 상위 중산층 계층, 그리고 그것을 열망하는 사람들을 통치하는 데 배치된다. 파시즘이라는 나쁜 경찰은 가난하고, 인종화 되고, 불만을 가진 주민들, 국내 및 해외 모두에게 극단적인 폭력을 표출한다.

---

28 조지 잭슨은 날아오르는 용을 해방의 상징으로 사용했다. 잭슨을 용의 철학자라고 부르기도 한다.

착한 경찰에게 통치받는 것이 분명히 더 바람직하며, 제한된 형태의 민주주의라도 방어하고 확대하는 것은 가치 있는 전술적 목표이다(특히 국가 장치의 완전한 파시스트 접수라는 공포와 비교할 때). 그러나 전략적으로 중요한 것은—경찰 심문의 경우와 마찬가지로—착한 경찰과 나쁜 경찰이 같은 국가를 위해 그리고 동일한 목표—부르주아 민주주의라는 당근이나 파시즘이라는 채찍을 사용하여 자본주의 사회 관계를 유지, 심지어 강화하는 것—를 가지고 함께 일한다는 것을 인식하는 것이다.

쟈오딩키:

많은 사람들은 "트럼프 현상"의 출현이 파시즘의 위험이 높아지고 있다는 것을 의미한다고 믿는다. 이 관점에 대해 어떻게 생각하는가? 2021년 1월 6일 도널드 트럼프 지지자들의 국회의사당 습격 사건에 대해 어떻게 생각하는가?

가브리엘 록힐:

트럼프는 파시스트 세력을 대담하게 만들고 그들의 활동을 장려했다. 그는 초국민주의적 백인 우월주의자이며 광신적인 자본주의자 및 제국주의자이다. 그러나 트럼프 현상은 제국주의 질서 내 더 큰 위기의 증상이다. 다극 세계의 지속적인 발전, 중국의 부상, 금융화된 신자유주의의 실패, 그리고 선도적 제국주의 국가들의 영향력 약화로 인해, 파시즘은 자본주의 세계 전반에서 매우 많이 부상하고 있다.

미국 내 배경에서, 조 바이든의 2020년 선거 대통령 선거 운동은 그

 맑스주의와 포스트모더니즘 신좌파 다원주의 이데올로기 비판

가 평화적 권력 이전과 법치를 존중할 것이기 때문에 파시즘으로부터 국가를 구할 수 있다는 사고를 중심으로 광범위하게 조직되었다. 부르주아 민주주의가 공개적인 파시스트 독재보다 훨씬 더 바람직하다는 것은 확실히 사실이며, 후자에 맞서 전자를 위한 투쟁은 가장 중요하다. 부르주아 민주주의가 부패하고, 기능 장애가 있고, 거짓말을 하는 경향이 있음에도 불구하고, 그것은 주민의 특정 부분들에게 조직화, 정치 교육, 그리고 힘 구축을 위한 중요한 활동 여지를 허용한다. 그럼에도 불구하고, 미국 민주당이 파시즘에 대한 방파제라고 가정하는 것은 중대한 실수이다. 취임하면서, 바이든은 트럼프를 반란 음모로 구속하기 위한 조치를 즉시 취하지 않았으며, 현장의 파시스트들은 일반적으로 온건하게 다루어졌다(놀랍게도 소수만이 반란 음모로 기소되었고, 많은 형량이 유별나게 가벼웠다). 사건 발생 수년이 지난 지금—그리고 2024년 대통령 선거를 위한 선전 막바지 준비 과정에서—비로소 일부 공모자들이 징역형에 직면하고 트럼프가 여러 전선에서 기소되고 있다. 게다가, 바이든 행정부는 미국의 경찰국가, 인종주의적 경찰 폭력, 그리고 대량 투옥 시스템(그가 구축을 도왔던)을 철회하기 위해 진지하게 움직이지 않았으며, 파시스트 조직 및 민병대를 해체하기 위한 중요한 조치도 취하지 않았다. 스크랜턴 출신 조(Scranton Joe)가 트럼프와 같은 국내산 파시스트 운동을 강경하게 지지하지는 않았지만(이는 분명히 긍정적 발전이다), 그의 팀은 미국의 제국주의적 의제를 추구하고 우크라이나와 같은 국가들에서 파시즘의 발전을 적극적으로 지원해 왔다.

국회의사당 습격에 관해서, 이 사건은 단순히 바이든의 선거에 대한 자발적 봉기가 아니었다. 제가 그 주제에 대한 상세한 글에서 문서화했듯이, 그것은 자본가 지배 계급 일부의 지원을 받았으며, 미국 정부의 최고 수준이 그것이 일어나도록 허용했다. 퍼블릭스 슈퍼마켓 상속인 줄리 젠킨스 판셀리는 'Stop the Steal'[29] 집회를 위해 약 30만 달러를 제공했다.

트럼프 가족 서클 또한 시위 자금 조성에 직접 관여했으며, 이를 위해 다음과 같이 수백만 달러를 모금했다. 트럼프의 정치 조직은 1월 6일 주최자들에게 430만 달러 이상을 지불했다.

그렇다면, 이는 풀뿌리 민주주의와는 거리가 먼, 위장 풀뿌리 민주주의 작전이었다. 게다가, 정보기관, 군대, 그리고 경찰의 고위 지휘부가 ─최소한─ 국회의사당이 습격당하는 것을 허용했다는 매우 명확한 징후들이 있다. 국회의사당에서 진보적 시위를 위해 마련된 가혹한 보안 조치에 익숙한 이들은 비디오 영상과 그 날 국회의사당 경찰의 5분의 1만 근무 중에 있었고 널리 예상되었던 폭동에 대해 제대로 대비하지 못했다는 사실만으로도 이것을 즉시 인식했다. 그러나 우리는 이제 군 고위 지휘부가 국민방위군 배치를 지연시키는 데 직접적인 책임이 있었으며, 국회의사당 근처에서 대기 중이던 국토안보부 요원들이 동원되지 않았다는 것을 알고 있다. 이 모든 것, 그리고 훨씬 더 많은 것들이 국회의사당 약탈에 미국 정부 최고 수준의 공모를 지적한다.

미국 국가안보국가가 수행한 심리 작전의 방대한 역사를 진지하게 연구한 이들에게는, 1월 6일 사건과 이 역사가 겹치는 요소들이 있다. 분명히

---

29 '도둑질을 멈춰라'는 미국의 트럼프주의 진영에서 2016년 4월 처음 출현해, 2020년 미국 대통령 선거에서 바이든이 부정선거로 트럼프의 당선을 가로챘다는 의미이다(역주).

　　맑스주의와 포스트모더니즘 신좌파 다원주의 이데올로기 비판

하자면, 이것이 부르주아 미디어가 퍼뜨리는 어리석은 의미의 음모—예를 들어 국회의사당을 습격한 사람들이 모두 가담했거나, 유급 연기자였거나, 그런 터무니없는 것—라는 것을 의미하지는 않는다. 이러한 작전들은 "필요한 사람만 알 필요가 있는" 기준에 따라 수행된다. 즉, 이상적인 상황에서는 명령 체계의 최상위에 있는 소수의 사람들만이 고의적인 공범자라는 것을 의미한다. 그들 아래에는, 무의식적이고 스스로 행동하는 많은 이들이 있다. 이것은 높은 수준의 예측 불가능성을 창출하며, 이에 따라 바람직한 아래로부터의 자발적 행동의 외관을 조성하여, 최상위 결정자들에게 면피를 준다.

국회의사당 습격을 자금 지원, 조성, 그리고 허용하는 데 관여한 엘리트 운영자들에 대해 훨씬 더 많이 알 필요가 있다. 시간이 지남에 따라 그러겠지만 더 많은 정보가 나올 때까지, 우리는 적어도 그것이 바이든 행정부에게 아주 유용한 사건이었다는 것을 안다. 그것은 "우리 민주주의의 구원자"라는 놀라운 후광을 쓰고 졸린 조(Sleepy Joe)[30]가 정사에 관여하게 했으며, 이는 그의 우경화 움직임과 노동자들에 대한 지배 계급의 계속적인 전쟁에 매우 얇은 가리개를 제공했다. 트럼프는 구속되기보다는 그 즉시로 재활되었다. 그의 행정부의 미디어 꼭두각시들—터커 칼슨과 알렉스 존스와 같은 사람들—은 그와 그의 추종자들이 끔찍한 정부 음모의 희생자들이라는, 빈약한 서사를 구축하는 데 도움을 주었다. 큰 정부에 반대하는 자유를 사랑하는 변절자로 자신을 묘사하면서, 그는 소위 아웃사이더로서 또 다른 대통령 출마를 준비했다. 현재 그에 대한 기소가

---

30 '졸린 조'는 2024년 미국 대통령 선거에서 도널드 트럼프가 조 바이든 대통령을 부르는 별명이다(역주).

얼마나 오래갈지 불분명하지만, 시기는 아주 의심스럽다. 왜냐하면 그것들은 사건 발생 3년이 지난 후, 다음 대통령 선거 주기가 또 다른 박빙의 경주를 위해 고조되는 순간에 이루어지기 때문이다.

쟈오딩키:

오늘날 국제 좌파를 위해, 우리는 어떻게 부르주아지의 이데올로기적 헤게모니에 저항해야 하는? 우리는 어떤 종류의 혁명 이론을 구축해야 하는가?

가브리엘 록힐:

자본주의 세계에서, 부르주아지의 이데올로기적 헤게모니는 그것이 문화 장치—즉, 문화적 생산, 유통, 그리고 소비의 전체 시스템—에 대해 행사하는 숨 막히는 통제력에 의해 유지된다. "5개의 거대 기업들이," "미국인이 읽고, 보고, 듣는 것의 90% 이상을 통제한다."고 앨런 맥러드(Alan MacLeod)는 쓴다.

이러한 거대기업들은 우리가 위에서 간략히 논의한 바와 같이 미국 정부와 긴밀히 협력한다. 그들의 전체적 목표는 1981년 CIA 국장 윌리엄 케이시가 그의 첫 직원 회의에서 분명히 다음과 같이 말했다.

미국 대중이 믿는 모든 것이 거짓일 때, 우리의 허위 정보 프로그램이 완성된 것을 알게 될 것이다.

이것들은 미국과 같은 국가에서 이데올로기 투쟁의 객관적 조건들이다. 따라서 우리가 단순히 올바른 분석을 개발하고 우리의 개인적 견해를 공유하며, 합리적인 논증과 대화를 통해 사람들을 설득해야 한다고 생각하는 것은 순진하다. 실제로 어떤 탄력을 받기 위해서는, 우리는 집단적으로 일해야 하며, 우리에게 유리하게 힘을 극대화하는 방법들을 찾아야 한다. 제가 제니퍼 폰스 드 레온(Jennifer Ponce de León)과 현재 작업 중인, 문화를 계급투쟁의 장소로 조사하는 책에서, 우리는 경험적으로 세 가지 다른 전술들을 구별했다. 첫째, 트로이 목마 전략은 부르주아 문화 장치의 뛰어난 기반 시설을 이용하여 그것을 자기에게 대항하여 사용함으로써, 반헤게모니적 메시지를 밀반입하고—그리하여 널리 퍼뜨리는—것으로 구성된다(부츠 라일리 Boots Riley는 이것을 성공적으로 해낸 사람의 훌륭한 예이다). 두 번째 중요한 전술은 인식의 생산, 유통, 그리고 수용을 위한 대안적 장치를 개발하는 것이다. 이 전선에서는 대체 미디어와 출판물부터 교육 플랫폼, 문화 공간, 활동가 네트워크, 그리고 지역사회 센터에 이르기까지 많은 중요한 노력들이 진행 중이다. 폰스 드 레온과 저는 둘 다 이러한 종류의 작업에 헌신적인 비판이론 공동연구모임에 참여하고 있다. 마지막으로, 부르주아지로부터 힘을 극대화한 국가들에서 발전된 사회주의적 장치들이 있다. 그들이 생산하는 뉴스, 정보, 그리고 문화는 자본주의 문화 장치에 대한 진정한 대안을 제공한다. 서반구에서 단 두 가지 주요 예를 들자면, 쿠바의 프렌사 라티나(Prensa Latina)와 베네수엘라의 텔레수르(Telesur)는 엄청나게 중요한 일을 하고 있다.

우리가 필요한 혁명 이론의 종류에 관해서, 저는 챙 엔푸와 더할 나위 없이 동의한다. 그는 많은 다른 이들의 작업을 따르고 더 발전시키면서, 맑스주의는 창의적이며 정기적으로 변화하는 상황에 적응되어야 한다고 설득력 있게 주장한다. 결코 돌에 새겨진 교리가 아니라, 그것은 로수도가 시대에 따라 변화하는 학습의 과정이라고 부른 것이다. 우리의 현재 순간에는, 이 전선에서 해야 할 많은 작업이 있다. 가장 시급한 문제들 중 세 가지만 강조하자면, 우리는 파시즘, 세계대전, 그리고 생태계 붕괴를 모두 이해하고 멈출 수 있는 혁명 이론을 더 발전시켜야 한다. 제가 제국주의 핵심부에 살고 조직하기 때문에, 저는 또한 지금까지 국가 권력 장악에 무감각한 이 특정 지역에서 혁명 이론과 실천을 발전시키는 것이 필수적이라고 덧붙일 것이다.

전체적으로 가장 중요한 혁명 이론은 사회주의 건설이라는 복잡하고 어려운 임무를 지원하는 이론이다. 1917년 이후 많은 놀라운 일들이 있었고, 많은 것을 배웠다. 국제 상황은 오늘날 제3인터내셔널의 전성기나 소위 냉전기보다 매우 다르게 보인다. 사회주의 국가들은 국가 발전을 집중하는 자본주의 국가들과 함께 제국주의 세계 질서에 맞서 밀어붙이는 새로운 국제적 틀(BRICS+, 일대일로 이니셔티브, 상하이 협력 기구, ASEAN 등)을 구축하기 위해 협력하고 있다. 서부 및 중앙아프리카 전역의 최근 봉기들은 그 지역에서 프랑스의 신식민주의 체제와 서구 제국주의의 감옥에 도전했다. 이러한 그리고 다른 반식민주의 해방투쟁들과 떠오르는 다극 세계를 이해하고 추진하는 것은 중요한 이론적, 실천적 임무이다. 동시에, 제국주의 세계 질서에 대한 쟁점과 다극화의 발전이 어떻게 사회주의 프로젝트의 확장을 위한 이정표가 될 수 있는지를 명확히 설명할 수 있는 것은 가장 중요하다. 이것은 우리 시대의 가장 시급한 문제들 중 하나이다.

     맑스주의와 포스트모더니즘 신좌파 다원주의 이데올로기 비판

CIA와 문화 냉전 재고찰

제임스 페트라스[James Petras, 출처: 먼슬리 리뷰(1999. 11.)]

프랜시스 스토너 손더스의 저서, 《누가 자금을 댔는가: CIA와 문화 냉전》(런던: Granta Books)은 미국중앙정보국(CIA)이 위장단체(front groups)와 포드 재단, 록펠러 재단과 같은 친숙한 자선 단체들을 통해 방대한 문화 조직들을 어떻게 침투하고 영향력을 행사했는지에 대한 상세한 기록을 제공한다.

저자 프랜시스 스토너 손더스는 CIA가 어떻게, 그리고 왜 문화 회의를 운영하고, 전시회를 열고, 콘서트를 조직했는지를 자세히 설명한다. CIA는 또한 워싱턴의 입장을 따르는 유명 작가들의 출판과 번역을 지원했고, 어떤 사회적 내용이 담긴 예술에 대항하기 위해 추상 미술을 장려했으며, 전 세계적으로 맑스주의, 공산주의, 혁명 정치를 비판하고 폭력적이고 파괴적인 미국의 제국주의 정책을 변호하거나 못 본척하는 잡지들에 보조금을 지급했다. CIA는 이러한 정책들을 위해 서방의 지적 자유를 가장 목소리 높여 주장하는 사람들 중 일부를 동원할 수 있었는데, 일부 지식인들은 CIA에 직접 급여를 받는 지경에 이르렀다. 많은 이들이 CIA "사업"에 고의로 연루되었고, 다른 이들은 그 궤도를 벗어났다가 다시 들

어갔으며, 1960년대 후반과 베트남 전쟁 시기 정치적 조류가 좌경화된
이후 그들의 CIA 후원자들이 공개적으로 폭로된 후에는 CIA와의 연계
를 모른 척했다.

　직간접적으로 자금을 지원받은 미국 및 유럽의 반공 출판물에는 〈파르
티잔 리뷰(Partisan Review)〉, 〈케니언 리뷰(Kenyon Review)〉, 〈뉴 리
더(New Leader)〉, 〈인카운터(Encounter)〉 등이 포함되었다. CIA의 자
금 지원과 홍보를 받은 지식인들에는 어빙 크리스톨(Irving Kristol), 멜
빈 라스키(Melvin Lasky), 이사야 베를린(Isaiah Berlin), 스티븐 스펜
더(Stephen Spender), 시드니 후크(Sidney Hook), 다니엘 벨(Daniel

조지 오웰의 반공주의 소설 《1984》 표지

　　　　맑스주의와 포스트모더니즘 신좌파 다원주의 이데올로기 비판

Bell), 드와이트 맥도널드(Dwight MacDonald), 로버트 로웰(Robert Lowell), 한나 아렌트(Hannah Arendt), 메리 매카시(Mary McCarthy) 등, 미국과 유럽, 그밖에 수많은 이들이 있었다.

유럽에서 CIA는 특히 "민주적 좌파"와 전(前) 좌파들, 이그나치오 실로네(Ignacio Silone), 스티븐 스펜더(Stephen Spender), 아서 쾨슬러(Arthur Koestler), 레이몽 아롱(Raymond Aron), 앤서니 크로스랜드(Anthony Crosland), 마이클 조셀슨(Michael Josselson), 조지 오웰(George Orwell) 등을 관심 있게 지원하고 선전했다.

시드니 후크와 멜빈 라스키의 추진에 따라 CIA는 문화적 나토(NATO)와 같은 '문화자유회의(Congress for Cultural Freedom)'에 자금을 지원하는 데 결정적인 역할을 했으며, 이 모임은 모든 종류의 "반스탈린주의" 좌파와 우파를 한데 묶었다. 그들은 마음껏 서방의 문화적, 정치적 가치를 방어하고, "스탈린주의 전체주의"를 공격하며, 미국의 인종주의와 제국주의를 조심스럽게 피해 다닐 수 있었다. 가끔씩 미국 대중 사회를 부분적으로 비판하는 글이 CIA의 보조금을 받는 잡지에 실리기도 했다.

이 CIA 자금 지원 지식인 집단이 특히 기이했던 점은 그들의 정치적 편파성뿐만 아니라, 그들이 사리사욕 없는 진실 탐구자, 반(反)권위적 인본주의자, 자유로운 정신의 지식인, 또는 예술을 위한 예술의 신봉자라고 가장하며, 스탈린주의 체제의 부패한 "범죄 집단" 내부 "고용인"들과 자신들을 대비시킨 것이었다.

그들이 CIA 연계를 모른다는 주장은 믿을 수 없다. 그들은 어떻게 그 기간 동안 미국 남부 전역에서 수많은 린치 사건에 대한 기본적인 비판이 그 잡지들에 전혀 실리지 않는 것을 무시할 수 있었을까? 그들은 어떻게 수백만 명의 사망자를 초래한 미국의 제국주의적 개입(과테말라, 이란, 그리스, 한국)에 대한 비판이 그들의 문화회의 동안 전혀 이루어지지 않는 것을 무시할 수 있었을까? 그들은 어떻게 그들이 글을 쓰는 잡지들에서 당대의 모든 제국주의 범죄에 대한 노골적인 변명이 나오는 것을 무시할 수 있었을까? 그들은 모두 병사들이었다. 후크와 라스키처럼 말재주 좋고, 신랄하고, 무디고, 논쟁을 좋아하는 이들도 있었고, 스티븐 스펜더처럼 우아한 에세이스트나 조지 오웰처럼 독선적인 정보 제공자도 있었다. 손더스는 CIA 내 WASP[31] 아이비리그 엘리트들이 실세로 있고, 신랄한 유대인 출신 전(前) 좌파들이 좌파 이질분자들에게 으르렁거리는 모습을 묘사한다.

1960년대 후반 진실이 드러나고 뉴욕, 파리, 런던의 "지식인"들이 이용당했다고 분개하는 척했을 때, CIA는 보복했다. CIA 국제기구부를 지휘했던 톰 브라덴(Tom Braden)은 그들 모두 누가 자신들의 월급과 보조금을 지불했는지 알았어야 했다고 상세히 설명하며 그들의 정체를 폭로했다(397-404).

브라덴에 따르면, CIA는 그들의 "문학적 허세"[CIA 강경파 코드 메이어(Cord Meyer)가 후크, 크리스톨, 라스키의 반스탈린주의 지적 연습을 지칭한 말]에 자금을 지원했다. 자칭 "민주적 좌파"의 가장 권위 있고 유명

---

31   WASP는 "White Anglo-Saxon Protestant"로 미국 사회를 지배하는 백인 중에서 특히 잉글랜드 출신의 영국계, 기독교 중 신교도인을 말한다(역주).

한 출판물(〈인카운터〉, 〈뉴 리더〉, 〈파르티잔 리뷰〉)에 대해, 브라덴은 그 자금이 CIA에서 왔으며 "한 요원이 〈인카운터〉의 편집자가 되었다"고 썼다(398). 1953년까지 브라덴은 "우리는 모든 분야에서 국제기구를 운영하거나 영향력을 행사하고 있었다(398)"고 썼다.

    손더스의 책은 CIA 지식인 요원들이 문화 전선에서 어떻게 미국 제국주의 이익을 방어했는지에 대한 몇 가지 중요한 질문들에 유용한 정보를 제공한다. 또한 CIA 지식인들이 옹호한 이데올로기 및 예술적 입장의 장기적 결과에 대한 중요한 논의를 시작한다.

    손더스는 (후크, 크리스톨, 라스키가 주장한) CIA와 그 친화 재단들이 아무런 조건 없이 원조를 제공했다는 주장을 반박한다. 그녀는 "CIA의 보조금을 받은 개인과 기관들은 선전전의 일부로서 역할을 수행할 것으로 기대되었다"는 것을 입증한다. 가장 효과적인 선전은 CIA에 의해 "대상이 자기 스스로 했다고 믿으면서 당신이 원하는 방향으로 움직이는" 종류로 정의되었다. CIA는 그들의 "민주적 좌파" 자산들이 가끔 사회 개혁에 대해 지껄이는 것은 허용했지만, 그들이 가장 관심을 가지고, 가장 관대하게 자금을 지원하고, 집중적으로 홍보한 것은 서방 맑스주의자들과 소련 작가 및 예술가들에 대한 "반스탈린주의" 논쟁과 문학적 비난이었다. 브라덴은 이를 공산주의와의 싸움에서 CIA와 유럽 "민주적 좌파" 사이의 "수렴"이라고 불렀다. "민주적 좌파"와 CIA의 협력에는 프랑스에서의 파업 파괴, 스탈린주의자들에 대한 정보 제공(오웰과 후크의 정보 제공), 그리고 좌파 예술가들이 인정을 받지 못하도록 비밀 비방 캠페인[1964년 파블로 네루다(Pablo Neruda)의 노벨상 후보 지명 포함(351)]이 포함되었다.

문화냉전과 가장 밀접한 관련이 있는 미국 정부의 기관으로서 CIA는 제2차 세계대전 직후 기간에 유럽에 집중했다. 약 20년에 걸친 자본주의 전쟁, 경제 대공황, 그리고 전후 점령을 경험한 유럽의 지식인과 노동조합원들의 압도적 다수는 반자본주의였으며 특히 미국의 패권적 야망에 비판적이었다. 공산주의의 매력과 유럽 공산당(특히 프랑스와 이탈리아)의 성장을 막기 위해 CIA는 두 단계의 프로그램을 고안했다. 한편으로, 손더스가 주장하듯이, 일부 유럽 작가들은 명시적인 "반공 프로그램"의 일부로 장려되었다. CIA 문화 위원의 "적합한 원고"에 대한 기준에는 "우리가 객관적(?)이고 설득력 있으며 시의적절하다고 판단되는 소련 외교 정책과 통치 형태로서의 공산주의에 대한 어떠한 비판"도 포함되었다.

　　　맑스주의와 포스트모더니즘 신좌파 다원주의 이데올로기 비판

CIA는 실로네, 쾨스틀러, 지드(André Gide)[32]처럼 환멸을 느낀 전(前) 공산주의자들의 출판을 특히 열망했다.

CIA는 파리, 베를린, 벨라지오(코모 호수를 내려다보는)에서 호화로운 회의에 자금을 지원함으로써 반공 작가들을 활성화 시켰는데, 그곳에서 이사야 벌린(isaiah berlin), 다니엘 벨, 체스와프 밀로슈(Czesław Miłosz) 같은 객관적인 사회 과학자들과 철학자들이 그들의 가치(그리고 서방의 자유와 지적 독립의 미덕)를 그들의 CIA 후원자들이 정의한 반공 및 친(親)워싱턴의 범위 내에서 설교했다. 이 권위 있는 지식인들 중 그 누구도 식민지 인도차이나와 알제리에서의 대량 학살, 미국 지식인들에 대한 마녀사냥, 또는 미국 남부의 준군사 조직(쿠 클럭스 클랜 KKK)에 의한 린치에 대한 미국의 지원에 대해 의심이나 질문을 제기할 엄두도 내지 못했다. 그러한 평범한 우려들은 시드니 후크, 멜빈 라스키, 그리고 거의 파산 상태인 자신들

---

32 소설 《좁은 문》의 작가이기도 한 앙드레 지드는 한때 프랑스 공산당 당원이었다. 지드는 1936년 소련을 여행하고 와서 《소련 기행》을 남겼는데 이 내용이 반소비에트적이어서 파문을 일으켰다. 한국의 극우 언론에서도 이를 소개하고 있다.
 "지난 3년간 마르크스주의 서적에 몰두해 있었는데 소련에 들어서면서 마치 미지의 나라에 온 기분이 들었다. …나는 최상의 것과 보통의 것의 차이가 엄청난 것에 놀랐다. 너무나 비참한 일반 소련인들의 것과 비교할 때 나에게 주어진 특권이 지나친 것으로 보였다. …나는 한창 번성하고 있는 콜호즈(колхóз, 소련 집단농장)의 주택들을 여러 곳 방문했다. 나는 이제 그때 그 주택 내부에서 번져 나오던 기이하고 서글픈 인상을 설명하려고 한다. 그것들은 전혀 개성이 없었다. 어느 집이나 모두 똑같은 초라한 가구들이 놓여 있었다. 아주 조그만 물건조차 전혀 없었고 사소한 개인 물품도 없었으니 각자 개인의 주택은 얼마든지 맞바꿀 수 있을 듯했다. 여기 소련에서는 모든 사람의 행복은 개인의 비개성화로 얻어진다. 그러므로 행복해지기 위해서는 모두가 서로 닮고 생각도 일치해야만 하는 것이다"(『소련 기행』 중, 출처: https://www.npknet.org/news/articleView.html?idxno=1137,역주).

의 문학 사업을 위해 열심히 자금을 구걸하던 〈파르티잔 리뷰〉 무리들에게는 오직 "공산주의자들의 손을 들어주는" 것에 불과했다. 소위 권위 있는 반공 문학 및 정치 잡지들 중 상당수는 CIA의 보조금(수천 부를 사서 나중에 무료로 배포한)이 없었다면 오래전에 문을 닫았을 것이다.

CIA가 운영한 두 번째 문화 트랙은 훨씬 더 미묘했다. 여기서는 교향곡, 미술 전시회, 발레, 극단, 그리고 유명한 재즈 및 오페라 연주자들을 지원하여 유럽 내 반제국주의 정서를 중화시키고 미국 문화와 정부에 대한 이해를 창출하는 것을 명시적 목표로 삼았다. 이 정책 뒤에 있는 아이디어는 미국 문화를 선보여, 그 군사−경제 제국을 지지하는 문화적 패권을 얻기 위한 것이었다. CIA는 특히 유럽에 흑인 예술가들—특히 가수 [메리언 앤더슨(Marian Anderson) 같은], 작가, 그리고 음악가들[루이 암스트롱(Louis Armstrong) 같은]—을 보내는 데 열성적이었는데, 이는 워싱턴의 인종차별적 국내 정책에 대한 유럽의 적대감을 중화시키기 위함이었다. 만약 흑인 지식인들이 미국의 예술 각본을 따르지 않고 명시적 비판으로 빠진다면, 작가 리처드 라이트(Richard Wright)의 경우처럼 그들은 정치적 명단에서 추방되었다.

겉으로는 비정치적 예술 활동들의 지적 의제에 대한 CIA의 정치적 통제 정도는 드와이트 맥도널드가 제출한 독단적인 기사에 대한 〈인카운터〉 편집자들(라스키와 크리스톨 등)의 반응을 통해 분명히 드러났다. 독단적인 아나키스트 지식인인 맥도널드는 CIA가 운영하는 문화자유회의와 〈인카운터〉의 오랜 협력자였다. 1958년, 그는 <인카운터>에 "America America"라는 제목의 기사를 썼는데, 그곳에서 그는 미국 대중문화, 그 거친 물질주의, 그리고 예의 없는 태도에 대한 혐오감을 표현했다. 그것은 CIA와 <인카운터>의 공산주의에 대한 문화 전쟁에서 주요 선전 자료였던 미국적 가치에 대한 반박이었다. 맥도널드의 "타락한 미국 제국"에 대한 공격은 CIA와 <인카운터> 내 그들의 지식인 요원들에게는 너무 지나친 것이었다. 브라덴이 지식인들에게 한 지침에서 명시했듯이 "CIA 자금을 받는 조직들은 미국 정책의 모든 측면을 지지하도록 요구받아서는 안 되지만", 변함없이 한계점-특히 미국 대외 정책과 관련된-이 존재했다(314). 맥도널드가 <인카운터>의 전(前) 편집자임에도 불구하고, 그 기사는 거부되었다. <인카운터> 두 번째 호에 글을 쓴 니콜라 키아로몬테(Nicola Chiaromonte) 같은 냉전 작가들의 신앙고백 같은 주장, 즉 "어떤 지식인도 타락하지 않았다면 외면할 수 없는 의무는 허구를 폭로하고 '유용한 거짓말'을 진리라고 부르지 않을 의무이다"라는, 서양의 '유용한 거짓말'은 <인카운터>와 그 유명한 필자들에게 확실히 적용되지 않았다.

손더스의 책에서 가장 중요하고 매혹적인 논의 중 하나는 CIA와 그 동맹자들이 뉴욕 현대미술관(MOMA, Museum of Modern Art)에서 막대한 자금을 투입하여 사회적 내용이 담긴 예술에 대한 해독제로서 추상 표현주의(AE) 회화와 화가들을 지원했다는 사실이다. 추상 표현주의를 지원함으로써, CIA는 의회의 우익을 떨쳐냈다. CIA가 추상 표현주의에서 본 것은 "반공 이데올로기, 자유 이데올로기, 자유 기업 이데올로기"였다. "비구상[33]적이고 정치적으로 침묵하는 그것은 사회주의 리얼리즘의 정반대였다(254)".

그들은 추상 표현주의를 국민 의지의 진정한 표현으로 보았다. 우익의 비

---

33 구상미술(Figurative Art)은 추상미술과는 달리 자연을 보이는 대로 묘사하는 미술이다(역주).

판을 우회하기 위해 CIA는 민간 부문(즉 현대 미술관과 그 공동 설립자 넬슨 록펠러)로 눈을 돌렸으며, 그는 추상 표현주의를 "자유 기업 그림"이라고 불렀습니다. 뉴욕 현대미술관의 많은 이사들은 CIA와 오랜 관계를 맺고 있었고 추상 표현주의를 문화 냉전의 무기로 선전하는 데 기꺼이 도움을 주었다. 추상 표현주의의 막대한 자금 지원을 받은 전시회가 전 유럽에서 열렸고, 미술 비평가들이 동원되었으며, 미술 잡지들이 아낌없는 찬사 글을 쏟아냈다. 뉴욕 현대 미술관과 CIA가 운영하는 페어필드 재단(Fairfield Foundation)의 결합된 경제적 자원은 유럽의 가장 권위 있는 갤러리들의 협력을 보장했고, 이들은 차례로 유럽 전역의 미학에 영향을 미칠 수 있었다.

"자유 예술" 이데올로기로서의 추상 표현주의[조지 케난(George Kennan), 272]는 유럽의 정치적으로 헌신적인 예술가들을 공격하는 데 사용되었다. 문화자유 회의(CIA 전면 조직)는 명시적인 정치적 행위로, 구상적 또는 사실주의 미학보다 추상 회화를 지지하며 그 영향력을 행사했다. 추상 표현주의의 정치적 역할에 대해 논평하며, 손더스는 다음과 같이 지적했다.

> 미국 미술이 문화 냉전에서 수행한 역할의 놀라운 특징 중 하나는 그것이 그 사업의 일부가 되었다는 사실이 아니라, 그렇게 고의로 비정치적이라고 선언한 운동이 그렇게 강렬하게 정치화될 수 있었다는 점이다(275).

CIA는 비정치적 예술가와 예술을 자유와 연관시켰다. 이것은 유럽 좌파의 예술가들을 중화시키기 위한 것이었다. 물론 아이러니는 그 비정치적 태도가 좌파에게만 해당된다는 점이었다.

그럼에도 불구하고, CIA와 그 문화 조직들은 전후 예술관을 깊이 있게

     맑스주의와 포스트모더니즘 신좌파 다원주의 이데올로기 비판

형성할 수 있었다. 많은 유명 작가, 시인, 예술가, 그리고 음악인들은 정치로부터의 독립을 선언하고 예술을 위한 예술의 신념을 선포했다. 정치적 참여와 단절된 자유로운 예술가 또는 지식인이라는 맹목적 신념이 우위를 점했으며 오늘날까지도 널리 퍼져 있다.

손더스가 CIA와 서양 예술가 및 지식인들 사이의 연계에 대해 매우 상세하게 제시했음에도 불구하고, 그녀는 CIA의 기만과 반대 세력에 대한 통제의 필요성에 대한 구조적 이유를 탐구하지 않고 있다. 그녀의 논의는 주로 소련 공산주의와의 정치적 경쟁과 갈등의 맥락에서 이루어진다. CIA의 문화 냉전을 계급투쟁, 토착적 제3세계 혁명, 그리고 미국 제국주의 경제 지배에 대한 독립적인 맑스주의적 도전의 맥락에서 위치시키려는 진지한 시도는 없다. 이것은 손더스로 하여금 다른 것들을 희생시키면서 일부 CIA 사업을 선택적으로 칭찬하고, 다른 요원들보다 일부 요원들을 칭찬하게 만든다. CIA의 문화 전쟁을 제국주의 체제의 일부로 보기보다는, 손더스는 그 기만적이고 독특한 반응적 성격을 비판하는 경향이 있다. 동유럽과 구소련에 대한 미국-나토의 문화적 정복은 문화 전쟁이 방어적 행동이었다는 어떤 생각도 떨쳐버려야 한다.

문화 냉전의 기원 자체는 계급투쟁에 뿌리를 두고 있다. 초기부터 CIA와 그들의 미국노동총동맹-산별노조협의회(AFL-CIO)[34] 요원들인 어빙

---

34 1955년 미국노동연맹(AFL)과 산별조직회의(CIO)가 합병하여 만들어진 미국 노총은 노사협조주의를 표방하며 철저한 반공주의를 표방하며 미제국주의의 도구 역할을 수행했다. 이에 대해서는 "블루칼라 제국: 미국노총의 은밀한 관행 〈리뷰〉 미국 노동계의 글로벌 반공주의 운동에 관한 알려지지 않은 이야기"[루스 니들먼(Ruth Needleman), 참세상, 2024.11.19.] 기사에 잘 나와 있다(역주).

브라운(Irving Brown)과 제이 러브스톤(Jay Lovestone) (전(前) 공산주의
자들)은 사회 민주주의 노조에 자금을 지원함으로써 급진적인 노동 조합을
전복시키고 파업을 파괴하는 데 수백만 달러를 쏟아부었다(94). 문화자유회
의와 그 계몽된 지식인들은 1948년 마르세유의 갱스터들을 고용하여 부두
노동자들의 파업을 파괴한 바로 그 CIA 요원들에게 자금을 지원받았다.

제2차 세계대전 이후, 서유럽에서 구(舊) 우익(파시스트 및 허약한 자
본주의 체제와의 연계로 신뢰를 잃음)이 신뢰를 잃으면서, CIA는 반(反)
나토 노동조합원들과 지식인들을 약화시키기 위해서는 이데올로기 전쟁
을 수행할 민주적 좌파를 찾아내거나(발명하거나) 필요하다는 것을 깨달
았다. CIA의 특별부서가 우익 의회의 반대를 우회하기 위해 설정되었다.
민주적 좌파는 본질적으로 급진 좌파와 싸우고 유럽에서의 미국 패권에
이데올로기적 명분을 제공하기 위해 이용되었다. 어느 시점에도 민주적
좌파의 이데올로기적 투사들은 미국의 전략적 정책과 이익을 형성할 수
있는 위치에 있지 않았다. 그들의 임무는 질문하거나 요구하는 것이 아니
라, "서방의 민주적 가치"라는 이름으로 제국을 섬기는 것이었다. 베트남
전쟁에 대한 대규모 반대가 미국과 유럽에서 표출되고, 그들의 CIA 위장
막이 폭로된 이후에서야, CIA의 지원과 자금을 받은 지식인들 중 많은
이들이 배를 떠나 미국 대외 정책을 비판하기 시작했다. 예를 들어, 커리
어의 대부분을 CIA 급여를 받으며 보낸 후, 스티븐 스펜더는 미국의 베
트남 정책 비판가가 되었고, 〈파르티잔 리뷰〉의 일부 편집자들도 마찬가
지였다. 그들 모두는 무죄를 주장했지만, 그렇게 오랫동안 깊이 관여한
수많은 잡지들과 공짜 관광(convention junkets)에 대한 애정이 어느 정

  맑스주의와 포스트모더니즘 신좌파 다원주의 이데올로기 비판

도의 인지 없이도 일어날 수 있었다고 믿는 비판자들은 거의 없었다.

CIA의 미국, 유럽 및 기타 지역의 문화생활에 대한 관여는 중요한 장기적 결과를 낳았다. 많은 지식인들은 그 기관이 설정한 이데올로기적인 편견 내에서 활동한 덕분에 명성, 공공의 인정, 그리고 연구 자금으로 보상을 받았다. CIA 자금 지원 회의와 잡지들로부터 주목을 받은 철학, 정치 윤리학, 사회학, 그리고 예술 분야의 가장 유명한 인물들 중 일부는 CIA가 수립한 정치적 범위를 기반으로 차세대의 승진을 위한 규범과 기준을 확립하게 되었다. 능력이나 기술이 아니라, 정치-워싱턴의 노선-가 "진실"과 "탁월성" 그리고 권위 있는 학계, 재단, 박물관의 미래 지위를 정의했다.

미국과 유럽 민주적 좌파의 반스탈린주의 수사적 분출과 민주적 가치와 자유에 대한 그들의 신앙 고백은 서양의 추악한 범죄에 유용한 이데올로기적 면피였다. 다시 한번, 최근 나토의 유고슬라비아 전쟁에서 많은 민주적 좌파 지식인들은 서방과 코소보해방군(KLA)[35]과 함께 수만 명의 세르비아인들을 피비린내 나는 숙청하고 수많은 무고한 민간인들을 살해하는 데 동조했다.

반스탈린주의가 냉전 시기 민주적 좌파의 아편이었다면, 인권 개입주의는 오늘날 같은 마취 효과를 내며 현대 민주적 좌파들을 현혹시키고 있다.

CIA의 문화 캠페인은 오늘날 비정치적으로 보이는 지식인, 학자, 예술가들을 위한 원형을 창출했다. 이들은 대중 투쟁에서 벗어나 노동자 계

---

35 코소보 해방군은 알바니아계 분리주의 민병대로 나토의 지원을 받으며 민간인 학살과 전쟁범죄를 자행하였다(역주).

급과 거리를 두고 권위 있는 재단과의 근접성으로 인해 가치가 올라간다. CIA의 성공적인 전문가 역할 모델은 이데올로기적 파수꾼으로서, 계급 투쟁, 계급착취, 미국 제국주의 같은 용어는 "이데올로기적"이지 "객관적" 범주가 아니라면서 이에 대해 비판적 글을 쓰는 지식인들을 배제한다.

CIA의 문화자유회의 무리들이 미친 유일하고 지속적이며 해로운 영향은 그들의 미국 제국주의 정책에 대한 구체적 방어가 아니다. 그들의 성공은 영향력 있는 문화 및 정치 매체에서 미국 제국주의에 대한 일체의 지속적 논의도 배제한다는 관념을 이후 세대의 지식인들에게 주입시키는 데 있었다. 문제는 오늘날의 지식인이나 예술가들이 이러저러한 문제에 대해 진보적 입장을 취할 수도 있고 안 할 수도 있다는 것이 아니다. 문제는 작가와 예술가들 사이에 만연한 믿음, 즉 그들의 작품이 상당한 예술적 가치를 지닌 것으로 간주되려면 반제국주의 사회적 및 정치적 표현이 그들의 음악, 그림, 그리고 진지한 글에 나타나서는 안 된다는 믿음이다. CIA의 지속적인 정치적 승리는 지식인들에게 좌파의 진지하고 지속적인 정치적 참여가 진지한 예술 및 학문과 양립 불가능하다고 설득하는데 있었다. 오늘날 오페라 하우스, 극장, 미술관, 그리고 학자들의 전문가 모임에서 CIA의 냉전 가치들은 눈에 띄고 널리 퍼져 있다. 누가 벌거벗은 임금님의 몸뚱이를 폭로할 용기가 있는가?

제임스 페트라스(James Petras) 소개

뉴욕 주 빙엄턴 대학교(Binghamton University)의 바틀 명예 교수(사회학)이다(현재는 은퇴했다).

그는 보스턴 대학교에서 B.A., 캘리포니아 대학교 버클리 캠퍼스에서 박사 학위를 받았다. 29개 언어로 출판된 68권의 책과 〈아메리칸 소시오로지칼 리뷰(American Sociological Review)〉, 〈브리티시 저널 오브 소시오로지(British Journal of Sociology)〉, 〈소셜 리서치(Social Research)〉, 〈저널 오브 컨템포러리 아시아(Journal of Contemporary Asia)〉, 〈저널 오브 페전트 스터디스(Journal of Peasant Studies)〉 등 전문 학술지에 560편 이상의 논문을 발표했다. 또한 〈뉴욕 타임스(New York Times)〉, 〈가디언(The Guardian)〉, 〈네이션(The Nation)〉, 〈크리스찬 사이언스 모니터(Christian Science Monitor)〉, 〈포린 폴리시(Foreign Policy)〉, 〈뉴 레프트 리뷰(New Left Review)〉, 〈파티잔 리뷰(Partisan Review)〉, 〈탕 모데른(Temps Moderne)〉, 〈르 몽드 디플로마티크(Le Monde Diplomatique)〉 등 비전문 잡지에 2,000편 이상의 글을 기고했다.

주요 저서

- 《미국 내 이스라엘의 권력(The Power of Israel in the United States)》
- 《가면을 벗은 세계화: 21세기 제국주의(Globalization Unmasked: Imperialism in the 21st Century)》[헨리 벨트마이어(Henry Veltmeyer)와 공저]
- 《신추출주의: 후기 신자유주의 발전 모델이냐 21세기 제국주의냐(The New Extracism: A Post-Neoliberal Development Model or Imperialism of the 21)(헨리 벨트마이어와 공저)
- 《위기에 처한 체제 자본주의 자유시장의 역동성(System In Crisis The Dynamics of Free Market Capitalism)》(헨리 벨트마이어와 공저)

민족과 계급

1장
프롤레타리아 국제주의와
사회주의 애국주의는 대치되는가?

1. 프롤레타리아 국제주의의 성립

"의인동맹"이 내건 "모든 사람은 형제이다!"다는 구호는 맑스·엥겔스의 적극적 결합으로 최초의 프롤레타리아 정당이라 할 수 있는 〈공산주의자동맹〉으로 발전하면서 이 구호 대신에 "만국의 노동자는 단결하라"는 구호로 발전하였다. 《공산당선언》에서 표명된 "노동자에게는 조국이 없다!", "전 세계 프롤레타리아여 단결하라!"는 구호는 오늘날까지 전 세계 노동자계급의 국제주의 원칙을 상징하는 전투적 구호로 남아 있다. 지금도 매해 노동절에는(노동절에만!) 전 세계 노동자의 국제적 단결의 목소리가 전 세계로 울려 퍼지고 있다.

선언이 쓰이기 시작하고 발표된 시점인 1847년 11월에서 1848년 2월의 시기에는 여전히 봉건체제에 맞서 싸우는 투쟁이 한참 진행되고 있었으나 영국, 프랑스 그 뒤를 이어 독일 등에서는 부르주아지가 이미 권력을 잡거나 시도 중에 있었다.

18세기에 이미 산업혁명을 완수하고 자본주의 발전을 계속했던 영국에서는 입헌군주제 형태로 봉건체제와 타협을 하면서 부르주아지가 권력을 장악하였다. 영국에서는 이에 따라 노동자계급이 성장하면서 10시간 노동법 제정을 위한 투쟁과 차티스트 운동이 활발하게 벌어지면서 계급투쟁이 치열하게 전개되었다.

독일에서는 1844년 6월 프로이센 영 실레지엔에서 직포공들이 야만적 착취와 임금인하에 맞서 봉기를 일으켰으나 군대를 동원한 지배계급의 공격으로 여성과 어린이를 포함해 11명이 살해되고 24명이 중경상을 입고 150명이 체포되기도 하였다.

이미 1789년에 부르주아 대혁명이 일어났다가 다시 지롱드당의 테르미도르 반동과 나폴레옹의 권력 장악에 이어 1830년 7월 왕정으로 복귀한 프랑스에서는 선언 발표 시점인 1848년 2월에는 프랑스 부르주아가 혁명으로 다시 권력을 장악했다. 그러나 이때 프랑스 부르주아지는 1789년 대혁명 이후 로베스피에르, 생쥐스트 등이 지도자였던 자꼬뱅의 급진 부르주아지가 아니라 반동적 부르주아였다. 2월 혁명에 앞장섰던 노동자계급은 부르주아에게 배신을 당하고 권리를 박탈당하자 4개월 뒤인 6월에 봉기에 나섰으나 부르주아 권력은 3천 명 노동자들을 학살하고 수천 명을 투옥하는 것으로 잔인하게 보복 대응을 하였다.

비록 독일을 예로 들었지만 공산당선언에서는 이를 예언이라도 한 것처럼, "공산당은 부르주아지가 혁명적으로 행동할 때에는 부르주아지와 공동으로" 싸우지만, "그러나 공산당은 부르주아지와 프롤레타리아트의 적대적인 대립에 대한 가장 명료한 의식을 노동자에게 주입시키기 의해 잠시도 태만히 하지 않는다. 이런 것은 부르주아지의 지배와 함께 초래될 사회적 및 정치적 제 조건을 독일의 노동자가 바로 그대로 무기로써 부르주아에 대항하여 사용할 수 있게 하는 것"이라며 권력을 잡게 될 부르주아지에 맞서 독자적으로 싸울 것을 주문하였다.

그 전에 노동자 투쟁이 없었던 것은 아니지만, 프랑스 6월 봉기는 현대 사회 최초의 자본가 계급 대 노동자계급의 전면적인 계급전쟁이라고 할 수 있을 투쟁으로 1871년 파리꼬뮌의 전초전이었다.

이후 1850년대 말 1860년대 초에는 발전한 자본주의 국가들에서 세계 최초의 공황(1857년)이 발생하여 영국, 미국 등 여러 나라에서는 파업투쟁이 첨예하게 전개되었고 노동조합이 이때를 전후로 우후죽순 생겨났다. 이와 함께 여전히 활발한 공화제를 쟁취하기 위한 반봉건 민주주의 투쟁과 함께 독일, 이탈리아에서의 민족통일을 위한 투쟁, 폴란드와 아일랜드에서는 민족억압에 맞서는 투쟁, 미국에서는 남북전쟁의 와중에 노예제에 맞서 싸우는 투쟁이 복합적으로 전개되었다. 맑스와 엥겔스에게 국제주의는 노동자계급의 단결과 함께 국제적으로 전개되는 반봉건 민주주의 투쟁과 진보적인 민족통일운동, 민족억압, 노예제에 맞서 싸우는 투쟁에 적극 결합하는 것으로 풍부해지고 확장되게 되었다.

이처럼 고양되는 노동자계급과 인민의 투쟁, 민족적 투쟁을 하나로 결합하여 중앙집중적으로 지도할 필요성을 느꼈던 맑스와 엥겔스는 국제적인 수준의 프롤레타리아당 창건에 박차를 가했다. 마침내 1864년 9월 28일 런던의 세인트 마틴 홀에서 '국제노동자협회(International Working Men's Association)', 즉 1차 국제인터내셔널이 창립되어 선언에서 표명되었던 노동자의 국제적 단결의 사상이 실현되었다.

국제노동자협회 전문에 실린 그 내용은 다음과 같다.

　　　맑스주의와 포스트모더니즘 신좌파 다원주의 이데올로기 비판

　　노동자계급의 해방은 노동자계급 자신에 의해 이룩되어야만 한다. 노동자계급의 해방을 위한 투쟁은 계급특권과 독점을 위한 투쟁이 아니라 평등의 권리·의무와 모든 지배계급의 폐지를 위한 투쟁이다….

　　지금까지 이 큰 목적을 지향하는 노력들은 모두 각국의 다양한 노동부문 사이에 연대가 없었고, 또 여러 나라의 노동자계급 사이에 형제적 우애의 연대가 없었기 때문에 실패로 돌아갔다. 노동의 해방은 국지적 문제도, 하나의 민족적 문제도 아니며, 근대사회가 존재하는 모든 나라들을 포괄하며, 가장 선진적인 나라들의 실천적 및 이론적 협력이 있어야 해결될 사회문제다(W.Z. 포스터, 《세계 사회주의 운동사》, 동녘).

　　노동자계급의 해방은 단결된 노동자들의 국제적 수준의 투쟁으로만 성취될 수 있다는 것이다. 이러한 전투 구호에 맞서는 부르주아의 구호는 "분열하여 통치한다"이다. 부르주아가 이 구호를 공공연하게 내걸지는 않지만 지금까지도 통치전략으로 삼고 있다. 자본가들은 국가 내부 노동자계급 내부의 분열 야기는 물론이고 국가 간, 민족 간 대립과 분열을 야기해 전 세계를 지배하고 있다.

　　맑스가 '선언'에서 내건 "노동자에게 조국이 없다"는 명제는 "가지고 있지 않은 것을 그들로부터 빼앗을 수는 없다"는 그다음 문장에 분명하게 표현되고 있다. 국가는 "국민국가"이고 그 국가에 속한 노동자계급과 인민들은 "국민"으로 표현되고, 심지어 우리에게도 한 때 "국민의 정부"를 표명하는 권력이 있었다. 그러나 부르주아의 국민선언에도 불구하고 노동자계급과 인민들은 기업과 토지 등 생산수단 소유권으로부터 철저하게 배제당했으며, 재산소유로부터 배제당하고 가난한 생활을 전전했으며,

보통선거권의 도입 이전에는 말할 것도 없고 보통선거권의 도입 이후에도 선거 시기를 끝나면 정치적 권리로부터 철저하게 배제 당했다. 생산수단의 소유자들, 부자들, 통치배들과 그 무리들을 제외하면 국민들은 실제로는 "비국민"으로 살고 있다. 그리고 자본가들은 조국의 이익, 국가의 이익(애국주의, 국가주의)을 내세워 노동자들에 대한 억압과 착취를 정당화하고, 다른 나라, 민족 간 대립과 경쟁을 부추기고 민족억압을 정당화했다. 제국주의 시대, 식민지, 반식민지를 차지하는 위한 제국주의 국가, 제국주의 독점자본 간 대립과 전쟁, 파괴와 학살이 자행되는 시대에는 "노동자에게 조국은 없다", "가지고 있지 않은 것을 그들로부터 빼앗을 수는 없다"는 명제는 더 선명하게 진리의 등불로 빛나고 있다.

전 세계 노동자들은 국경과 종교, 인종, 성별을 넘어 하나로 단결해야 하는데, 그 단결의 조건을 규정짓는 것은 이런 분열적·대립적·분리적 요소들이 실존하지만 이를 뛰어넘는 하나의 계급적 소속이자 착취 받는 노동자의 공통된 처지이다. 그리고 전 세계 노동자들이 단결해야 하는 이유는 이뿐만 아니라 당위적, 운동적 의미가 있다. 자본의 국제화는 노동자계급의 국제적 단결의 필요성을 마련하기도 한다. 분열되어서는 부르주아지, 제국주의자들에 맞선 투쟁해서 승리할 수 없다. 나라별로, 나라 내에서 수없이 많은 분열적 요소들, 심리적, 물리적 분열적 책동들에 맞서 국내외적으로 공고하게 단결해야 한다.

　　맑스주의와 포스트모더니즘 신좌파 다원주의 이데올로기 비판

2. 노동자의 국제적 단결의 명제로부터 끌어낸 잘못된 정치적 결론

　이러한 국제주의 명제로부터 잘못된 결론 심지어 심각한 정치적 결론을 끌어내는 경우가 다반사다. 국경과 종교, 인종, 성별을 넘어 하나로 단결해야 한다는 명제가 주어진 국가 소속이 없거나 종교와 인종 자체가 없다거나 자연적 성별이 애초에 없다는 것을 의미하는 것으로 나아간다면 심각하게 사태를 곡해하는 것이다.

　노동자국제주의는 국가 단위의 운동을 부정하거나 국제혁명을 내세워 일국 단위에서의 혁명을 건너뛰고 비약하는 것이 아니다. 이미 맑스·엥겔스는 선언에서 "프롤레타리아트는 우선 정치적 지배를 획득하고 국민적 계급의 지위에 오르고 자기 자신을 국민으로서 구성하지 않으면 안 된다는 점에서, 부르주아적 의미는 아니지만, 그 자체가 국민인 것이다"라고 일국 차원의 권력 장악의 필요성을 암시하는 주장을 했다. 여기서 부르주아적 의미의 국민은 국가 내부 계급모순을 은폐하는 의미에서의 국민이지만, 프롤레타리아가 정치권력을 획득한 이후로 온전하게 국민적 의미를 획득하게 된다는 것이다.

　그러나 선언의 바탕이 된 엥겔스의 〈공산주의 원리〉에서는 "이 혁명은 어떤 한 나라에서만 일어날 수 있을 것인가?"라는 열아홉 번째 질문에서 "공산주의 혁명은 결코 일국적인 혁명이 아니라 모든 혁명국들에서, 즉 적어도 영국, 아메리카, 프랑스, 독일에서 동시에 일어나는 혁명이게 될 것이다"라고 주장하고 있다.

　선언에서도 "적어도 문명 제국이 공동으로 행동하는 것이 프롤레타리아트 해방의 일차 조건의 하나다"라고 하여 여전히 원리에서 제기한 최소 유럽 차원의 공동혁명을 염두에 두고 있다.

일본 오오쓰키판(대월서점판, 한국 범우사, 서석연 옮김)《공산당선언》에서는 국제혁명에 대해서 "일국에서 사회주의 혁명이 승리할 가능성"이라는 제목으로 다음과 같은 주를 달고 있다.

> 마르크스와 엥겔스는, 프롤레타리아혁명은 발전된 자본주의 나라, 즉 영국·미국·프랑스·독일에서 동시에 일어날 것이며, 한 나라만으로는 이 혁명을 성공시킬 수 없다고 생각했다. 문명국들의 공동 행동이 프롤레타리아트 해방의 조건이라는 것은 이 생각을 말로 표현한 것이다. 이러한 생각은 19세기 즉 제국주의 시대 이전에는 옳았다. 레닌은 제국주의 시대에는 자본주의의 경제적 및 정치적 발전이 불균등하게 진행된다는 사실에 기초하여, 마르크스와 엥겔스의 견해를 수정하였다. 그리하여, 처음에는 몇몇 나라에서 혹은 단 한 나라에서도 사회주의 혁명이 승리할 수 있다는 것, 역으로 모든 나라 또는 대다수의 나라에서 사회주의의 동시적 승리는 불가능하다고 주장했다. 레닌의 결론이 정당함은 그 후 역사적 발전에 의해 증명되었다.

이 주장의 직접적인 근거는 다음의 레닌 글에 있다.

> 세계합중국(유럽만의 합중국이 아니라)은—공산주의의 완전한 승리가 민주주의 국가를 포함하여 모든 국가를 최종적으로 소멸시킬 때까지는—우리가 사회주의와 연결시키는 국가형태, 즉 민족들의 연합과 자유의 국가 형태다. 그러나 독립

    맑스주의와 포스트모더니즘 신좌파 다원주의 이데올로기 비판

된 슬로건으로서는 세계합중국 슬로건은 올바른 슬로건이라고 하기 힘든데, 첫째는 그것이 사회주의와 합치하기 때문이고, 둘째는 일국에서의 사회주의의 승리가 불가능하다는 의미로 잘못 해석될 수 있으며, 또한 그러한 일국과 타국들과의 관계에 대한 오해를 낳을 수 있기 때문이다.

경제적·정치적 발전의 불균등성은 자본주의의 절대적 법칙이다. 이로부터 사회주의의 승리는, 처음에는 몇 개의 자본주의 국가에서, 심지어 하나의 자본주의 국가에서도 가능하다는 결론이 나온다. 그 나라의 승리한 프롤레타리아트는 자본가들을 수탈하고 그들 자신의 사회주의적 생산을 조직하고 나서는 세계의 나머지—즉 자본주의 세계—에 대항하여 떨쳐 일어나 타국의 피억압 계급을 자신의 대의로 끌어들이고, 그 나라들에서 자본가들에 대항하는 봉기를 선동하며, 필요한 경우에는 착취계급과 그들의 국가에 대한 무력 사용도 불사할 것이다(레닌, "유럽합중국 슬로건에 대하여", 양효식 옮김, 아고라출판사).

이처럼 레닌은 "유럽합중국 슬로건"이 "일국에서의 사회주의의 승리가 불가능하다는 의미로 잘못 해석될 수 있"다고 분명하게 못 박았다. 제국주의 발전의 불균등성으로 생겨난 제국주의의 약한 고리를 끊고 "하나의 자본주의 국가", 즉 러시아에서 혁명이 가능하다고 주장하면서 실제 혁명을 성공시켰다. 레닌은 또한 "그 나라의 승리한 프롤레타리아트는 자본가들을 수탈하고 그들 자신의 사회주의적 생산을 조직하고 나서는"이라며, 일국에서 사회주의 생산을 조직하고 난 뒤에, "세계의 나머지—즉 자본주의 세계—에 대항"하자고 주장하고 있다.

그럼에도 번역자인 양효식은 레닌의 이 글이 당시 유럽을 염두에 둔 것이지 러시아를 염두에 둔 글은 아니라며 트로츠키주의적 "국제주의"를 완강하게 고수하고 있다. 그리고 실제 이 논쟁은 레닌 사후 1920년대 중반 소련 국제혁명과 일국에서 사회주의를 건설할 가능성의 문제를 둘러싸고 볼셰비키당 내부는 심각한 논란과 분열이 발생했다.

제국주의 모순의 약한 고리를 뚫고 러시아에서 혁명이 성공했다. 그러나 고대하던 유럽혁명이 일어나지 않았다. 당시 이 혁명은 독일에서의 혁명이었다. 그러나 독일혁명이 패배했다. 그렇다면 고립된 러시아 혁명 권력은 이제 어떻게 할 것인가? 사회주의는 오직 국제적 수준에서만 승리할 수 있으니 러시아 혁명을 독일로 수출할 것인가? 독일혁명의 실패에도 불구하고 러시아에서 사회주의를 성공적으로 건설할 것인가? 스탈린은 현실적인 사회주의 지도자였다. 트로츠키를 위시한 지노비에프, 카메네프 등은 반대파와 신반대파를 형성하여 일국에서 사회주의 건설의 문제를 국제주의 원칙, 정신의 문제로 둔갑시켜 버렸다.

이는 오늘날까지도 스탈린을 국제주의를 버린 일국사회주의자, 자력갱생을 기치로 사회주의 건설을 하고 있는 북(조선)을 "스탈린주의에서 기원하는 '민족주의의 극단화'"(윤소영)라고, '김일성주의'를 "스탈린주의의 동양적 경향의 끔찍한 과잉"(로버트 C. 터커, 브루스 커밍스, 《한국전쟁의 기원 2-I》 9장 북한의 체제), "북한은 스탈린주의의 변종"(오세철)이라고 격렬하게 비난하는 근거가 되고 있다.

> 역사상 최초로 자본주의는 진정한 세계 체제를 창출했고, 그 체제에서 우리의 삶은 모두 공통의 역사와 공통의 운명으로 얽혀 있다….
> 자본주의가 발전하면 그 부가 가난한 나라로 "흘러넘칠 것"이라는 온

　맑스주의와 포스트모더니즘 신좌파 다원주의 이데올로기 비판

갖 미사여구에도 불구하고 자본주의 체제에서 세계적 불평등은 심화했다. 세계 자본주의의 이런 현실은 일국사회주의 문제를 첨예하게 부각시킨다.

지난 세기의 쓰디쓴 경험에서 거듭거듭 드러났듯이, 아주 온건하고 전혀 사회주의적이지 않은 대중 운동들조차 세계 자본가 계급의 격렬한 저항에 부딪힌다. 쿠바는 수십 년째 미국에 경제 봉쇄를 당하고 있다. 칠레에서 미국은 개량주의적 좌파 정부를 뒤엎는 피비린내 나는 군사 쿠데타를 지원했다. 오직 한 가지 길만이 러시아 혁명을 구할 수 있었다. 사회주의 혁명이 다른 나라들로 확산돼야 했던 것이다….

이렇게 러시아 혁명이 쇠퇴하는 과정에서 스탈린이 '일국사회주의'를 들고 나왔다. 그것은 승리가 아니라 패배의 신호였다.

'일국사회주의'가 실제로 뜻한 것은 착취와 반혁명을 공고히 하는 완전히 반민주적인 체제였다(콜린, "일국사회주의는 가능한가?", 〈노동자연대〉, 2005.01.05.).

이것이 "국제주의"를 모토로 내걸고 활동하고 있는 트로츠키주의자들의 인식이다. 이들은 여전히 맑스·엥겔스의 초기의 이념, 세계동시 혁명을 고수하고 있다. 이들에게는 자본의 세계화, 국제화에도 불구하고 여전히 자본은 국가 단위를 중심으로, 국가를 매개로, 국가의 힘을 바탕으로 활동하고 있고—노동자연대와 국제사회주의자들은 이를 인식하지 못하는 것은 아니다—그에 따라 국가 내부에서 투쟁이 벌어지고 있고, 국가 내부의 계급모순이 첨예해지고 있으며, 국가 내부에서 권력을 잡아야 하며, 그것이 국제적인 혁명으로 나아갈 교두보가 될 수 있다는 점을 인식하지 못하고 있다. 또한 쿠바나 북(조선)처럼 고립된 사회주의 국가들에서 경제봉쇄를 당하고 있기 때문에 사회주의를 온전하게 건설할 수 없으며 이는 결국 소련과 마찬가지로 "착취와 반혁명을 공고히 하는 완전히 반민주적인 체제"로 타락할 수밖에 없다고 주장하고 있다.

이러한 인식은 현존하는 사회주의에 대해 부정적인 인식을 심어줌으로써 혁명적 전망을 흐리게 하고 패배주의에 빠지게 한다. 더욱이 이러한 인식은 일국에서 사회주의 혁명과 건설을 반대하는 관념뿐만 아니라 실제 제국주의와 싸우며 사회주의를 건설하는 나라들을 "국가자본주의"라 규정하고 이 나라에서 제국주의를 등에 업고 반혁명 세력들을 민주주의의 투사들로 규정하고 지지하는 심각한 제국주의의 지지자들로 타락하게 만들고 있다. [이에 대해서는 "쿠바 반정부 시위를 지지하라—미국 제국주의를 경계하면서(소피 스콰이어, 번역 김준효)-노동자연대 377호(온라인판, 2021.07.13.), "우리는 쿠바 사회주의 권력의 굳센 벗들이다-쿠바 반혁명 시위에 대한 제국주의 벗들의 논평을 규탄한다"-전국노동자정치협회(2021.7.15), "노정협 반박 쿠바 반정부 시위는 반혁명적인가?"와 이를 다시 비판하는 "쿠바 반혁명 시위를 지지하는 제국주의의 국내 '진보적' 벗들의 실체를 보라-전국노동자정치협회(2021.7.21.) 논쟁 글들을 보기 바란다.]

이들은 "국제사회주의인가?, 일국사회주의인가?", "국제혁명의 강령인가? 일국사회주의의 강령인가?" 이처럼 사물을 일도양단하여 변증법적으로, 통일적으로 사고하지 못하고 있다. 제국주의 모순이 약한 고리를 통해 돌파되고 이것이 제국주의 체제 전반의 위기로 나아갈 수 있다는 점을 인식하지 못하고 오직 국제적 수준의 혁명만 기대하고 있다. "오직

    맑스주의와 포스트모더니즘 신좌파 다원주의 이데올로기 비판

한 가지" 구원의 길인 "사회주의 혁명이 다른 나라들로 확산"되지 않으면 그때는 어떻게 해야 하는가? 필연적으로 "일국사회주의"로 타락하고 급기야 "국가자본주의"로 반혁명이 일어날 수밖에 없으니 일국에서 아무리 모순이 성숙해도 총을 들지 말아야 하는가? 일국에서 혁명이 위기에 빠지는 한이 있더라도 국제적으로 혁명을 수출해야 하는가?

트로츠키와 트로츠키주의로 타락한 신반대파들은 일국에서 사회주의 건설의 가능성, 확신, 실행의 문제를 국제주의 원칙의 문제와 국제혁명의 전망과 뒤섞으면서 심각한 혼돈에 빠지고 급기야는 반당세력, 반쏘 제국주의 분자들로 극심하게 타락해 버렸다.

스탈린은 유럽 혁명이 없어도, 당장 가망 없는 유럽혁명에 기대지 않고도 일국에서 사회주의 건설이 가능하다는 것을 이론적으로 제시하고 1930년대에 이를 전 세계 노동자계급과 심지어 소련사회주의 건설의 실패를 오매불망 고대하던 세계 부르주아 눈앞에서 보여주었다. 그러나 스탈린은 이 사회주의의 일국에서 건설의 승리에도 불구하고 제국주의의 간섭과 포위가 계속 있을 것이기에 제국주의를 철폐하고 국제혁명의 승리로 사회주의가 궁극적으로 승리할 수 있게 될 것이라 봤다.

스탈린은 혁명의 "민족적" 임무와 국제적 임무와의 통일을 추구하면서 일국에서 사회주의의 성공적 건설은 국제혁명에 해가 되기는커녕 전 세계 프롤레타리아와 피억압 민족들에게 승리의 신념, 확신, 전망을 심어줄 것이며, 이 승리가 국제적 지원과 지지로 나타나면서 프롤레타리아 국제주의도 꽃피게 될 것이라 봤다.

스탈린은 일국에서 사회주의 건설의 가능성, 승리 추구를 국제주의와 대립시키는 이들에 대해 "그들은 실제 혁명가가 아니라 요란스러운 공담을 늘어놓는 혁명가, 영화 영상 속에 나오는 혁명가에 불과하다는 것을 이제는 이해할 때가 왔다"고 조소하였다.

스탈린의 이러한 입장과 사상은 사회주의 건설의 "자력갱생론"으로 발전하였다. 정치적 자주성, 군사적 자주성, 경제적 자주성은 제국주의 포위 속에서 사회주의 건설을 하는 나라들의 기본원칙이 되었다. 게다가 사회주의 내 자주성의 상실은 사회주의 분업화를 미명으로 사회주의 나라의 공업화와 경제적 자주성을 약화시키고 대국주의로 사회주의 나라 간 우애와 평등 원칙을 약화시켰으며 심지어 사회주의권의 도미노적 해체까지 이르게 하는 중대한 원인이 되었다.

"자력갱생론", 즉 공산주의 사상혁명을 중심으로 기술혁명과 문화혁명을 내세워 남의 힘에 의존하지 말고 오직 사회주의 국가 내부의 자원과 예비를 총동원하고 인민대중의 무궁무진한 힘과 노력에 의거하여 사회주의를 건설하는 것은 사회주의의 특수한 원칙일 뿐만 아니라 제국주의 포위 속에서 사회주의 건설을 하는 나라들의 보편적인 원칙이기도 하다.

북에 대해 민족주의 고립·폐쇄주의 운운하는 것은 제국주의의 군사, 정치적 적대주의와 경제적 포위 말살책인 제재에 맞서 투쟁하는 사회주의의 처지와 현실주의를 외면하고 제국주의 적대시 정책에 맞서 싸워야 하는 제국주의, 자본주의 나라들 내부의 노동자국제주의의 임무를 망각하는 것이다.

그렇다면 북의 자력갱생론은 국제연대를 배제하거나 반하는 것인가?

북에서 국제주의 원칙은 일제에 맞선 무장투쟁 시기에 중국에서 근거지를 두고 활동하면서 중국 공산주의자들과 인민들과 맺은 조중친선의 역사와 일제가 소련을 배후에서 공격하려고 할 때 "소련을 무장으로 옹호하자!”는 구호를 내걸고 침공 기도를 막아선 것으로 실현되었다.

이후 북의 국제연대는 베트남 민족해방 전쟁의 지원과 쿠바와의 전통적인 사회주의 국제연대, 칠레 아옌데 정부 사수, 아랍권의 저항적 민족주의 세력들과의 연대, 아프리카 국가들에 대한 지원과 국제연대, 팔레스타인의 민족해방투쟁 지지, 비동맹 국가들과의 반제 자주성을 원칙으로 하는 블록불가담운동, 소련 해체 이후에도 푸틴의 러시아와의 전략적 관계의 형성과 현재 다극화 시대에 있어서 반미자주진영과의 국제연대의 사례들이 있다.

3. 국제주의의 협소한 퇴보인가? 혁명적 확장인가?

트로츠키주의자들은 오직 계급 대 계급의 모순만 강조하면서 통일전선에 대해 부정하거나 경시하는 경향이 크다. 국제주의에 있어서도 마찬가지다. 국제주의는 각 시기마다 특수한 조건에 맞춰 확장되었다.

앞서 살펴본 것처럼, 맑스·엥겔스는 노동자 국제주의를 내세워 각국의 프롤레타리아트의 국제적 단결을 주장하면서도 반봉건 민주주의 투쟁, 민족적 통일을 위한 투쟁, 민족해방투쟁, 노예제에 맞서는 투쟁을 강조하면서 각 시기마다 특수한 국제주의 과제를 폭넓게 제시하였다. 레닌과 스탈린, 디미트로프는 제국주의 전쟁의 시기로부터 반파쇼 인민전쟁의 시기까지 프롤레타리아 국제주의를 확장하였다.

일부 교조주의적 입장을 가진 이들은 민족주의 일반을 부르주아 민족주의로 규정하고 (半·新)식민지 등지에서 나타나고 있는 저항적 민족주의를 부정한다.

민족문제에 대응하면서 나타나는 좌경적 오류는 민족문제를 무시하는 것이다. 이들은 미제와의 투쟁, 남북문제 등을 소홀히 한다…. 최근에 또 하나의 오류가 발생하고 있다. 부르주아 민족주의와 맑스레닌주의라는 적대적인 이념을 적당히 버무려서, 민족문제에 대한 맑스레닌주의적 관점을 부정한다. 부르주아 민족주의의 깃발에 "저항적"이라는 분홍색을 칠해서 노동자계급에게 강매한다. 전국노동자정치협회(이하 노정협)의 "저항적 민족주의"가 그것이다.

노정협의 맑스레닌주의 총서3 〈민족과 계급〉에서는, "조국은 하나다"(김남주)라는 시를 소개한다.

조국과 민족은 정말 하나일까? 민족대단결은 가능할까? 그러나 맑스는 말했다,

"노동자들은 조국이 없다. 그들에게 없는 것을 그들로부터 **빼앗을** 수는 없다."

"만국의 노동자여 단결하라!"

누가 옳은가? 시인에게 남과 북은 모두 조국이다. 남과 북의 분단을 거부하고, 통일된 "하나의 조국", 하나의 민족은 시인에게는, 그리고 민족주의자에게는 지고의 가치이다.

그러나 노동자들에게 조국은 없다. 배타적으로 사랑(편애)할 조국과 민족은 없다. 민족은 몰계급적인 개념이다. 따라서 사실은 "민족문제"가 아니라, 세계적 차원의 계급문제로 불러야 한다….

"해방" 이후에 한국에서 노동계급의 혁명 진영은 몰살되었다. 혁명이론이 실종되었다. 노동자 국제주의도 잊혀졌다. 결국 "반미 반제 통일운동으로 표현된 민중의 항쟁"은 "저항적 민족주의 운동"이라는 부르주아지의 이념으로 자신을 표현할 수밖에 없었다("민족문제: 부르주아 민족주의인가? 프롤레타리아 국제주의인가?", 이현숙/자유기고가).

이는 맑스와 엥겔스가 아일랜드와 폴란드에서 나타나는 외세에 반대하여 나타나는 민족주의를 적극 지지하고, 로자 룩셈부르크와의 논쟁에서 국제주의를 내세워 자결권을 부정하는 것을 비판하는 레닌의 민족문제에 대한 태도, 그리고 이후 코민테른 내에서 반동적 부르주아 민족주의

와 대비하여 민족혁명투쟁, 민족해방 투쟁을 적극 지지했던 역사를 부정하는 것이다.

이현숙은 레닌이 1차 세계대전 전후로 제국주의 국가들이 애국주의, 국가주의를 내세우고 이를 사회주의를 자처하면서 동조하는 사회배외주의자들을 비판하면서 부르주아 민족주의를 반동적이라고 비판한 문구 일부만을 근거로 민족주의 일반이 반동적이라고 규정한다. 이현숙은 "약소민족 부르주아지는 1930년대 대공황부터 반동화된다"고 하고 있다. 그러나 부르주아 민족주의가 반동화된 것으로부터 민족주의 일반이 반동화되었으며 그렇기 때문에 "민족문제는 순수하게 노자 간의 계급적 문제로, 사회주의 혁명의 문제로, 노자 양자의 국제주의적 문제로 전화되었다"는 주장은 민족문제의 상대적 고유성을 부정하고 더 나아가 민족문제 자체를 부정하고 계급문제로 환원하는 것으로 전혀 차원을 달리하는 문제다. 이는 결국 맑스레닌주의의 민족문제에 대한 노선에도 반하고 현재 우리의 운동의 진전에도 심각한 걸림돌이 될 수밖에 없다.

> 민주주의 강령 조항들 가운데 어느 한 조항을, 예를 들어 민족자결 조항을 제국주의하에서는 '실현 불가능하다'거나 '환상에 불과하다'는 이유로 삭제하는 것도 그에 못지않은 오류일 것이다. 민족자결권이 자본주의 틀 내에서는 실현될 수 없다는 주장을 어떻게 이해해야 할까? 절대적, 경제적 의미로 이해될 수도 있겠고, 아니면 관례적, 정치적 의미로 이해될 수도 있겠는데, 둘 중 어느 한 경우일 것이다.
>
> 첫 번째 경우에 그 주장은 이론상 근본적으로 틀렸다. 첫째로 자본주의하에서 그런 의미로 실현될 수 없는 것은, 예컨대 노동화폐라든가 공황

    맑스주의와 포스트모더니즘 신좌파 다원주의 이데올로기 비판

의 근절 같은 것들이다. 민족자결도 그와 같은 식으로 실현될 수 없다고 하는 것은 완전히 틀렸다. 둘째로 그런 의미로 '실현 불가능하다'는 주장을 논박하는 데는, 1905년에 노르웨이가 스웨덴으로부터 분리된 예 하나만으로도 충분하다(레닌, "사회주의혁명과 민족자결권(테제").

레닌은 이를 바탕으로 "사회주의가 확립될 때까지 문제를 '연기'하는 것이 아니라, 억압 민족 사회주의자들의 위선과 비겁을 특별히 고려해 넣는 명확하고 정확하게 정식화된 정치 강령으로 피억압 민족의 해방을 요구해야만 한다"고 주장했다.

레닌은 부르주아 민주주의운동이라고 표현하고 있지만, 러시아혁명 이후에 당시 폭발적으로 일어나고 있었던 식민지에서 민족주의 운동에 대해서 이렇게 주장했다.

나는 후진국에서의 부르주아 민주주의운동 문제를 특히 강조하고 싶다. 바로 이 문제가 약간의 의견 차이를 불러일으켰다. 우리는 코민테른과 각국 공산당이 후진국의 부르주아 민주주의운동을 지지해야 한다고 성명하는 것이 원칙적으로 또 이론적으로도 올바른가의 여부에 대하여 논쟁했다. 이 논쟁의 결과 우리는 '부르주아 민주주의운동' 대신에 민족혁명운동에 대하여 말하는 것이 적당하다는 만장일치의 결정에 도달했다. 후진국의 주민 대다수가 부르주아적=자본주의적 제 관계의 대표자인 농민이므로, 모든 민족운동은 부르주아 민주주의운동일 수밖에 없다는 것은 조금도 의심할 여지가 없다…. 그런데 여기서 반대론이 제기되었다. 만일 우리가 부르주아 민주주의운동 운운하게 되면 개량주의운동과 혁명운동 사이의 구별이 모두 없어지게 된다는 것이었다. 그런데 이 구별은 최근 후진 식민지 제국주의에서 완전히 명료하게 나타났던 것이다. 이는, 제국주의 부르주아 계급이 피억압 민족 내에서 전력을 기울여 개량주의 운동을 이식시키는데 노력하고 있기 때문이다. 착취국의 부르주아 계급과 식민지 국가의 부르주아 계급 사이의 일정한 접근이 일어났다. 그 때문에 대단히 자주—대부분의 경우에 그렇다고 할 수 있는데—피억압 국가의 부르주아 계급은 민족운동을 지지하면서도 동시에 또 제국주의 부르주아 계급과 협력하여, 즉 그들과 손을 맞잡고 모든 혁명운동과 혁명적 계급을 상대로 투쟁하고 있다. 이 사실은 위원회에서 반박의 여지 없이 증명되었다. 그래서 우리는 이 구별을 고려하여, 거의 모든 부분에서 '부르주아 민주주의적'이라는 표현 대신 '민족혁명적'이라는 표현을 사용하는 것이 가장 올바르다고 생각하게 되었다. 이러한 표현 변화의 본뜻은, 공산주의자로서의 우리는 식민지 국가의 부르주아적 해방운동이 진정으로 혁명적인 경우에만, 또 우리가 농민 및 광범위한 피착취 대중을 혁명적 정신으로 교육·조직하려고 하는 것을 운동의 대표자가 방해하지 않는 경우에만 부르주아적 해방운동을 지지해야 하며 또 지지할 것이라는 뜻이다(《코민테른 2차 대회 레닌의 보고》, 1920.7.26, 《코민테른 자료선집2》, 동녘).

코민테른에서 채택한 레닌의 입장은 "식민지에서 중간층의 부르주아민주주의 운동과 노동자·농민의 혁명운동은 양립할 수 없는 두 세력이라는 입장"(같은 책)이라는 인도 공산주의자인 로이의 좌경적인 테제에 반대하여 만들어진 것이었다. 이 대회에서는 혁명적 민족해방운동, 민족혁명운동, 민족해방운동, 혁명적 해방운동, 혁명운동, 혁명적 해방적 조류

　맑스주의와 포스트모더니즘 신좌파 다원주의 이데올로기 비판

등 각국별로 다양하게 표시하였다고 하는데, 이 주장의 본질은 민족운동이 "개량주의운동과 혁명운동"으로 분화됐으며 공산주의자들이 식민지에서 혁명적인 민족해방 투쟁을 적극 지원해야 한다는 것이었다.

이현숙은 제국주의와 결탁한 현지의 부르주아나 지주들만 보고 민족주의 일반을 반동적으로 변했다고 비판하면서 식민지 내에서 압도적 다수였던 "농민 및 광범위한 피착취 대중"을 무시한다. 그런데 북(조선)에서는 반일무장항쟁을 하면서 제국주의에 맞서 저항하던 노동자와 압도적 다수의 민중은 물론이고 극소수이기는 하지만 "양심적", "애국적" 지주들조차도 적극적인 통일전선의 대상이었다. 심지어 남만주 일대에서 활발하게 반일 무장투쟁을 하면서도 공산주의자들에게 적대적이었고 심지어 이들을 학살하기조차 했던 양세봉 휘하 구국군조차도 반일항쟁에 있어서 통일전선의 대상이었다. 프롤레타리아 해방이 아니라 반일 민족해방이 통일전선의 공통분모였던 것이다.

반면 당시 맑스레닌주의를 자처하는 "교조주의자들"은 식민지, 그것도 근거지가 없는 가운데 반일 해방투쟁을 하는 당시의 구체적인 현실을 무시하고 일방적으로 소비에트 노선 추종을 관철시키려 하면서 좌경 노선으로 일관하였다. 이현숙은 이러한 역사를 무시하거나 아예 인식조차 하지 못하고 있다. 이현숙의 입장이 당시에 적용되었다면 좌경적 입장으로 경도될 수밖에 없다.

이현숙은 앞에서 "민족문제에 대응하면서 나타나는 좌경적 오류는 민족문제를 무시하는 것이다. 이들은 미제와의 투쟁, 남북문제 등을 소홀히 한다"고 주장했다. 이는 맑스가 《자본론》 서문에서 "이는 바로 너를 두고 하는 말이다"라고 했는데, 바로 여기에 정확하게 해당하는 말이다.

이는 "민족문제에 대응하면서 나타나는 좌경적 오류는 민족문제를 무시하는 것이"고, "미제와의 투쟁, 남북문제 등을 소홀히" 하는 바로 너를 두고 하는 말이다.

이현숙이라는 필명으로 글을 썼지만 이는 노동사회과학연구소(이하 노사과연)의 민족문제에 대한 관점을 그대로, 가장 명확한 논리적 형태로, 그리하여 가장 체계적인 형태로 분명하게 드러내는 글이다. 그렇기 때문에 "우리민족끼리 반미자주" 하자는 주장을 노사협조주의, 심지어 범죄라고까지 극단적이고 종파주의적으로 매도하는 노사과연의 입장을 가장 극명한 형태로 드러내고 있다.

노사과연에게는 민족은 없다. 오직 민족은 "몰계급적인 개념"으로 부정해야 하는 것이며 오직 "세계적 차원의 계급문제"만이 있다. 이는 "노동자들에게 조국은 없다"는 맑스주의를 가장 저급한 형태로 축소, 왜곡시키는 것이고 트로츠키주의 특유의 정치적 특징을 보여주는 것이다. 노사과연은 민족·동족관계가 파탄하고 적대적 관계로 전환했다는 북의 발표가 있자, 이를 근거로 남과 북은 같은 민족이 아니었다고 주장한다. 미제와 그 주구들의 반민족 적대행위로 민족관계가 파탄이 났는데, 이를 "관계"의 파탄이 아닌 민족 자체가 없었다는 근거로 삼고 있다.

1980년 광주학살 이후에 타올랐던 반미 통일운동, 그리고 지금도 여전히 친미 물신 숭배가 판치는 한국에서 미제에 맞서는 반미 민족해방투쟁, 민족·동족관계가 파탄 나기 전에 남북 간에 협정들(특히 북의 민족대단결과 통일운동)을 전면 부정하고 있다.

이현숙은 "저항적 민족주의"에 대해 "'저항적'이라는 분홍색을 칠해서 노동자계급에 강매한다"고 비난하는데, 이는 누구에게 강매한 것도 아니고 강요한 것도 아니다. 오히려 역사적 현실을 있는 그대로 규정한 것이다. 이현숙은 광주학살 이후 신군부 도살자들의 배후에 있는 미국에 맞서 거대하게 타올랐던 반미 자주화 투쟁, 통일투쟁을 자신들의 종파주의적 관념으로 부정하는 것이다. 이현숙에게는 혁명시인, 민중시인, 민족시인으로 불리는 김남주 시인도 몰계급적인 민족주의자에 불과하다.

"'반미 반제 통일운동으로 표현된 민중의 항쟁'은 '저항적 민족주의 운동'이라는 부르주아지의 이념으로 자신을 표현할 수밖에 없었다"는 이현숙의 주장은 실제로는 "저항적 민족주의"에 대해 "부르주아지"라는 회색을 칠해서 부르주아지에게 공짜로 넘겨주는 것과 다름없다.

노사과연은 러우전쟁 이후 미제와 서방 제국주의자들이 우크라이나 신나찌 세력들을 내세워 치르는 전쟁에 대해 서방 제국주의와 러시아 제국주의와의 투쟁으로 양비론적으로 해석하고, 중국을 "강도와 같은 제국주의"로 규정하면서 집요하게 반미 서방제국주의에 대한 반대투쟁을 회피하고 있다. 노사과연의 민족문제의 실천적 결론은 반미를 대중운동 내에서 사라지게 하는 것이다. 그리고 민족관계의 파탄을 딛고 다시 민족·동족관계를 회복하려고 하는 투쟁에 기권하는 것이다. 미·일·한에 맞서는 조·중·러 동맹 사이에서 중립, 양비론적 태도를 취함으로써 미일한 전쟁동맹에 맞서는 투쟁을 물타기 하려는 것이다. 러우전 이후 노사과연의 정치사는 미제국주의에 대해서는 침묵을 지키면서 대신 러시아, 중국의 제국주의성을 밝히고 폭로하는데 전력하는 것으로 타락하였다.

노사과연은 그리스공산당의 "제국주의 피라미드론"을 추종하면서 한 줌도 안 되는 제국주의 국가가 압도적 다수의 인민, 민족을 억압, 착취, 수탈한다는 레닌의 테제가 지금 현실에는 맞지 않다고 주장한다. 노사과연은 억압 민족 대 피억압 민족의 대립은 자본주의 독점의 발전에 따라 사라지고 없다고 한다. 이들은 독점이 곧 제국주의이기 때문에 자본주의는 곧 제국주의고 그렇기 때문에 독점자본주의, 제국주의 간의 대립일 뿐이라는 입장을 취하고 있다. 과연 "제국주의로부터 신식민지 민족국가의 해방이라는 민족문제"는 현대제국주의 체제 하에서 존재하지 않으며 "민족문제는 순수하게 노자 간의 계급적 문제로, 사회주의 혁명의 문제로, 노자 간의 국제주의적 문제로 전화"된 것인가? 노사과연과 이현숙에게는 현대제국주의 체제에서 "신식민지"는 없다, "신식민지"가 없으니 민족해방의 과제는 없는 것이고 자주권의 과제는 국내 부르주아지와의 계급협조에 불과한 요구이기 때문에 내걸면 안 되는 것인지 묻고 싶다. 이는 결국 제국주의 체제를 부정하는 것이다.

그러나 중동에서 팔레스타인인들의 투쟁이 바로 민족해방투쟁이 아닌가? 아프리카 니제르를 포함해 사헬지역에서 반프랑스, 반미투쟁, 이라크, 시리아, 이란 등지에서 나타나는 투쟁이 바로 민족해방 투쟁이 아닌가? 베네수엘라에서 미제의 간섭과 정권교체에 맞서는 투쟁은 민족해방투쟁이 아닌가? 쿠바와 조선에서 미제의 침략책동과 제재에 맞서는 투쟁은 민족해방투쟁이 아닌가? 한국에서 제국주의의 지배에 맞서 민족의 자주와 자결이라는 "민족해방"의 과제는 사라졌는가? 한국에서 분단문제를 해결하고 통일로 나아가는 "민족민주"적 과제는 사라지고 오직 순수 계급문제만 남아 있는가?

한국에서 민족해방의 과제는 미제국주의로부터 자주와 자결을 쟁취하는 문제다. 우리 운동이 경제주의적 협소함으로 고통받고 있음에 비춰볼 때, 이를 전면적으로 내세우는 것은 몰계급적인 관점이 아니라 가장 의식적으로 정치적이고 계급적인 것이다. 일제로부터 해방된 이후에 이 땅의 "점령군"으로 들어와 강점하고 있는 미제국주의 군대와 미제국주의의 정치적, 경제적, 문화적, 정신적 지배로부터 해방을 쟁취하는 문제는 이제는 더 이상 존재하지 않는 문제가 아니다. 한국자본주의에서 외형적으로 어떠한 변화가 왔다 할지라도 이러한 역사적 모순이 해결되지 않는 한 그대로 존재할 수밖에 없는 문제다.

미제국주의 지배로부터 다방면으로 해방되는 문제는 민주주의를 위해서, 노동자·민중의 권리를 확보하기 위해서, 민족 분단해결과 통일을 위해서도, 궁극적 해방을 위해서도 전략적으로 중대한 문제다. 남북이 체결했던 4.27 판문점선언과 9.19 평양공동선언의 파탄과 오늘날 남북군사협정의 전면적인 파기와 점점 더 일촉즉발로 고조되는 전쟁위기를 막기 위해서도 미제의 군사적 점령과 다방면의 지배, 미일한 군사동맹을 해체하기 위한 투쟁은 절박한 당면한 문제이기도 하다.

과연 이러한 투쟁이 반동적인 부르주아 민족주의이고 배척해야 할 대상인가? 과연 외세 제국주의 자본에 종속, 결탁하며 성장해온 한국의 어느 재벌과 거대 자본가들, 극우들이 친미적이지 않고 반미를 주장하고 있는 사례가 단 한 건이라고 있는가?

4. 부르주아 사상 조류의 일환인 탈민족주의와 사회주의 애국 주의

이현숙은 "노정협은 '노동자의 운명과 민족의 운명은 하나'라고 주장한 다. '민족주의에 대한 극도의 혼란'이다. 부르주아의 운명과 민족의 운명 은 하나다. 노동자의 운명은 민족의 사멸과 하나다. 노동자의 운명은 민 족의 사멸을 끝까지 완수하는 것이다. 세계 인민이 하나가 되는 공산주 의 세계를 건설하는 것이다"라고 주장한다.

과연 누가 극도로 혼란을 겪고 있는가? 아니면 혼란을 겪고 있는지도 모르고 있는가? 노동자계급이 민족의 운명, 즉 1948년 단독정부(단정)·단선(단독정부) 이후 미제국주의가 지배하는 분단된 조국을 통일하는 사 명을 가지는 것이 문제가 되는가? 오히려 노동자계급이 민주주의의 전위 가 되어야 하듯이, 민족분단과 통일을 완수하기 위한 주도자가 되도록 고무하는 게 공산주의자들의 임무가 되어야 하는 것 아닌가? 부르주아 는 자신의 계급적 한계로 인해 부르주아 민주주의조차도 배반하고, 외세 제국주의에 종속된 처지로 인해 분단된 민족의 통일이라는 사명을 수행 할 수 없었고 오히려 제국주의를 일방 추종하면서 분단을 영속화해왔다. 반면 이 땅의 노동자계급이야말로 자본에 착취당하고 제국주의에 의해 지배당하며 분단과 민주주의 파괴라는 이 사회의 역사적 질곡에 의해 고 통받고 해방으로 나아가는 길이 가로막혀 있기에 민족의 운명을 끝까지 완수할 수 있는 진보적 계급이 될 수밖에 없는 것이다.

> 세계주의는 그들의 유해한, 골수까지 부르주아적인 견해를 국제주의인

   맑스주의와 포스트모더니즘 신좌파 다원주의 이데올로기 비판

것처럼 보이게 하고 있다. 그러나 실제로는 국제주의와 세계주의는 서로 어디까지나 적대하는 것이다. 세계주의는 민족성이 없는 것을 의미하고, 민족성의 외부에 서 있는 것을 의미한다. 그러나 문화라는 것이 생활의 현실적 기반 위에서 발생하고, 각각의 민족적 투쟁 속에서 발생하는 것인 한, 세계주의는 반인민성을 의미한다. 세계주의란, 자유와 독립과 민족주권을 지향하는 여러 민족의 의지를 약하게 하려고 하는 부르주아·인텔리겐차의 발현형태이다. 프롤레타리아국제주의는 민족을 인정하는 것, 민족의 주권을 인정하는 것에 기초를 두고 있고, 인종이나 민족의 동등한 권리는 원칙에 기초를 두고 있다.

공산당과 소비에트국가는 각 민족의 문화적, 진보적 유산의 깊은 존중이라는 정신으로 국민을 교육하고 있다. 소련에서는 형식은 민족적이고 내용은 사회주의적인 문화의 발전, 다민족사회주의 국가의 건설과 강화에서의 노력에 부응하며, 각 민족의 공헌이 높이 평가된다. 소련에서는 프롤레타리아국제주의의 사상이 철저히 구현되고 있다.

국제주의의 기초에 있는 것이 타민족의 존중이라고 한다면, 자기 민족을 사랑하고, 존중하지 않고서는 국제주의자로 될 수 없다라고 지다노프는 1948년 1월에 개최된 소련공산당 중앙위원회의 소비에트 음악가회의에서 기술하고 있다.

민족의 독립과 민족의 자유를 위해 철저하게 투쟁하고 있는 것은 공산당에 지도되는 프롤레타리아뿐이다.

"애국주의란 고립된 조국의 수백 년, 수천 년이라는 기간에 굳혀진, 가장 깊은 감정의 하나이다"라고 레닌은 말하고 있다. 착취적 사회라는 조건에서는 근로자의 애국주의는 조국에 대한 애정을 착취에 대한 증오에 결합하고, 착취자의 속박을 타파하기 위한 투쟁, 조국이 자유롭게 되고 독립하기 위한 투쟁, 조국이 그들에게 있어서 계모가 아니고, 그들을 정신적, 물질적으로 개화시키고 행복하고 자유로운 생활을 주도록 하기 위한 투쟁에 결합한다.

소비에트 애국주의는 국제주의, 여러 민족의 우호라는 강고한 토대에 기초를 두고 있다.

스탈린은 다음과 같이 가르치고 있다.

"소비에트 애국주의의 힘은 이 애국주의가 인종적, 혹은 민족적 편견에 기초를 두지 않고, 우리 소비에트조국에 대한 성실과 충성, 우리나라 전 민족의 근로자의 형제적 우호에 기초를 두고 있다는 점에 있다. 소비에트 애국주의 속에는 여러 민족적 전통과 소련 전 근로자의 공통의 생활상의 이해가 유기적으로 결합되어 있다. 소비에트애국주의는 우리나라의 전 민족·전 민족체를 분리하기는커녕, 역으로 이것을 단일한 형제적 가정에 결합시킨다. 동시에 소련의 여러 민족은 여러 외국과 민족의 권리와 독립을 존중하고 있고, 이웃 나라와 평화롭고 우호적으로 살아갈 용의가 있다는 사실을 항상 나타내 왔다."

소비에트애국주의의 본질에 대한 스탈린의 규정은 마르크스·레닌주의 이론의 보고에 들어가는 새로운 귀중한 보물이고, 프롤레타리아국제주의의 원칙, 근로자의 민족적 과제와 국제적 과제의 결합의 원칙을 규명하는 면에서의 새로운 전진이다(아지쟌, 제2장 스탈린의 노작 《마르크스와 민족문제》에 대하여).

 맑스주의와 포스트모더니즘 신좌파 다원주의 이데올로기 비판

"민족적 형식과 사회주의적 내용의 결합"은 사회주의를 추구하거나 사회주의 사회에서 공산주의자들의 중대한 정치적 과제이다. "공산당과 소비에트국가는 각 민족의 문화적, 진보적 유산의 깊은 존중이라는 정신으로 국민을 교육하"는데 열중했음에 반해 이현숙은 "민족의 생활·전통·문화에는 삼종지도와 남존여비, 군사부일체, 사대주의 같은 봉건적 가부장적 민족성과 부르주아적인 것으로 황금만능주의, 출세주의, 한탕주의가 있다. 이는 결코 프롤레타리아 국제주의와 하나가 될 수 없다"고 하고 있다. 이현숙은 민족주의를 반동적 민족주의만 존재하는 것으로 보아 저항적이고 진보적인 민족주의를 부정하는 논리를 그대로 가지고 와서 이제는 "민족의 생활·전통·문화"를 온통 반동적인 것으로 채색하여 "각 민족의 문화적, 진보적 유산의 깊은 존중이라는" 공산주의 정신을 부정하고 있다.

"저항적 민족주의"를 부정하고 민족일반을 척결해야 하는 악으로 보는 이현숙의 주장은 노동자국제주의를 협소하게 만들 뿐만 아니라 민족을 적대적으로 보는 부르주아 세계주의에 포섭될 수 있다. 부르주아 세계주의는 다른 나라, 민족을 지배, 침략하면서도 이를 은폐하며 탈민족 세계주의, 사해동포주의, 세계시민주의를 유포하고 있는데, 이현숙은 여기에 복무하고 있는 것이다.

사람들은 어쩌다 민족주의에 냉담하게 된 것일까? 소비에트가 붕괴한 후, 미국의 단극적 패권이 추구되었다. 이 패권은 신자유주의적 세계화를 추구했다. 미국은 각 나라의 문턱이 사라진 평평한 세상을 원했다. 자본은 생산기지와 시장의 확대를 위해 단일한 규칙에 기반한 세상을 원했다. 각 나라, 각지의 특수성은 사라지고 미국이 대변하는 보편성만이 유일한 규칙인 양 인정됐다.

곳곳의 특수성, 지역성은 점점 사라져갔다. 지역의 특수성을 담보해주던 민족주의도 위태하게 되었다. 이를 계기로 많은 지식인들이 민족주의를 공격하기 시작했다. 임지현, 권혁범, 윤해동, 이영훈 등에서 보이듯 좌우를 가리지 않았다. 결국 21세기 담론장에서 민족주의는 급기야 종적을 감추게 되었다. 탈민족주의 담론이 지식대중들에게 호소력을 가지게 된 데에는 민족주의가 자민족 이기주의라는 직관적 느낌이 중요하게 작용했다. 민족주의는 자민족 이기주의에 불과한 것일까? 이런 인상은 역사상 '민족'이 등장하게 된 배경에 대한 지식이 없어서 나온 판단이다. 민족주의가 집단이기주의라면 민족주의자로 자신을 희생시킨 수많은 사람들의 존재는 어떻게 설명될 수 있을까? 민족주의는 도대체 무엇인가?

먼저 탈민족주의 담론은 한결같이 민족주의의 부정적 측면을 과장했다는 점을 밝혀두고 싶다. 정치철학자 나종석은 논문 '민족주의와 세계시민주의'(《헤겔연구》 26권, 2009)에서 유행하던 탈민족주의에 대해 이렇게 평가한다. "탈민족주의 담론은 민족주의 여러 형태들에 대한 인식을 추구하기보다는 민족주의의 특정한 형태, 즉 인종적 민족주의나 억압적이고 공격적인 민족주의를 민족주의의 본래 모습으로 간주하는 경향을 보인다." 민족주의는 원래 공격적 본능에 충실하다는 주장은 여러 곳에서 들린다. 역사학자 박지향은 아예 이렇게 단언한다. "민족주의는 본래 배타적이고 폭력적인 이념이다." 사실일까? 정확하게는 민족주의의 특정 측면일 뿐이다(김창훈 칼럼니스트, "민족주의를 다시 생각한다", 프레시안, 2022.10.01.).

 맑스주의와 포스트모더니즘 신좌파 다원주의 이데올로기 비판

이들은 식민지에서 벗어나서 독립을 쟁취하려 한 아시아, 아프리카의 민족주의를 매우 과소평가한다.

실제로 역사 속의 민족주의는 대외적인 경쟁과 억압, 저항을 통해 나타나고 성장한 것이다. 그러므로 그것은 외부적 억압에 저항해야 하는 민족이나 나라들에게는 아직도 큰 도덕적 정당성을 줄 수밖에 없다. 오늘날 제3세계 대부분의 나라들의 경우 특히 그렇다. 그러한 경쟁과 억압이 사라지지 않는 한 민족주의도 사라지기 어렵다.

앞의 이야기로 근대주의적 해석이 많은 문제점을 갖고 있다는 것을 알 수 있을 것이다. 기본적으로 그것은 유럽 중심주의적인 이론으로 우리가 그대로 받아들여서는 안 되고 또 받아들일 수도 없는 이론이다. 그럼에도 이런 이론이 우리 사회에서 아무 저항 없이 받아들여지는 것은 우리 지식인들이 서양이론에 대해 별로 고민을 하지 않기 때문이다. 서양 이론을 보편이론으로 생각하기 때문이다.

그래서 근대주의자들이 만들어낸 '상상의 공동체'니 '발명된 전통'이니 '사회공학'이니 하는 단어들이 지식인들의 상투어가 되어 있고 민족주의는 모든 악덕의 대명사가 되고 있다(강철구 이화여대 교수, 민족주의는 한국사회의 문제아인가, 강철구의 '세계사 다시 읽기' 〈63〉 민족주의의 근대주의적 해석 비판 ①, 프레시안, 2008.10.31.).

"민족문학이라는 표현이 국제사회에선 극우적 인상을 준다는 점 때문에", "한국문학이 좀 더 넓고 보편적 지평에 서기 위해선 민족이라는 특수한 가치에서 벗어나야"(민족문학작가회의 명칭서 민족문학 빠질 듯, 동아일보, 2007.1.24.) 한다는 이유 때문에 한국의 〈민족문학작가회의〉도

〈한국작가회의〉로 명칭을 바꿨다. 〈민족작가연합〉이 민족성과 계급성을 강조하며 이러한 흐름에 맞서고 있다.

"반일 종족주의" 운운하는 극우 역사학자들을 비롯해 역사가들 내에서도, 한겨레신문 같은 언론에서도, 심지어 진보적인 지식인 내부에서도 저마다의 다양한 이유와 기치를 근거로 탈민족을 주장하고 있다.

조선일보도 "70년대와 80년대 권위주의 정권에 맞선 민주화 투쟁과정에서 형성된 좌파와 민족주의의 20년 공존이 끝나가고 있다는 진단이 학계에서 연이어 나오고 있다. 이는 20세기 우리 역사에서 생겨난 수세적이고 저항적인 민족주의와의 결별이라는 점에서도 적지 않은 의미를 갖는다는 것이 다수 사회과학자들의 진단이다"(〈"좌파+민족주의 20년 동거 끝나" 한국 민족주의의 대전환〈上〉 '좌파집권 10년' 국민실망 … 영향력 상실 '反美親北'에 대한 대중호응 크게 줄어〉, 이한우 기자, 2007.09.03.)라며 이러한 탈민족주의 흐름을 환영하고 있다.

"민족주의 여러 형태들에 대한 인식을 추구하기보다는 민족주의의 특

     맑스주의와 포스트모더니즘 신좌파 다원주의 이데올로기 비판

정한 형태, 즉 인종적 민족주의나 억압적이고 공격적인 민족주의를 민족주의의 본래 모습으로 간주하는" 탈민족주의자들과 이현숙은 논리적 출발을 공유한다. 애초의 의도와 다르게 정치적 결론도 같은 것으로 나타날 수 있다.

이현숙은 "노동자의 운명은 민족의 사멸과 하나다. 노동자의 운명은 민족의 사멸을 끝까지 완수하는 것이다"라며 노동자 국제주의가 민족에 대해 적대적인 것이라고 사고하고 "유해한, 골수까지 부르주아적인 견해를 국제주의인 것처럼 보이게 하"는 민족 허무주의의 유포로 부르주아적인 세계주의를 유포하고 있다. 이는 맑스(레닌주의) 입장에도 정면 배치된다.

여러분은 동방 여러 민족 공산주의 대학에서 했던 나의 연설(1925년)에 불만이다. 나는 그 연설에서 일국에서의 사회주의의 승리의 시기에 민족어가 사멸하고, 여러 민족이 융합하고, 민족어에 대신하여 하나의 공통어가 나타난다는 테제의 올바름을 부정했다.

여러분은 이와 같은 나의 언명이 사회주의의 목적인 여러 민족의 접근만이 아니라 그들의 융합이라는 레닌의 유명한 테제에 반한다고 생각하고 있다. 또한 여러분은 나의 언명이 세계규모에서의 사회주의의 승리 뒤에 민족적 차이와 민족어가 사멸되기 시작하고, 민족어가 하나의 공통어로 대체되기 시작한다는 레닌의 테제에도 반한다고 생각하고 있다.

여러분 그것은 전혀 올바르지 않다. 그것은 완전한 오해이다.

이미 언급했듯이 마르크스주의자에게는 〈일국에서 사회주의의 승리〉와 〈세계적 규모에서의 사회주의의 승리〉라는, 종류가 다른 현상을 혼동하는 일은 허용하지 않는다. 이들 종류가 다른 현상이 시간적(이것은 매

우 중요한 사실이다)으로뿐만 아니라 본질적으로도 서로 다른 두 개의
전혀 다른 시대를 반영하고 있다는 사실을 망각해서는 안 된다…

동방 여러 민족 공산주의 대학에서의 나의 연설을 인용해보자….

"사회주의의 시대에 모든 다른 민족어가 소멸하고 하나의 인류 공통의
언어가 생긴다는 사람(카우츠키)이 있다. 나는 이 하나의 공통된 언어라
는 이론을 믿지 않는다. 어쨌든 경험은 이 이론을 부정하고 있다. 지금까
지 사실이 보여주었던 바에 의하면, 사회주의 혁명은 언어의 수를 줄이
지 않고 오히려 늘여왔다. 왜냐하면 사회주의 혁명은 인류의 최하층까지
뒤흔들고 그들을 정치의 무대로 밀어내며, 이전에는 알려지고 있지 않던,
또는 거의 알려지고 있지 않던 일련의 새로운 여러 민족에게 새로운 생활
을 불러일으키기 때문이다."

세계적 규모에서의 사회주의의 승리 이후 민족의 소멸과 융합에 대한
레닌의 규정으로 옮아가 보자.

"사회주의의 목적은 인류의 소국가에로의 분산 및 모든 민족의 고립을
없애고, 여러 민족을 접근시키는 일에 있을 뿐만 아니라, 여러 민족을 융
합시키는 일에 있다. 피억압계급의 독재의 과도기를 통해서만 계급의 일
소가 가능한 것과 마찬가지로 모든 피억압 민족의 완전한 해방, 즉 피억
압 여러 민족의 해방·분리의 자유의 과도기를 통해서만 여러 민족의 불
가피한 융합이 가능하다."

다시 레닌의 별도의 규정을 인용해보자.

"여러 민족 및 여러 국가 사이에 민족적 및 국가적인 차이가 존재하는 한—그런데 이 차이는 세계적 규모에서의 프롤레타리아계급의 독재가 실현된 뒤에도 역시 매우 오랫동안 유지되는 것이지만—모든 나라의 공산주의 노동운동이 국제적 전술의 통일에 있어서 필요한 것은 다양성의 제거도 민족적 차이의 일소(이것은 현재에 있어서는 공상이다)도 아니고, 공산주의의 기본적 여러 원칙(소비에트 권력과 프롤레타리아 계급독재)을 민족적 및 국가적 차이에 조응하여 적용하는 일이다….

이상의 인용으로부터 분명해졌듯이 레닌은 민족적 차이의 소멸과 여러 민족의 융합의 과정을 일국에서의 사회주의의 승리의 시기가 아니라, 오로지 세계적 규모에서의 프롤레타리아계급독재 실현 후의 시기, 즉 이미 세계사회주의 경제의 기초가 놓인, 모든 나라에서의 사회주의의 승리의 시기에 귀속시키고 있는 것이다….

프롤레타리아계급의 세계적 독재 시기의 제1단계가 민족 및 민족어의 소멸의 개시, 단일공통어 형성의 개시라고 생각하는 것은 잘못이다. 반대로 민족적 억압이 결정적으로 일소될 것인 이 제1단계는 그때까지 억압받고 있는 민족과 민족어의 성장과 개화의 단계, 민족적인 상호불신의 일소 단계, 여러 민족 간의 국제적 연대의 설정과 강화의 단계이다.

프롤레타리아계급의 세계적 독재의 제2단계에서만, 세계자본주의경제에 대신하는 단일 세계사회주의경제가 형성되는 정도에 따라서, 공통어라는 것의 형성이 시작될 것이다. 왜냐하면 민족은 이 단계에서야 비로소 자신들의 민족어와 함께 하나의 공통된 국제어를 가질 필요—상호교류의 편의와 경제적, 문화적, 정치적 편의를 위해서—를 느끼기 때문이다. 따라서 이 단계에서는 민족어와 공통국제어가 병행하여 존재할 것이다.

이처럼 레닌과 스탈린에게 민족어와 민족적 차이의 사멸은 전 세계적 범위에서의 공산주의 1단계도 아닌 2단계에 가서 가능할 것이라고 하고 있다. 스탈린은 이를 "민족장래의 대강의 양상"이라고 하고 있다. 전 세계 공산주의 2단계는 국제적 공산주의가 도래하고 나서 수백 년이 걸릴 수도 있는 문제다.

그런데 국제공산주의 1단계도 아닌 2단계에 가서 그것도 완곡한 형태로 민족의 장래에 대해 말한 것과 다르게, 이현숙은 혁명 이전에 이미 민족 전반을 사멸시켜야 할 악으로 규정하고 있다(참고로 북에서는 민족의 사멸에 대해 부정하고 민족과 민족문화가 더 풍부하게 발전해야 한다고 주장하고 있다). 이는 민족 허무주의를 넘어서 민족적대주의다.

이현숙이 비판한 "노동자의 운명과 민족의 운명은 하나"라는 노정협의 규정은 혁명 이전 분단사회인 이남에서의 노동자들의 정치적 사명에 대해 말한 것이다. 이현숙은 혁명 직후 프롤레타리아독재라는 노동자국가를 거부하고 국가의 소멸을 주장하는 무정부주의자들처럼, 오히려 그들보다 더 극단적으로 혁명 이전에 이미 노동자가 민족의 운명을 책임지지 말아야 할 것이며 도리어 민족의 소멸을 준비해야 한다고 주장하고 있는 것이다.

　　　맑스주의와 포스트모더니즘 신좌파 다원주의 이데올로기 비판

노사과연은 극단적 교조주의 인식으로 "노동자들에게 조국은 없다…배타적으로 사랑(편애)할 조국과 민족은 없다"고 하고 있다. 노사과연은 식민지 나라 잃은 설움, 빼앗긴 나라 되찾겠다는 민중의 염원에 대해 "국가는 지배계급의 착취와 억압, 폭력의 도구다"라는 명제를 극단적 교조주의적으로 해석하여 '당신들이 빼앗기고 되찾겠다는 나라는 당신들의 것이 아니라 봉건 통치배들의 것이다. 이 나라가 당신들에게 해준 게 무엇이 있는가? 당신들이 한 번도 가져본 적이 없고 그 나라에서 권리를 누려본 적이 없는데 무엇을 빼앗기고 무엇을 되찾는단 말인가?'라고 주장할 것이 틀림없다. 위의 주장에서 이와 다를 바 없는 인식들이 그대로 드러났다.

위에서 예를 든 《공산당선언》 일본판 주에서는 "프롤레타리아적 국제연대는 프롤레타리아트 해방의 조건이며, 민족주권의 승인에 기반한 국제협력과 평화는 프롤레타리아트의 대외정책이다"라고 서술하고 있다. 이러한 원칙에 의하면 오늘날 미제와 서방 제국주의자들의 단극 제국주의 지배 체제의 고수에 맞서 반제자주 나라들의 단결을 지지, 옹호하는 것은 21세기 프롤레타리아 국제주의다.

각 나라 간 주권을 존중하고 평화를 애호하며 제국주의 지배에 맞서 자결을 위해 싸우는 국제적 흐름에 대해 지지하는 것은 진보적인 태도다. 반면 트로츠키주의자들과 일부 트로츠키화 된 교조주의자들이 아프가니스탄, 시리아, 이란, 베네수엘라 등지에서 반미자주를 내부 계급모순을 들어 반대하고 중국, 러시아를 제국주의로 간주하며 반미자주의 진보성을 부정하고 있다.

애국주의는 식민지 민중의 진보적 열망이기도 하지만 사회주의에서도 진보적이다. 맑스와 엥겔스는 공산당 선언에서 "국민적 계급의 지위에 오르고 자기 자신을 국민으로서 구성하지 않으면 안 된다"고 했는데, 이는 사회주의 애국주의이다.

레닌은 사회주의 애국주의에 대해 이렇게 주장하고 있다.

우리 대러시아인 사회민주주의자도 이 사상적 조류에 대한 태도를 정해보자. 유럽의 최동부 지역과 아시아의 상당 부분에 걸쳐 있는 강대국 민족의 대표자인 우리가 민족 문제의 거대한 의의를 망각한다면 그것은 꼴사나운 일일 것이다. 특히, 정당하게도 '제(諸) 민족의 뇌옥(牢獄)'이라고 불리어 온 나라에서, 그리고 자본주의가 바야흐로 이 유럽의 최동부 지역과 아시아에서 수많은 '새로운' 크고 작은 민족들에게 생활과 자각을 일깨우고 있는 바로 이 시대에 말이다. 더군다나 차르 군주제가 수많은 민족 문제들을, 연합귀족평의회와 구치코프, 크레스토프니코프, 돌고루코프, 쿠틀러, 로디체프 일당들의 이익에 맞춰 '해결'하기 위해 수백만 대러시아인과 비러시아계 민족들을 징집하여 무장시키고 있는 이 시점에 말이다.

민족적 긍지의 감정은 우리 대러시아인 계급의식적 프롤레타리아에게 낯선 것인가? 확실히, 그렇지는 않다! 우리는 우리말과 우리나라를 사랑하며, 우리나라의 근로대중(즉 우리나라 인구의 10분의 9)을 민주주의적·사회주의적 의식 수준으로 끌어올리기 위해 전력을 다하고 있다. 우리의 아름다운 나라가 차르의 도살자들인 귀족과 자본가들의 손에서 학대와 억압과 능욕을 겪고 있는 것을 보는 것은 우리에게 고통스런 일이다. 이러한 학대와 억압이 우리의 한가운데서, 대러시아인 속에서 반항을 불러일으키고 있는 것, 이 속에서 라디쉬체프와 데카브리스트와 70년대의 혁명적 라즈노친치를 배출한 것, 대러시아인 노동자계급 속에서 1905년에 힘찬 혁명적 대중정당을 만들어낸 것, 대러시아인 농민 속에서 민주주의를 향한 전환과 함께 성직자와 지주 타도 투쟁이 시작된 것에 우리는 긍지를 느낀다("대러시아인의 민족적 긍지에 대하여", 1914.12).

레닌에게 "대러시아인의 민족적 긍지"는 사회주의 조국에 와서만 있는 것이 아니었다. 레닌은 이처럼 혁명 이전에도 "우리말과 우리나라를 사랑하며" 대러시아인의 진보적, 민주적 역사에 대해 자긍심을 가져야 한다고 주장하고 있다. 과연 "노동자에게 조국이 없"기 때문에 민족적 긍지의 관점은 버려야 할 부르주아적 감정인가?

지금까지 살펴봤던 것처럼, 맑스와 엥겔스가 프롤레타리아 국제주의를 반봉건 민주주의 투쟁, 민족통일을 위한 투쟁, 민족억압에 맞서는 투쟁, 노예제에 맞서는 투쟁으로 확장시키고, 레닌이 민족자결의 관점으로 공허한 국제주의와 싸우고 스탈린이 세계주의와 싸우는 것처럼 프롤레타리아 국제주의는 역사적 조건에 따라 부단히 확장되어야 한다.

특히 사회 전반에 반북적대가 뿌리 내리고 이에 반비례하여 친미숭배가 맹목적으로 지배하며, 민족·동족관계가 적대적 국가 관계로 악화되어 분단 척결과 통일 추구는커녕 남북이 전쟁 일보 직전의 상황까지 간 상황에서 제국주의를 축출하고 전쟁을 막고 민족관계를 복원할 임무는 그 어느 때보다도 더 중요하다 할 수 있다.

[보론] 제국주의자들의 위로부터의 국제적 계급투쟁에 복무하는 '좌파'

스티븐 고완스의 다음 글은 제국주의의 (신)식민주의에 맞서 싸우는 아랍의 "민족주의자들", 특히 민족주의 지도자들에 대해서 "잔인하고 살인적이거나 도덕적인 불명예와 논거로 비난하며 그 국가의 해방 목표가 가짜라고 간주"하는 일부의 "좌파"들의 인식에 대해 날카롭게 비판하고 있다. 이들 일부의 "좌파"들의 관점은 "제국주의 전쟁을 찬성하는 데에 동원되고" 더 나아가 제국주의자들의 "위로부터의 국제적 계급투쟁에 복무"하게 된다고까지 하고 있다.

리비아, 시리아, 이란, 베네수엘라 등과 그 나라의 지도자들에 대한 서방세계(한국에도 횡행하는)의 이른바 "좌파", 심지어 맑스레닌주의를 자처하는 이들의 관점이 어떻게 하여 제국주의의 '진보적' 벗들로 전락하게 되는지 알 수 있다. "공적 권력이 없는 사람들만이 억압과 착취에 맞선 계급투쟁에 가담하고 공적 권력을 행사하는 사람들은 당연히 억압의 대리인이라고" 간주하며 조선과 쿠바 같은 현실 사회주의 국가와 지도자들에 대해 부정적이고 악마화하는 것은 일종의 (범)무정부주의의 일종이다. "아래로부터 사회주의", "민주적 계획", "사회화"를 운운하며 사회주의 국유화, 중앙집중 계획은 아래로부터 노동자 인민의 열망과 배치되는 현상으로 간주하는 사고는 레닌 시대의 노동자반대파부터 직접적인 무정부주의자들로부터 시작해서 오늘날까지도 유행하는 무정부주의적인 사조가 되고 있다.

말로는 정치권력 장악을 부정하지 않고 무정부주의를 비판하는 이들

의 사고조차 잠식하여 지배하는 이러한 인식을 보면 무정부주의가 오늘
날까지도 얼마나 뿌리 깊게 자리 잡고 있는지 잘 알 수 있다.

미국이 재식민지화하려는 구 식민지 지도자들과 관련해 "잔혹한 정권",
"야만적 독재자", "도덕적 수치"에 대한 도덕적 훼손과 현란한 언사에 대
해 엄청난 관심을 가지고 있는 좌파들은 전쟁을 찬성하는 데에 동원되고
(번역자: 제국주의자들에 의한) 위로부터의 국제적 계급투쟁에 복무한다.

좌파 협력자들은 도덕적으로 지지받을 수 있는 영역을 가지고는 철저
히 무기력하게 인식하고 있다. 해방의 목표를 추구하는 모든 국가는 잔인
하고 살인적이거나 도덕적인 불명예와 논거로 비난하며 그 국가의 해방
목표가 가짜라고 간주한다. 이러한 사고방식에 따라 공적 권력이 없는 사
람들만이 억압과 착취에 맞선 계급투쟁에 가담하고 공적 권력을 행사하
는 사람들은 당연히 억압의 대리인이라고 여긴다.

이라크와 리비아의 아랍 민족주의자들은 식민지주의가 그들에게 가했
던 불이익으로부터 자국민을 해방시키고 서구의 지속적인 경제적 착취를
종식시키기 위해 국제적인 규모로 계급 전쟁을 벌였다. 그들의 투쟁은 한
동안 성공적이었지만, 미국과 동맹국들이 악마화, 포위 공격과 전쟁을 통
해 아래로부터의 투쟁을 억눌렀기 때문에 결국 실패로 끝났다. 워싱턴의
승리는 착취자의 승리였다.

시리아에서 계속되는 아랍 민족주의자들의 계급투쟁을 분쇄하기 위
해 워싱턴과 그들의 신식민지 동맹국들과 아랍의 총독들, 인종차별주의
(apartheid) 이스라엘 그리고 좌파 협력자들(Leftist collaborators)이 하
나로 뭉쳤는데도 불구하고 투쟁은 계속되고 있다. 동시에 이란의 이슬람

공화국은 보다 큰 이슬람 세계를 해방의 대상으로 삼고 서구의 재식민지화 시도에 맞서 자신들의 계급투쟁을 진행하고 있다.

이란과 미국 간의 투쟁은 미국의 금융, 산업, 상업 및 석유 화학의 이해관계 속에 착취를 계속하기 위해 아직 이슬람 세계에 남아 있는 이란을 개방시키려 하는 워싱턴과의 거대한 계급투쟁이다. 그리고 테헤란은 미국 기업 주주에 대해 이슬람 세계에서 살고 일하는 사람들의 향상을 우선시하는 "저항" 경제를 건설하기 위한 계획을 주도하고 있다. 이 투쟁은 시리아가 중심이 되는 계급투쟁과 밀접하게 관련되어 있다.

따라서 시리아에 대한 워싱턴의 확대된 전쟁은 아래로부터의 해방투쟁에 대한 위로부터의 확대된 계급전쟁이다. 워싱턴이 치르는 전쟁은 시리아의 아랍 민족주의자들을 악마화하려는 정보전에만 그치지 않고 포위 공세로부터 대리전쟁과 직접적인 군사 개입까지 다방면에 걸친 공격수단에 의존하고 있다[스티븐 고완스(Stephen Gowans), 크루즈 미사일 공격: 시리아에 대한 워싱턴의 장기 계급전쟁의 새로운 단계, 2017.4.8).

　맑스주의와 포스트모더니즘 신좌파 다원주의 이데올로기 비판

2장

민족자주와 계급성

1. 민족자주를 부정하는 얼치기 혁명가들을 경계하라!

> 어떤 자주성인가? 한국 노동자·민중의 한국 자본가계급·자본가국가에 대한 자주성인가? 한국 노동자·민중의 미제국주의(미국 자본가계급·자본가국가)에 대한 자주성인가? 한국자본가·자본가국가의 미제에 대한 자주성인가?
>
> 필요한 자주성은 이것이다; 한국 노동자·민중의 한국 자본가계급·자본가국가에 대한 자주성, 한국 노동자·민중의 미제국주의에 대한 자주성.
>
> 그리고 연대할 대상은 미국의 노동자·민중이다. 이른바 노동자국제주의이다. 한국과 미국의 노동자·민중이 연대하여, 한국과 미국의 자본가계급·자본가국가와 투쟁하는 것이다. 이것이 반제·반미투쟁이다. 절실한 것은 세계노동자·민중의 세계 자본가·자본가국가에 대한 자주성이다(이현숙, 국가주의를 넘어서자, 노동자신문, 7.12).

이 글의 필자인 이현숙은 자주성이라는 개념이 미국과 한국 간에는 성립될 수 없다고 주장한다. 노동자들이 한국의 미제에 대한 자주성을 주장하면 몰계급적이며 노동자국제주의에 어긋난 국가주의라고 주장한다. 그리고 오직 절실한 것은 세계 노동자 민중의 세계 자본가국가에 대한 자주성이라 주장한다. 그런데 이 주장은 계급성을 호도하고 민족성과 분리된 협소하고 왜곡된 계급성을 주장하는 것이다.

한국이 미국에 대해 군사주권이 없기 때문에 군사주권을 찾자는 주장은 과연 성립할 수 없고 몰계급적인 주장인가? 트럼프의 통상협박에 맞서 경제주권을 찾자는 주장 역시 성립할 수 없고 몰계급적 주장인가?

우리는, 노동자계급은 전시군사작전권을 가진 미국에 대해 군사작전권을 찾아 자주권을 가져야 한다고 주장해야 한다. 이현숙의 주장대로라면 군사주권을 찾자는 주장은 미국이 가진 군사주권을 찾아와서 한국 지배계급에게 헌납하는 몰계급적인 행위가 될 뿐이다. 그러나 노동자계급과 기층 민중만이 진보적 계급으로서 제국주의에 종속된 종복으로 자처하는 부르주아와 다르게 진정한 주권의 행사자가 될 수 있다.

제국주의로부터 군사주권, 경제주권을 찾는 행위는 인민주권으로 가는 길이다. 이 주장은 노동사회과학연구소(노사과연)의 주장이다. 노사과연은 과거 "우리민족끼리 반미자주 하자"는 주장은 우리 민족 내에 자본가 계급도 있고, 극우도 있기에 그들과 같이 노사협조하자는 것이고 심지어 범죄라고까지 주장했다. 제국주의와 싸워 민족의 자주성을 찾자는 주장을 반대하기 때문이다.

노사과연은 대구인민항쟁, 4.3, 여순항쟁, 4.19혁명, 남민전(남조선민족해방전선)으로 이어져서 지금까지 지속되는 민족자주통일의 주장도 몰계급적이라 주장할 것이 틀림없다. 참으로 기괴한 족보 없는 계급성이다.

민족과 계급은 통일된 개념의 다른 측면이다.

오직 전 세계 노동자 민중의 세계 자본가국가에 대한 자주성이라는 노사과연의 개념에는 민족자주, 민족해방이 빠져 있다. 노사과연은 그리스 공산당의 어처구니없는 제국주의 피라미드론에 따라 독점을 가진 모든 나라, 전 세계 대다수의 나라가 제국주의가 되었다고 주장한다. 제국주의와 (신)식민지 개념이 독점자본주의가 발전한 현대자본주의에는 맞지 않는 개념이기에 오직 전 세계 자본가 대 전 세계 노동자·민중의 계급투쟁만 존재한다고 보는 것이다.

이 주장은 미제가 지배하는 한국의 현실과도 완전 동떨어진 주장일 뿐만 아니라 전 세계에서 벌어지는 정세와도 동떨어진 관념의, 종파적인 주장에 불과하다. 과연 제국주의에 맞서는 민족해방 투쟁은 시대착오적이고 비현실적 주장인가?

팔레스타인의 이스라엘, 미국에 맞서는 투쟁은 팔레스타인 국가의 자주적 권리를 쟁취하기 위한 투쟁이 아닌가? 이란의 이스라엘, 미국과의 투쟁은 이란의 자주적 권리를 찾기 위한 투쟁이 아닌가?

이 투쟁이 팔레스타인, 이란 민중의 이스라엘, 미제와의 투쟁이 아니라 자국 내 지배계급과도 싸우고 해외 지배계급과도 맞서는 싸움인가? 예멘은 또 어떤가? 예멘 민중의 외세와의 싸움은 과연 자국 지배계급과의 투쟁을 회피하는 몰계급적이고 국가주의적인 투쟁인가?

이란, 예멘의 투쟁은 국가주의가 아니라 민족해방 투쟁인 동시에 팔레스타인에 연대하는 가장 숭고한 국제주의 투쟁이다.

아프리카 니제르, 말리, 코트디부아르 등에서 프랑스, 미제 등 서방제국주의에 맞서 자주권을 위한 싸움은 과연 국가주의이고 민중의 해방과 무관한가?

남미 베네수엘라에서 미제의 레짐체인지(정권교체) 기도와 경제제재에 맞서 싸우는 민중의 투쟁은 과연 국가주의인가?

이 나라의 민중은 총부리를 자국 마두로 정부를 향해 돌려야 하는가? 이들은 실제 마두로 정부를 독점자본주의 권력으로 간주하고 타도해야 한다고 주장하고 있다.

서방 제국주의와 대리인인 우크라이나 정권과 싸우는 러시아 민중은 전쟁 시기 푸틴에 맞서 "제국주의 전쟁을 내전으로"라는 구호를 외치며 싸워야 하는가? 이 전쟁에서 서방 제국주의 패배와 러시아의 승리를 기원하는 것은 국가주의인가?

이들 계급지상주의자들은 실제 그렇게 주장한다. 이는 계급을 강조하지만 진보권력의 타도를 주장하고 계급 대 계급투쟁만 강조하는 트로츠키주의의 종파적 주장과 다름없다.

과연 중국 내 민중은 미제와 서방 제국주의와 대립하는 중국 내에서 내부 권력과의 투쟁으로 혁명을 해야 하는가? 중국을 독점자본주의, 제국주의로 보는 이들 '혁명가'들은 이렇게 주장한다. 반혁명가들인 것이다.

얼치기 혁명가들을 경계하고 멀리해야 한다. 얼치기 반혁명가들의 계급 대 계급이 아니라 '민족과 계급'이어야 한다.

   맑스주의와 포스트모더니즘 신좌파 다원주의 이데올로기 비판

2. 진짜 계급성이란 무엇인가?

트럼프의 제국주의 협박에 맞서는 투쟁을 국가주의로 매도하며 가로막는 행위를 계급성으로 호도해서는 안 된다.

트럼프의 통상협박, 주둔비 인상 등에 맞서 한국의 군사주권, 경제주권을 회복하여 자주성을 찾자는 주장에 대해 〈노동자신문〉은 "국가주의를 넘어서자"(2025.07.12.)는 논평으로 이러한 투쟁이 국가주의, 애국주의 선동이라며 반대하고 나섰다. 이 시기 오직 필요한 것은 "세계노동자·민중의 세계 자본가·자본가국가에 대한 자주성이"기 때문이라는 것이다.

이에 대해 우리는 "민족자주를 부정하는 얼치기 혁명가들을 경계하라!"(2025.7.12.)을 통해 이러한 주장이 제국주의에 맞서 자주권을 찾자는 계급성을 협소하게 왜곡하여 민족자주, 민족해방 투쟁을 외면하게 된다고 비판했다.

이러한 비판에 대해 다음과 같은 논리로 "국가주의를 넘어서자"는 주장을 옹호하는 노동사회과학연구소(노사과연) 회원의 글이 게시되었다.

> 옳습니다.
> '국가주의·애국주의' 가스라이팅.
> 세상에 존재하는 가스라이팅 중에서 가장 강력한!!! 국가주의 애국주의 가스라이팅에서 벗어나기가 정말 힘들죠.

여기서 "국가주의·애국주의" 개념이 무엇인지 먼저 살펴보자.

국가주의, 애국주의에 대한 이러한 규정은 무정부주의 국가관이다. 무정부주의자들은 프롤레타리아 독재, 즉 착취자들에 맞서 노동자 민중의 국가를 세우고 이를 지키는 투쟁을 국가사회주의라고 보고 있다. 그런데 국가사회주의는 파시즘의 배외주의적인 주장이다. 무정부주의자들은 프롤레타리아 독재와 파시즘을 동류에 넣고 전체주의라고 배격하는 것이다.

실제 나무위키 문서에서는 "애국주의는 지구가 여러 개의 작은 지역으로 나뉘어 있고, 강철 문이 그 경계를 이룬다고 가정한다. 우연히 특정한 장소에 태어난 자는 다른 지역에 태어난 자보다 자신이 더 낫고 고상하고 위대하고 지적이라고 생각한다. 그래서 그 선택된 장소에 태어난 모든 사람은 다른 사람들에게 자신의 우월성을 과시하기 위해 싸우고 죽이는 것이 의무라는 것이다"라는 대표적인 무정부주의자인 '엠마 골드만'의 주장을 싣고 있다.

애국주의 일반을 부정하는 무정부주의자들과 자주성을 배격하는 가

     맑스주의와 포스트모더니즘 신좌파 다원주의 이데올로기 비판

짜 계급주의자들은 서로 닮아 있다. 엠마 골드만은 특정한 지역, 나라의 사람들이 자기 우월성에 고취되어 다른 지역, 나라 사람들을 멸시하고 심지어 싸우고 죽이는 것이라고 애국주의를 배격하고 있다.

그런데 애국주의는 이것만 있는가? 나라를 잃은 식민지 민족이 자기나라를 그리워하고 나라를 빼앗은 제국주의와 싸우는 애국주의도 있지 않은가? 자기 지역, 나라의 강토를 자랑하고 아끼며 그 나라 사람들을 사랑하는 애국주의도 있지 않은가? 사회주의 애국주의도 있지 않은가?

레닌은 무정부주의자들의 애국관을 비판하며 사회주의 애국주의에 대해 이렇게 주장하고 있다.

민족적 긍지의 감정은 우리 대러시아인 계급의식적 프롤레타리아에게 낯선 것인가? 확실히, 그렇지는 않다! 우리는 우리말과 우리나라를 사랑하며, 우리나라의 근로대중(즉 우리나라 인구의 10분의 9)을 민주주의적·사회주의적 의식 수준으로 끌어올리기 위해 전력을 다하고 있다. 우리의 아름다운 나라가 차르의 도살자들인 귀족과 자본가들의 손에서 학대와 억압과 능욕을 겪고 있는 것을 보는 것은 우리에게 고통스런 일이다. 이러한 학대와 억압이 우리의 한가운데서, 대러시아인 속에서 반항을 불러일으키고 있는 것, 이 속에서 라디쉬체프와 데카브리스트와 70년대의 혁명적 라즈노친치를 배출한 것, 대러시아인 노동자계급 속에서 1905년에 힘찬 혁명적 대중정당을 만들어낸 것, 대러시아인 농민 속에서 민주주의를 향한 전환과 함께 성직자와 지주 타도 투쟁이 시작된 것에 우리는 긍지를 느낀다("대러시아인의 민족적 긍지에 대하여", 1914.12).

스탈린을 비롯한 맑스레닌주의의 혁명적 전통도 부르주아의 반동적 애국주의와 저항적 애국주의·사회주의 애국주의를 구별해 보고 있다.

세계주의는 그들의 유해한, 골수까지 부르주아적인 견해를 국제주의인 것처럼 보이게 하고 있다. 그러나 실제로는 국제주의와 세계주의는 서로 어디까지나 적대하는 것이다. 세계주의는 민족성이 없는 것을 의미하고, 민족성의 외부에 서 있는 것을 의미한다. 그러나 문화라는 것이 생활의 현실적 기반 위에서 발생하고, 각각의 민족적 투쟁 속에서 발생하는 것인 한, 세계주의는 반인민성을 의미한다. 세계주의란, 자유와 독립과 민족주권을 지향하는 여러 민족의 의지를 약하게 하려고 하는 부르주아·인텔리겐차의 발현형태이다. 프롤레타리아국제주의는 민족을 인정하는 것, 민족의 주권을 인정하는 것에 기초를 두고 있고, 인종이나 민족의 동등한 권리는 원칙에 기초를 두고 있다.

공산당과 소비에트국가는 각 민족의 문화적, 진보적 유산의 깊은 존중이라는 정신으로 국민을 교육하고 있다. 소련에서는 형식은 민족적이고 내용은 사회주의적인 문화의 발전, 다민족사회주의 국가의 건설과 강화에서의 노력에 부응하며, 각 민족의 공헌이 높이 평가된다.

민족의 독립과 민족의 자유를 위해 철저하게 투쟁하고 있는 것은 공산당에 지도되는 프롤레타리아뿐이다.

"애국주의란 고립된 조국의 수백 년, 수천 년이라는 기간에 굳혀진, 가장 깊은 감정의 하나이다"라고 레닌은 말하고 있다. 착취적 사회라는 조건에서는 근로자의 애국주의는 조국에 대한 애정을 착취에 대한 증오에 결합하고, 착취자의 속박을 타파하기 위한 투쟁, 조국이 자유롭게 되고 독립하기 위한 투쟁, 조국이 그들에게 있어서 계모가 아니고, 그들을 정신적, 물질적으로 개화시키고 행복하고 자유로운 생활을 주도록 하기 위한 투쟁에 결합한다(아지쟌, 제2장 스탈린의 노작 《마르크스와 민족문제》에 대하여).

오늘날 세계화, 세계주의를 내세우며 민족성, 민족자주에 반대하는 것은 부르주아 사상이다. 이 부르주아 사상을 따라 민족과 민족주의를 부정하는 것이 오늘날 소부르주아 진영에서 유행하고 있다.

이현숙은 다른 글에서도 무정부주의 국가관을 따라 민족 자체를 혐오 배격하며 민족주의, 애국주의 일반은 반동적이라고 주장한 적이 있다(이에 대해서는 "프롤레타리아 국제주의와 사회주의 애국주의는 대치되는가", 노동자정치신문, 2024.6.6. 글을 보기 바란다).

엠마 골드만은 러시아혁명 이후 들어선 소비에트 권력에 대해서도 민중을 억압하는 또다른 독재권력이라고 비난했다.

공산주의 정당은 정부 실권을 충분히 잡았다고 느끼자마자, 대중운동의 범위들을 제한해가기 시작했다. …새로운 독재 전(정)부에 굴복하기를 거부한 모든 정당과 모임은 사라져야 했다…. 따라서 분명한 것은 그 길을 그대로 쫓을 필요는 없다는 것이다. 1917년 혁명에서 등장했던 아래로부터의 요인들을 더욱 강화·발전시키는 게 우리가 가야 할 길이다. 피억압 대중을 혁명의 주체로 만들고, 그들 자신의 자치기구에 권력이 쥐어져야 한다. 생산과 사회의 민주적이고 자주적 관리는 어떤 이유로도 가로막히지 말아야 한다(전지윤, "길을 잃고 헤매던 레닌의 뒤를 그대로 쫓을 것인가, 다른 세상을 향한 연대, 2017.5.27. 기사에 실린 엠마 골드만의 글).

레닌은 이에 대해 사회주의 건설의 현실성을 전혀 모르는 "쁘띠부르주아적이고 무정부적인 파괴" 행위로 이는 "부르주아 반혁명의 승리로 귀결될 뿐"이라고 신랄하게 비판했다.

기관들은 '선출하는 생산자대회들 혹은 생산자대회'라는 것을 직접적으로 슬로건으로 내걸고 있다. …그리고 우리는 소비에트 국가에 의해 시작된 새로운 경제형태들의 건설이라는 실제의 업무를 계속하고 시정해가는 것이 아니라, 이 업무에 대한 쁘띠부르주아적이고 무정부적인 파괴를 목도하고 있는데, 이러한 파괴행위는 부르주아 반혁명의 승리로 귀결될 뿐이다(V.I 레닌, "러시아공산당 제10차대회의 결의. 우리 당내의 생디칼리즘적, 무정부주의적 편향에 대하여의 최초의 초안").

레닌은 당시 유행하는 "노동자통제" 구호에 대해서도 프롤레타리아 국가에 의한 노동자통제가 되어야 한다고 강력하게 주장했다.

각 공장별로 선출하는 생산자대회나 노동자통제는 전국적인 중앙집중적인 계획생산 체제가 아니라 각자의 분산되고 난립한 무정부적인 생산과 경제가 될 뿐이다. 이러한 생산체제가 지속된다면 이들 생산자기구 간에 교환이 이루어지면서 시장이 형성되고 이는 사회주의 계획 생산체제를 파괴하고 자본주의 무정부주의, 무계획주의로 귀결될 것이다(레닌, 같은 글).

   맑스주의와 포스트모더니즘 신좌파 다원주의 이데올로기 비판

레닌이 이를 "부르주아 반혁명의 승리로 귀결될 뿐"이라고 강력 비판한 것은 이 때문이었다. 엥겔스도 이를 이렇게 비판했다.

사회 혁명이 일어나, 오늘날 자신의 권위로 생산과 부의 유통을 관리하고 있는 자본가들을 권좌에서 끌어내렸다고 가정해 보자….

대공장의 기계 자동화는, 노동자를 고용하는 소자본가들도 이제까지 결코 그렇게 하지 못했을 정도로 훨씬 더 전제적이다. 적어도 노동 시간과 관련해서는, 이런 공장들의 대문에 다음과 같이 씌어 있을 수도 있다; 들어가는 사람은 자치를 모두 놔둘지어다! 인간이 지식과 창조적인 재능으로 자연의 힘을 굴복시키기는 했지만, 인간이 자연을 이용하는 한, 자연은 인간으로 하여금 모든 사회 조직과 별개로 이루어지는 진정한 전제주의에 놓이게 만듦으로써 인간에게 복수하고 있다. 대공업에서 권위를 폐지하기를 바라는 것은 산업 자체를 폐지하고자 하는 것이다. 물레로 되돌아가려고 증기 방적기를 부수고자 하는 것이다….

그들은 사회 혁명의 첫 번째 행위가 권위의 폐지이어야 한다고 주장한다. 이 양반들은 혁명을 한 번도 본 적이 없단 말인가? 분명히 혁명은 존재하는 가장 권위적인 것이다. 그것은 인구의 일부가 가장 권위적인 수단인 소총, 총검 대포로 또 다른 일부에게 자신들의 의지를 강요하는 행위이다. 승리한 당파는, 싸운 것을 헛되지 않게 하려면, 자신들의 무기가 반동배에게 불러일으키는 공포를 통해 이 지배를 지속시켜야만 한다. 파리 꼬뮌이 무장 인민들의 이러한 권위를 부르주아지에 맞서 이용하지 않았더라면, 단 하루라도 버틸 수 있었겠는가? 반대로 파리 꼬뮌에 대해서는 권위를 충분히 광범위하게 사용하지 않았다고 질책해야 하지 않을

까?(엥겔스, 《권위에 대하여》, 맑스·엥겔스 저작집 제18권, 305-308면, 1872.10.~1873.3. 사이에 쓰임, 칼 맑스 프리드리히 엥겔스 저작 선집, 이경일 번역, 박종철 출판사)

《공산당선언》에서 사적소유를 철폐하고 "생산수단의 국가수중으로 집중"이 공산주의의 요체라고 주장한 것도 이 때문이다. 엥겔스는 《반뒤링론》이나 이 저작을 따로 묶은 《공상에서 과학으로 사회주의의 발전》에서도 거듭 이 주장을 했다. 그러나 오늘날까지도 무정부주의자들은 현존했던 소련과 동유럽사회주의를 국가사회주의라 비난하여 사회주의 국유화를 부정하며 "아래로부터 사회주의", "자유인들의 연합체" 운운하며 이를 모토로 분산성과 무계획성을 옹호하고 있다.

이들은 사회주의 사회화의 가장 높은 사회화 형태인 국유기업, 국영농장을 아래로부터 민중의 열망과 무관하고 이를 억압하는 통제기구로 사고하고 있다. 이는 사회주의 생산과 건설에 대한 파괴행위이다. 우리가 이들을 범무정부주의라고 비판한 이유가 여기에 있는 것이다.

미제 우두머리 트럼프의 통상압박과 방위비 분담금에 대해 "국가주의·애국주의' 가스라이팅"이라고 주장하는 이들도 무정부주의자들이 자본주의 국가와 사회주의 국가 일반을 억압기구(누가 누구를 억압하고 지배하느냐로 보지 않고) 자체로 보고 거부하는 것처럼, 이들도 저항적 민족주의, 저항적 애국주의와 배외적, 반동적 애국주의를 가리지 않고 무차별적으로 반대하고 있다.

무정부주의자들에 뒤질세라 이들은 도대체 (제국주의)국가의 본질이 무엇인지 인식하지 못하고 있으며 상투적이고 비현실적 주장을 남발하며 이를 극복하는 방안도 모르며 실제로는 반미반제 투쟁에 기권을 선동하고 있다.

무정부주의자들이나 참칭 계급론자들의 혼란스럽고 왜곡된 주장과 다르게 국가주의, 애국주의란 무엇인가?

국가주의는 자본가들의 착취적이고 반사회적이며 반민중적 이해를 국가일반, 국가에 소속된 전체 사회구성원의 보편적 이해로 포장하고는 노동자·민중의 일방적인 양보와 희생을 끌어내는 것이다. 애국주의는 국가의 이해, 실은 자본가들의 이익을 위해 다른 나라의 자주권을 무시하고 경멸하여 침범하는 것이다. 이 애국주의는 민족 간, 국가 간 호혜와 평등이 아니라 배외주의를 내세운 지배와 침략에 있다.

이러한 애국주의, 국가주의는 자기 민족의 인종적 우월성을 내세우는 인종주의와도 직접 연관이 있다. 파시즘이야말로 이러한 반동적, 침략적 애국주의의 전형이다. 제국주의 역시 애국주의, 국가주의를 내세워 자국 인민을 통제, 동원하는 동시에 다른 나라, 민족에 대한 침략과 지배, 억압을 바탕으로 하고 있다.

∾ 애국주의, 국가주의의 전형은 미제국주의 수괴 깡패 트럼프다

오늘날 깡패 제국주의의 우두머리인 트럼프가 이 전형을 보여주고 있다. "미국을 위대하게(Make America Great Again, MAGA)"라는 구호를 내세워 다른 나라에 대한 통상협박과 국내총생산 5% 군사비 증액을 강요하는 트럼프의 구호야말로 21세기 애국주의, 국가주의의 전형적 모습이다.

그런데 "미국을 다시 위대하게"를 내세워 통상협박과 주한미군 분담금 인상을 강요하는 트럼프와 미국에 맞서 군사주권, 경제주권, 통상주권을 지키자고 싸우는 것이 어찌 이와 똑같은 애국주의, 국가주의로 배격할 것이 되는가?

계급성은 무엇인가? 계급의식이다. 노동자계급은 자본가 계급에 맞서 계급의식을 가지고 자주적으로 싸워야 한다. 그러나 노동자계급의 진정한 계급의식은 자신의 직접적 요구[36]만이 아니라 사회 전체의 문제와 역사적 문제에도 지대한 관심을 가지고 싸우는 것이다.

노동자계급은 민주주의 문제에도 관심을 가지고 국가보안법 폐지를 위해 싸워야 한다. 분단에 맞서 미군을 철수시키고 평화협정을 맺고 우리 민족의 자주적 통일을 위해 싸우는 것과 미국 트럼프의 통상압박과 주한미군 분담금 폭등 겁박에 맞서 자주권을 위해 싸우는 것은 가장 높은 수준의 계급의식을 발휘하는 것이다. 그러나 노동자들은 아직 이러한 문제에 그다지 관심을 보이지 않고 있다. 미국 트럼프의 제국주의 강권과 협박에 맞서 전체 노동자들과 민중이 들고일어나는 것은 시급한 과제이며 동시에 우리 운동에 만연한 조합주의, 경제주의를 넘어 진정으로 계급의식을 높이는 것이다. 그런데 이현숙이나 노사과연은 미제의 횡포에 맞서 자주권을 쟁취하는 투쟁에 들불같이 일어날 것을 선전하고 조직하는 것이 아니라 이를 애국주의, 국가주의로 비난하며 이 투쟁을 가로막

---

36   여기에도 당연 충실해야 한다. 임금인상처럼 이 요구는 빈곤과 불평등을 척결하며 사회의 진보에도 기여하기 때문이다. 그러나 이것이 자기만, 자기조합만 잘 먹고 잘살자며 연대를 거부하고 배척하는 조합주의와 사회변혁이라는 운동의 궁극목표를 상실하고 당면한 이해에만 몰두하는 실리주의를 의미하는 것은 아니다.

     맑스주의와 포스트모더니즘 신좌파 다원주의 이데올로기 비판

고 있다. 이는 계급성을 심각하게 곡해하는 것이며 과학적, 역사적 인식의 결여이자 기회주의, 종파주의이기도 하다.

이들은 자주권을 위한 투쟁이 애국주의, 국가주의 가스라이팅이라고 비난하는데 가스라이팅은 "피해자를 심리적으로 조종하여 자신의 통제 하에 두려는 행위"를 말한다.

과연 누가, 누구를 가스라이팅하고 있는가? 트럼프의 애국주의, 국가주의와 제국주의 겁박에 맞서 노동자 민중의 저항적인 자주권을 행사하기 위한 투쟁을 도매금으로 묶어서 투쟁의 확산을 막는 거짓 이데올로기를 유포하는 것이야말로 노동자계급의 계급의식의 발전과 진보적 실천에 대한 가스라이팅 아닌가?

근본주의적이며 과학적인 현실인식이 필요하다

"조한관계는 동족이라는 개념의 시간대를 완전히 벗어났다"는
'김여정 조선로동당 중앙위원회 부부장 담화'를 보며

김여정 조선로동당 중앙위원회 부부장 담화를 보면, 동족·민족관계가 아닌 적대관계로 전환된 남북관계의 전환은 단순하게 미봉책으로는 해결할 수 없는 지경에 이르렀다는 근본적이고 냉정한 현실인식이 필요하다는 자각을 다시금 하게 된다.

대북관계를 적대관계로 간주하고 미국의 대북적대 정책의 돌격대를 자처하며 외환책동 등 전쟁책동에 앞장섰던 윤석열 정권에 비해 북(조선)을 교류·협력과 평화공존의 대상으로 간주하는 이재명 정권의 대북정책은 진일보한 것이 틀림없다. 이재명 정권은 윤석열 정권이 개시했던 대북확성기 방송과 전단 살포를 중단하는 조치를 취하였다. 북도 이에 화답하여 접경지대 대남 방송을 중단하고 대북전단 살포가 중단된 데 맞춰 대남전단 살포도 중단한 지 오래되었다. 이재명 정부는 또한 2025년 10월 31일 경주에서 개최되는 아시아태평양경제협력체(APEC) 정상회의에 김정은 국무위원장을 초청하는 방안도 검토하기도 하였다.

이제 남북관계는 다시 평화와 공존의 민족·동족관계로 순항하게 될 것인가? 남북관계의 근본전환의 길이 열리는 것인가? 정동영 통일부 장

관은 취임 직후부터 남북관계가 강대강 적대관계에서 선대선의 평화공존 관계로 전환해야 한다는 열망을 지속적으로 표명하고 있다.

2025년 7월 25일 신임 정동영 통일부 장관은 이를 표명하고 다음과 같은 취임사를 발표하였다.

2004년 7월 1일, 제가 제31대 통일부장관을 시작하며 했던 취임사를 오랜만에 읽어보았습니다. 거기에는 철도·도로 연결, 개성공단 개발, 이산가족 상봉, 남북경협, 민간교류, 그리고 남북대화, 6자회담, 동북아의 평화 번영….

우리가 '통일부라는 이름으로' 써내려갔던 땀과 눈물이 서린 단어들이 무심하게 수북이 쌓여있었습니다. 그런데 지금 우리의 시간은 어디로 다 증발한 것입니까. 지난 남북관계의 시간들은 다 어디로 사라진 것입니까.

남북관계의 모든 것이 폐허입니다. 완전히 무너지고 끊어지고 사라졌습니다. 개성 평화도시를 재건하는 일, 금강산으로 가는 길을 다시 여는 것은 끊겼던 혈관을 잇는 일입니다.

평화의 혈관입니다, 통일의 혈관입니다.

이에 대해 7월 28일 김여정 조선로동당 중앙위원회 부부장 담화가 발표됐다. "조한관계는 동족이라는 개념의 시간대를 완전히 벗어났다"는 제목에서 보듯, 북의 반응은 극히 냉정하고 싸늘하기조차 한 것이었다.

김여정 부부장은 아펙초청에 대해서는 "헛된 망상"이라고까지 극단적인 입장을 내놓았다. 남에서 남북관계의 엉킨 실타래를 풀고 새로운 전환의 계기로 은근 기대했던 대북방송 중단에 대해서는 "그 모든 것은 한국이 스스로 초래한 문제거리들로서 어떻게 조처하든 그들 자신의 일로 될 뿐이며 진작에 하지 말았어야 할 일들을 가역적으로 되돌려세운 데 불과한 것이다"라고 평가절하하였다. 또한 "지난 시기 일방적으로 우리 국가를 주적으로 선포하고 극단의 대결 분위기를 고취해오던 한국이 이제 와서 스스로 자초한 모든 결과를 감상적인 말 몇 마디로 뒤집을 수 있다고 기대하였다면 그 이상 엄청난 오산"이라고 평가하기까지 했다.

김여정 부부장은 "'민주'를 표방하든, '보수' 탈을 썼든 한국은 절대로 화해와 협력의 대상으로 될 수 없다는 대단히 중대한 력사적 결론에 도달할 수 있었으며 동족이라는 수사적 표현에 구속되여 매우 피곤하고 불편했던 력사와 결별하고 현실 모순적인 기성개념까지 말끔히 털어버릴 수 있었다"며 지난번 남북관계의 적대관계로의 전환이 일시적인 조치도 아니며 감상적이고 표면적인 몇 가지 조치로는 되돌아올 수 없다는 것을 다시금 분명히 하였다.

집권 50여 일을 맞는 이재명 정권 역시 "조선반도 긴장완화, 조한 관계 개선"을 아무리 표명해도 "흡수통일이라는 망령에 정신적으로 포로 된 한국정객의 본색"을 그대로 가지고 있으며, "한미동맹에 대한 맹신과 우리와의 대결 기도는 선임자와 조금도 다를 바 없다"고 평가하였다. 그뿐

     맑스주의와 포스트모더니즘 신좌파 다원주의 이데올로기 비판

만 아니라 "침략적 성격의 대규모 합동군사연습의 련속적인 강행으로 초연이 걷힐 날이 없을 것이며 미한은 상투적 수법 그대로 저들이 산생시킨 조선반도 정세악화의 책임을 우리에게 전가해보려고 획책할 것이다"라고 예측하였다.

이미 문재인 정권 당시 남북연락사무소의 파괴라는 행위에서 노골적으로 표출하였고, 윤석열 정권 들어서서 민족·동족관계에서 적대관계로의 전환 발표부터, 남북관계의 재전환을 위한 청사진을 밝히고 있는 이재명 정권 들어서까지도, 이번에 발표된 김여정 부부장의 담화를 통해 다시금 확인하는 것처럼, 북의 입장은 일관된 것이며 확고부동하다. 일시적인 것도 아니다. 분단 이후 남북관계에 대한 총론적 평가의 결론이기 때문이다.

1. 역사적 원인을 간과한 변죽을 울리는 미봉책이라면 반드시 실패할 것이다

김여정 부부장의 담화는 극도로 냉담하고 싸늘한 것이지만 냉정한 현실인식에 근거한 것이고 극도로 신중한 결론에서 나온 것이다. 반면 정동영 통일부 장관의 인식은 표면적이고 자의적이며 변죽을 울리는 것으로 가득 차 있다.

취임사에 정동영 장관이 "통일부라는 이름으로 써내려갔던 땀과 눈물이 서린 단어"는 "철도·도로 연결, 개성공단 개발, 이산가족 상봉, 남북경협, 민간교류, 그리고 남북대화, 6자회담, 동북아의 평화 번영…" 등 교류·협력, 일시적인 평화공존의 단어로 가득 차 있다.

"남북관계의 폐허"를 딛고 다시 "평화와 통일의 혈관"을 잇는 일은 "개성 평화도시를 재건하"고 "금강산으로 가는 길을 다시 여는 것"으로서, 교류·협력과 평화공존으로 적대관계로 전환된 남북관계를 다시 복원하겠다는 것이다.

북은 "조한관계는 동족이라는 개념의 시간대를 완전히 벗어났다"는 근본인식을 하는데, 남은 6.15, 10.4 선언의 시대에 머물러 있다. 정동영 통일부장관은 남북관계가 적대관계로 전환된 근본원인에 대한 단 한마디의 통찰도 없다. 근본원인에 대한 해결 없이 일시적인 미봉책으로 남북관계의 대전환을 도모하겠다는 것이다.

남북관계가 적대관계로 전환된 근본원인은 무엇인가? 미국의 대북적대 정책이다. 미국은 일제에 이어 점령군으로 이 땅에 들어와 조선인들의 자주적 해방 열망을 짓밟고 이승만 괴뢰정권을 내세워 단정·단선으로 한(조선)반도를 분단시켰다. 미국은 이남을 반공 전초기지로 삼아 조선과 소련, 이후 중국에 대한 침략책동을 전개하였다.

미국은 핵패권·핵독점 전략으로 일관하면서 북에 대한 전쟁위협과 제재 등 고립말살책으로 한반도에 항상적인 전쟁위협을 야기하였다. 미국은 대북적대 정책과 분단정책으로 일관하고 내정간섭으로 이 땅의 자주성을 말살하였다. 더욱이 미국의 핵독점·핵패권 정책을 내세운 대북적대 정책에 대한 맞대응으로 북은 자위권의 일환으로 핵무기를 개발하였다. 이제 북은 확고하고 되돌릴 수 없는 핵무력 완성국가를 선언하고 헌법에도 이를 명시하였다. 이로써 과거 싱가폴, 하노이 조미정상회담의 조건이었던 단계별 비핵화도 물 건너갔다.

　　　맑스주의와 포스트모더니즘 신좌파 다원주의 이데올로기 비판

"6자회담"이라는 수단을 통한 "동북아의 평화번영"의 조건도 완전히 변했다. 조미정상회담의 결렬과 조러 간 전략적 동맹자관계의 체결만 봐도 그 변화의 깊이를 알 수 있다. 이러한 급변한 환경을 고려치 않고 이재명 정권은 "북의 비핵화"라는 입장을 여전히 고수하고 있다.

> 이재명 정부는 외교 분야에서 '실용 외교' 표방을 선언했다. 이 대통령은 공약집에서 국익 우선 원칙과 실용적 협력을 바탕으로 하는 외교를 공약했다. 주변 4국(미·일·중·러)과의 관계도 실용에 기반할 것이고, 이들에 대한 경제 의존도를 낮추며 외교·통상의 다변화를 모색해 외교 영역을 다변화한다는 전략 추진 의지를 피력했다. 그러면서 대북 관계도 비핵화 및 한반도 평화 기반 위에서 남북 간 협력을 단계적으로 확대할 포부를 밝혔다.
>
> 미국의 대북정책에 대해서는 트럼프 2기 행정부도 1기 때와 같이 비핵화를 전제로 경제적 인센티브 카드로 북한과 대화 실현 가능성을 높게 전망하며, 남북 경제협력 가능성이 커질 것으로 분석했다. 그러면서도 한미동맹에 기반한 전방위적 무력 충돌 억제 능력 확보를 강조하며 국제사회와의 협력 강화를 강조했다. 남북관계의 복원 및 화해·협력을 통해 북한 핵 위협의 단계적 감축 및 비핵화·평화 체제를 지향점으로 설정했다. 또한 지속 가능한 한반도 평화를 실현하고자 하는 의지 또한 역설했다(주재우 경희대 교수, "한·중관계 회복으로 북한 비핵화? 과도한 낙관!", 신동아, 2025.06.30.).

이재명 정권의 대외·대북정책은 상호 모순되고 오락가락하는 정책으로 가득 차 있다. 자기 스스로 사태를 자주적으로 해결할 의지와 전망도 없다. 이것이 일관성이라면 일관성이라 하겠다. 이재명 정권은 현실 가능하지 않은 북한 비핵화와 이와 모순되는 한반도 평화의 공존, 미국의 대북정책에 대한 기대도 비핵화를 전제로 한 경제적 인센티브로 하노이 조미정상회담 수준의 복원 기대, 한미동맹에 기반을 둔 전방위적 무력 충돌 억제라는 배반적인 기대로 점철돼 있다.

이는 북한핵 폐기라는 전제조건의 폐기가 조미 간 관계복원의 출발점이고 이것이 남북관계에도 영향을 미칠 수밖에 없는 시점에서 현실을 무시하고, "남북관계의 복원 및 화해·협력"을 기정사실로 간주하며, 그 주관적 가정하에서 "북한 핵 위협의 단계적 감축 및 비핵화·평화 체제"로 나아가겠다는 허황된 목표를 제시하고 있다.

더욱이 조·중·러 대 미·일·한 대립이 더 선명해지고 중국에 대한 대결과 한국을 대중적대의 첨병으로 내세우며 국제관계의 패권의 길을 공공연하게 가고 있는 트럼프 정권 들어 한중관계를 복원하고 중국을 설득해 대북압력을 가하고 비핵화를 하겠다는 전망 역시 시대착오적이고 비현실적인 주관적 바람에 불과하다.

중국과의 실용적 관계로의 전환조차도 미국의 대중적대 포위 정책으로 쉽지 않은 참에 중국을 대북압력의 포위망으로 끌어들여 비핵화를 하겠다는 입장 역시 꿈같은 얘기다. 다 차치하고 중국이 설령 북한 비핵화를 압박한다 하더라도 북이 여기에 굴복할 리도 만무하다.

    맑스주의와 포스트모더니즘 신좌파 다원주의 이데올로기 비판

2. 대북 적대정책 철회가 남북관계 근본 전환의 길이다

남북관계를 적대관계로 만든 근본 역사적 원인을 해결하지 않고 남북관계의 전환점은 마련되지 않는다. 남북 간 평화공존과 교류협력은 사전 전제조건 없이 가능하지 않다. 그동안 민주당은 교류와 협력의 수단을 통해서이지만 흡수통일이라는 목표를 가지고 북과의 관계를 모색해 왔다. 한미일 동맹, 특히 미국과의 동맹을 절대시하면서 그 틈바구니에서 대북정책을 행사하려 했다.

4.27 판문점선언과 9.19 평양공동선언의 미이행과 불능, 급기야 폐기에서 보듯 남북관계의 자주적 발전을 사사건건 가로막은 것도 미국이었다. 하노이 조미정상회담의 파국은 미국과 한미일 동맹에 의존하는 한국의 대북정책도 파탄으로 몰아갔다.

이재명 대통령은 정전협정 체결 72주년을 맞아 "미국은 피를 나눈 혈맹이자 가장 강한 동맹"이라며 "한미동맹은 군사적 협력을 넘어 정치, 경제, 안보, 문화 등 전방위로 확대돼야 한다"며 한미동맹을 숭상하고 충성을 맹세했다.

그러나 주지하듯, "한국에서의 적대행위와 일체 무력행위의 완전한 정지를 보장하는 정전을 확립할 목적으로 이 협정에 서명한다"는 정전협정의 근본 목적을 파기하고 외국군의 철수라는 협정문을 이행하지 않고 불평등한 한미군사 동맹에 기초하여 대북 전쟁책동과 내정간섭을 일삼아 온 것은 미국이었다.

더욱이 미국은 "혈맹"인 한국의 피를 마음 놓고 빨아먹는 흡혈귀를 자처해 왔는데, 트럼프 정권 들어서 관세폭탄과 주한미군 방위비 분담금

10배 인상이라는 폭탄, 대중국 수출 규제 등으로 혈맹의 실상을 유감없이 과시하고 있다.

한미 군사동맹이 대북, 대중국, 대러 전쟁책동으로 전쟁 위기를 고조시키고 남북관계를 악화시킨 주범인데, 이것도 모자라 "한미동맹은 군사적 협력을 넘어 정치, 경제, 안보, 문화 등 전방위로 확대"시킨다면 군사·정치·경제·문화·정신 등 전 영역에 걸쳐 미국에 대한 한국의 자주성이 송두리째 박탈당하게 될 것이다.

도청까지 일삼는 난폭한 범죄를 저지르는 미국의 요구에 따라 우크라이나 재정·군사 지원한 것도 모자라 대북적대와 전쟁돌격대 역할을 윤석열의 말로는 내란과 외환으로 얼룩지면서 파탄을 맞았다. 윤석열을 낳았던 문재인의 남북관계 파탄도 사사건건 미국 눈치를 보며 "머저리" 짓을 한 결과다.

이재명 정권이 파탄한 남북관계의 정상화와 교류·협력과 평화공존을 말하며 대미 추종관을 지속한다면 문재인 정권의 길을 따라가는 것이다. 그런데 문재인 정권 때와 다른 것은 남북관계 전환은 피어 보지도 못하고 될 것이라는 점이다. 그런데 이것이 차라리 남북 간 현상유지라는 형태로 평화공존이라도 유지되면 그나마 다행일 텐데 현실은 그렇지 못하다는 점이다.

미국의 대북적대 정책이 지속되고, 한국이 자주성을 박탈당한 채 미국 추종노선을 지속한다면, 한미군사훈련의 계속과 대중 적대의 가속화로 전쟁위기를 고조시키게 될 것이다. 유라시아, 중동에 이어, 아시아, 동북아시아에서 제3의 전쟁을 획책하는 미국 군산복합체와 전쟁체들에 의해 전쟁의 참화가 벌어지게 될 것이다.

     맑스주의와 포스트모더니즘 신좌파 다원주의 이데올로기 비판

주한미군사령관이자 한미연합사령관인 제이비어 T. 브런슨

미국의 '전략적 유연성'에 따라 "일본과 중국 본토 사이에 떠 있는 섬이자 고정된 항공모함"[2025.5.15.(현지시간) 하와이에서 열린 미국 육군협회(AUSA) 태평양지상군(LANPAC) 심포지엄에서 북한과 중국, 러시아 견제를 위한 한국의 지정학적 중요성과 주한미군 주둔 필요성을 강조하면서 제이비어 브런슨 주한미군사령관이 한 발언]의 신세를 면치 못하는 한국은 조중러의 군사공격의 표적으로 전락하게 될 것이다.

우리는 레디칼(Radical)해야 한다. 레디칼하다는 것은 대책 없이 급진적이라는 걸 의미하지 않는다. 레디칼하다는 건 근본적으로 사고하는 것이다. 근본적으로 사고한다는 것은 사물의 본질을 끝까지 추적해서 파악한다는 것이다. 역사적, 과학적으로 사고하는 것이 레디칼한 것이다. 이것이 바로 발본색원이다.

교류·협력의 강화, 평화공존, 강대강의 선대선으로의 전환 같은 남북관계의 대전환은 대북적대 정책의 철회로부터 시작된다. 북의 핵이 자위권의 일환이고 북핵은 되돌릴 수 없다는 현실을 인정하는 것으로부터 출발해야 한다.

북한 주적론과 북한 적론은 한 끗 차이에 불과하다. 북을 타도하거나 수복해야 하는 미수복 지역의 (주)적으로 돌리고, 북을 적대시하며 북에 대한 거짓선전과 교육을 일삼고, 이러한 파탄적 관계를 헌법에 명시하고 이러한 전도된 관념을 거부하는 이들을 국가보안법으로 탄압하면서는 평화공존과 교류·협력의 길로 한 발짝도 들여놓지 못하게 될 것이다.

미군강점 80년, 정전협정 72주년을 맞은 지금 대북적대 정책의 폐기와 자주적 남북관계의 발전을 가로막은 미국과 한미동맹을 그대로 두고서는 남북관계의 대전환은 있을 수 없다는 역사적 교훈을 되새겨야 한다.

눈앞에 다가온 미국의 관세폭탄과 주한미군 분담금 10배 인상, 대중 수출 규제, 일방적 수입개방 등은 국제적 현상의 일부면서도 미군이 주둔하고 자주성을 상실하고 내정간섭을 일상화된 한국의 특수한 상황에서 더 일방적으로, 불평등하게 나타날 수밖에 없다. 미국의 내정간섭과 압력에 대해 "차라리 떠나라"라고 공세적으로 대응해야 한다.

일회적인 소비 지원금이 아닌 실질임금 인상과 천문학적 주한미군 주둔비 인상과 첨단 전쟁 무기 수입을 중단한다면 그것으로도 소비와 민생 복지가 대폭 증대될 것이다.

이처럼 미봉책과 변죽을 울릴 것이 아니라 발본색원해야 한다. 국가보안법 철폐, 불평등한 협정의 폐기, 평화협정 체결과 주한 미군철수, 분단 척결과 자주통일로 나아가야 한다.

   맑스주의와 포스트모더니즘 신좌파 다원주의 이데올로기 비판

4장

미국의 강도 같은 패권 지배, 굴종적 한미동맹은 자연법칙처럼 보편적, 영속적인 것인가?

1. 한미동맹이라는 노예적 현실은 노예의식 속에서 영속화된다

우리는 서로 다른 세계를 살고 있는가? 아니면 처지가 달라 서로 다르게 생각하고 있는 것인가? 이번 미국과의 통상협상은 우호적인 상호관계 속에서 만들어진 협상이 아니라 강도 미국의 패권이 일방적으로 관철된 결과다.

소고기와 쌀의 추가 개방은 없다는 것을 성과로 간주하지만, 이미 이 부분이 상당부분 개방된 데다가 트럼프는 이번 협상 결과를 두고 농산물 시장을 완전 개방하기로 했다고 밝혀 향후 논란을 남겨두고 있다.

미국이 관세인상뿐만 아니라 중점을 둔 협상 내용은 미국 제조업 부활이다. 그런데 제조업의 후퇴는 금융중심의 전 세계 수탈구조에 매진한 결과다. 미국은 이 수탈구조 속에서 생산적인 투자와 기술개발, 혁신보다는 기생적이고 약탈적인 미제국주의의 이익을 관철해 왔다. 그런데 미제는 자업자득으로 만들어진 이 결과를 뒤집기 위해 동맹에 대한 새로운 수탈 구조를 마련하려 한다.

나라 간 통상협상에서 한 나라의 쇠퇴하는 제조업 전반의 부흥을 약속하는 전례는 없었다. 미국은 미국의 조선업과 제조업 산업 전반을 살려내라고 강요하고 있다. 이번 통상협상으로 한국은 미국에 3,500억 달러(488조 원) 강제 투자를 하게 된다. 이 중 쇠퇴한 미국의 조선업을 살리는데 1,500억 달러를 투자하고, 나머지 2,000억 달러는 반도체, 원전, 이차전지, 바이오 산업에 투자하는 결과를 보면 이번 협상이 전대미문의 일방적이고 폭력적인 강탈 수준에서 결정됐는지를 알 수 있다.

미국 조선업을 살리기[마스가(MASGA·Make American Shipbuilding Great Again)] 위한 투자는 무엇을 의미하는가?

한국은 대미 투자액 3,500억달러(약 488조원) 중 1,500억달러(210조원)를 조선 협력 전용 펀드로 조성한다. 미국 내 신규 조선소 건립, 조선 인력 양성, 조선 관련 공급망 재구축, 그리고 유지보수(MRO) 등을 포괄하는 프로젝트를 통해 미국 조선업의 부흥을 돕는다는 것이다("'최악의 상황 면했다' …한미 관세협상 1차 성적표는?", BBC News 코리아, 2025.7.31.).

이는 한국의 자금뿐만 아니라 기술 이전, 노하우, 인력지원 등이 다 포함될 것이다. 나머지 산업에 대한 지원도 다시 반도체 산업을 위대하게, 원전 산업을 위대하게, 이차전지 산업을 위대하게, 바이오 산업을 위대하게 하기 위하여 한국의 자금, 기술력, 인력을 다 쏟아붓는 일이 될 것이다.

더욱이 협상은 최소한 정도는 차이는 있어도 주고받는 모양새를 취한다. 그러나 이번 관세협상은 최소한의 바터 형식도 내팽개치고 있다. 이

    맑스주의와 포스트모더니즘 신좌파 다원주의 이데올로기 비판

번 협상으로 미국에 수출하는 한국상품 15% 관세 인상에 반해 미국 상품은 무관세를 유지하는 철저하게 불평등한 관세협상이다. 중동에서 수입하는 석유 수입선을 미국으로 일부 바꾸고 미국의 비싼 액화천연가스(LNG)를 수입하는 일방적인 합의도 포함돼 있다. 이 액수도 1,000억 달러(약 139조 3,500억원)에 달한다.

도대체 이러한 일방적이고 폭력적인 협상이 어떻게 선방한 것이고 실용외교의 승리란 말인가?

중국을 천자국으로 섬겼던 조선의 조공외교에서도 이러한 굴욕적이고 일방적인 강탈은 없었다. 그런데 무엇이 똑같은 하나의 사례를 두고 정반대의 평가가 나오게 했는가? 이재명과 그 지지세력들의 실용주의의 실용성은 어디에서 나오는가?

이들의 실용주의는 '현실주의'다. 이들의 현실주의는 미국의 전 세계 패권을 객관적인 주어진 사실로 인정하는 데서 온다. 이들에게 미국의 패권은 자연법칙처럼 불변의 주어진 사실이고 이번 협상은 부동의 객관 현실에 잘 적응하고 탄력적으로 대응한 결과다. 특히 한미동맹은 이들에게 불변의 사실이고 심지어 숭배해야 할 대상이다. 미국의 패권 지배의 영속성, 숭배하는 한미동맹 하에서 지금의 통상협상 결과는 비교적 잘 된 협상이고 선방한 결과라는 것이다.

이들 '현실주의자들'에게는 미국의 패권은 유럽이든 일본이든, 다른 어느 나라든 감수할 수밖에 없는 현실이기 때문에 이들에게 사물을 판단하는 잣대는 동맹으로 포장된 서방세계에서 벌어지는 미국과 다른 나라와의 관계가 된다.

이재명은 심지어 "이번 합의로 한미동맹도 더욱 확고해지는 계기가 될 것이라는 기대"를 표명했다. 이 자들에게는 강도적, 약탈적 한미동맹의 현실은 벗어나야 하고 변화해야 하는 노예의 족쇄가 아니라 황금의 장식품인 것이다.

그런데 이러한 논리대로라면 일본의 조선 침략과 지배를 명문화 했던 강화도 조약이나 을사보호조약 역시 일본의 강대한 힘의 현실에 비춰 정당한 것이고 현실로 인정해야만 하는 것이다. 그렇다면 과연 일본 지배를 정당화하고 거기에 편입해 호가호위한 친일파나 그 노예의 역사를 정당화하는 뉴라이트나 현재 미국 지배를 정당화하는 이들 친미숭배 뉴라이트들이 다른 게 무엇이 있는가? 한미동맹이라는 노예적 현실은 노예의식 속에서 영속화된다.

2. 강도 앞에 굴종하는 한미동맹을 벗어나 다른 세계를 보라!

일제의 지배가 주어진 현실이고 영원할 것이라는 친일파의 세계관과 명분과 같이 이들 한미동맹파에게는 서방 제국주의 패권이 지배하는 현실, 동맹이라는 이름으로 자행되는 강도적 패권 이외의 다른 현실은 전혀 보이지 않는다. 미국 패권 지배는 영원하게 지속될 사실이다. 그러나 미국의 패권은 내리막길을 걷고 있고 현 트럼프와 미국의 강도 같은 횡포는 미국 패권의 쇠퇴를 막으려는 몸부림이다.

미국 중심의 일극 패권 지배체제에 맞서 다극체제가 형성되고 있다. 이들 다극체제의 나라들은 미국 일극 지배체제에 맞서 새로운 신세계 질서

    맑스주의와 포스트모더니즘 신좌파 다원주의 이데올로기 비판

를 구축하고 있다.

브릭스는 대표적인 다극 질서체이다. 중국과 러시아가 중심이 되는 다극질서 체제에는 이 두 나라 말고도 브라질, 인도, 남아프리카공화국, 이집트, 에티오피아, 이란, 아랍에미리트(UAE), 인도네시아가 정회원국으로 참여하고 있다. 여기에 벨라루스, 볼리비아, 카자흐스탄, 쿠바, 말레이시아, 나이지리아, 태국, 우간다, 우즈베키스탄, 베트남이 파트너 국가로 참여하고 있다.

브릭스 국가들은 국제결제에서 달러화 대신 위안화 결제 비중을 높이고 있고 새로운 독자적인 결제 시스템을 구축하려 시도하고 있다.

브릭스는 전 세계 인구의 절반 정도, 국내총생산의 30% 후반에 육박하는 거대 무역규모를 차지하고 있다. 브릭스는 점점 더 확장되고 있다. 브릭스 합류를 희망하는 국가들은 2024년에만 40여 나라가 줄 서 있었다. 그러나 한국은 선진국을 자처하면서 브릭스에는 무관심하고 G7 참여만 노리고 있다.

미국은 브라질의 브릭스 주도에 대해 "미국에 해를 끼치는 브라질 정부에 대한 대응"이라고 밝히면서 '쿠데타 모의' 혐의로 재판 중인 친미 극우 성향 보우소나루 전 대통령을 브라질 정부가 정치적 표적으로 삼았다고 비난하며 브라질에 50% 초고율 관세를 매기겠다고 협박하고 있다. 그러나 브라질 룰라 정부는 내정간섭을 중단할 것을 요구하고 미국에 "미국에 끌려다니진 않을 것"이라며 자주적 입장을 견지하고 있다.

트럼프는 인도가 미국이 아닌 중국과 러시아에서 다량의 무기와 에너지를 수입하는 것에 25% 관세와 페널티를 매기겠다고 협박하고 있다. 그러나 인도에서는 미국에 상응하는 보복관세를 매기겠다며 맞서고 있다.

미국의 25% 관세협박에 맞서는 멕시코의 경우에도 브릭스 참여 문제를 저울질하며 미국에 협상력을 발휘하고 있다.

한미동맹을 일방 숭배하고, 서방세계 편입만을 확고하게 사는 길로 보는 숭배론자들은 이러한 다른 현실들은 안중에도 없다.

이번 한미 통상협상은 한미 글로벌 포괄적 전략동맹의 일환으로 체결되었다. 한미 간 포괄적 전략동맹의 강도성, 약탈성에 비춰, 지난 2024년 6월에는 조·러 자주국가 간의 〈포괄적인 전략적 동맹자 협정〉이 체결되었다.

1조에서 23조까지 담고 있는 이 조약은 국제문제에 대한 공동대응과 정치, 경제, 군사, 문화, 체육, 식량 및 에너지 안전, 정보통신과 과학기술, 우주, 농업, 보건, 교육, 관광 등 국가 간 맺을 수 있는 모든 분야를 포괄하고 있다.

"역사적으로 형성된 조러 친선과 협조의 전통"을 계승하고 있을 뿐만 아니라 "미래지향적인 새 시대 국가 간 관계"를 지향함으로써 양국 인민들의 "부흥과 복리를 도모하"고, "평화와 지역 및 세계의 안전과 안정을 보장하는 데 기여"하는 원대하고 전략적인 청사진을 제시하고 있다.

이 조약에서는 미국을 비롯한 서방 제국주의의 "패권주의적 기도와 일극 세계 질서를 강요하는 책동으로부터 국제적 정의를 수호"한다고 함으로써 제국주의의 패권과 전쟁책동, 경제제재에 대항하고 주권존중과 내정불간섭, 평화에 기초한 새로운 국제질서를 만들겠다는 결의도 담겨 있다.

이 두 나라의 협정은 한미동맹이나 이번 한미 간 체결한 협정과 다르게 자주적인 협정이다. 동맹국을 일방 수탈하고 협박하는 내용은 어디에서도 찾고 우호적이고 호혜적 협정이다.

　　맑스주의와 포스트모더니즘 신좌파 다원주의 이데올로기 비판

3. 동맹 약탈은 통상협박으로만 멈추지 않는다

이번 한미 간 통상협상 결과를 두고 유럽연합이나 일본에 비해 선방했다며 찬사를 보내는 한미동맹 숭배론자들은 이것이 이제 종료된 것으로 보고 중대 고비를 넘겼다고 안도하고 있다. 그러나 한미 간에는 더 큰 장벽들과 협박들이 기다리고 있다. 한미 간에는 서방세계의 일반적인 협정 잣대와 다른 것들이 있다.

25년 6월 26일 이재명 정권의 외교부 당국자는 '한미동맹 현대화'에 대해 "정부는 한미동맹이 변화하는 경제·안보 환경에 적절히 대응할 수 있는 미래형 포괄적 전략동맹으로 발전할 수 있도록 앞으로도 미국 측과 계속 긴밀히 협의, 협력할 것"(연합뉴스, 외교부 "美와 미래형 포괄적 전략동맹 발전위해 긴밀 협력", 연합뉴스, 2025.06.26.)이라고 밝혔다.

> 최근 미국 당국자들은 잇따라 '동맹 현대화'의 관점에서 한국의 국방비 인상, 전략자산 전개비용 분담, 주한미군 역할 재조정 등의 필요성을 제시하고 있다(같은 기사).

트럼프는 이미 합의된 분담금 1조 5천억 원보다 무려 9배나 많은 100억 달러, 14조 원을 추가로 내라고 협박하고 있다. 이는 한국의 국방예산 61조 원의 22%를 분담금으로 내라는 협박과 다름없다. 이번 한미통상 협상 타결 직후 트럼프가 발표한 한미정상회담에서도 안보 문제와 관련한 미국의 일방적 요구가 제기될 것이다.

미군의 전략적 유연성 개념은 2001년 9·11 테러 이후 만들어진 개념인데 미군의 재배치와 역할 재조정으로 세계의 이른바 분쟁과 테러에 탄력적이고 신속하게 대응하겠다는 것이다. 이 개념은 중국을 미국의 주적으로 간주하는 대중국 포위 전략의 일환인데 트럼프 정권 들어 더 노골적으로 추진되고 있다.

주한미군사령관인 제이비어 브런슨은 이 전략적 유연성과 관련해 "한국은 일본과 중국 사이에 떠 있는 항공모함"으로 주한미군의 역할을 "북한 격퇴에만 초점 맞추지 않고" 중국을 포위하는 역내 작전까지도 벌이고 한국이 여기에 비용을 대는 구조라고 설명하기도 했다. 특히 미국은 대만 위기를 조장하고 이를 틈타 중국을 군사적으로 포위하려 한다. 그런데 미국의 전쟁참여가 우크라이나에서 보듯, 대리인을 내세운 전쟁으로 나타나고 있는데 중국은 대만 위기 시에 대만과 한국을 돌격대로 삼아 중국을 포위, 공격하려 하는 것이다.

미국 상원 공화당 의원들은 동맹국들이 미국 무기를 사서 우크라이나에 무기를 지원하는 법안을 발의하였다. 한국에도 이 청구서가 날라들 것이다.

4. 자연 질서로 포장된 억압적 논리와 질서를 혁파하자

한미동맹 현대화는 "미래형 포괄적 전략동맹"이다. 이는 "한미 글로벌 포괄적 전략동맹 더욱 확장…미래로 전진해 나갈 것"이라는 윤석열의 동맹론 연장에서 나온 것이다. 포괄적 한미전략동맹을 추종하던 윤석열은 도청을 당하면서까지 우크라이나에 경제적, 군사적 지원을 하고 나토를 아시아판 나토로 만들며 대북 전쟁책동의 돌격대 역할을 하다 내란과 외환으로 쫓겨나게 되었다.

윤석열의 내란 척결을 외치며 들어선 이재명 정권도 윤석열과 마찬가지로 한미동맹을 숭상하며 윤석열의 길을 쫓아가고 있다. 트럼프의 통상협박도 사실 경제적으로뿐만 아니라 정치적, 군사적으로 미국에 종속된 한국의 현실 속에서 가능했다. 불평등한 한미군사 동맹이 오늘날 불평등한 통상협상을 낳았으며 이는 여기에 그치지 않고 미군 주둔비 폭등과 천문학적 미국산 무기 구입 강요와 대중국 포위전에 강제 참전시키는 방향으로 나아가고 있다.

과연 미군 주둔비 열배 인상과 중국 포위전 참여도 받아들일 수밖에 없는 객관적 현실인가? 영속하는 자연법칙인가? 한미동맹 숭배자들은 맹목적으로 미국을 추종하며 윤석열의 뒤를 쫓아가면서도 이재명의 길은 다르다고 자위할 것이다.

민주당의 그동안 실용주의는 '안보는 미국 경제는 중국'(안미경중)이었다. 그러나 이제 안미경중의 실용주의도 들어설 자리가 점점 사라지고 있다.

미 백악관은 이재명 대통령 취임 이후, "한미동맹은 철통 같은 상태를 유지하고 있다"면서도 "미국은 민주주의 국가에 대한 중국의 개입과 영향력을 우려한다"는 이례적인 입장을 밝혔습니다.

또 피트 헤그세스 미 국방장관은 현지시간 5월 31일 아시아 안보회의 연설에서 "많은 국가들이 중국과의 경제협력과 미국과의 국방 협력을 동시에 모색하는 유혹에 빠지는 것을 안다"면서 "중국에 대한 경제적 의존 미국 중심의 패권적 세계 질서를 계속 맹신하고 한미동맹을 우상숭배하는 것과 '실용주의'는 점점 더 양립할 수 없게 되었다. 우리가 "근본주의적이며 과학적인 현실인식이 필요하다─조한관계는 동족이라는 개념의 시간대를 완전히 벗어났다"는 김여정 조선로동당 중앙위원회 부부장 담화"를 보며, 2025년 7월 28일 남북관계의 진전을 위해서 필요한 인식과 행동이 전면 전환할 필요가 있다고 밝혔던 것과 마찬가지로 대중·대러 관계 등 대외관계 전반, 통상협상, 사회복지 등 내치 전반 등에서 근본적이고 과학적인 현실 인식이 필요하다. 한미동맹의 패권질서를 영속화한다면 사회 전체의 후퇴와 역사의 퇴보만이 기다리고 있을 뿐이다.

미국 중심의 패권질서를 자연적 질서로 간주하는 이들은 이재명 정권이 취하는 굴욕적이고 비자주적 외교질서를 무조건 옹호하고 있다.

노동자들이 자본주의 착취질서를 자연질서로 간주한다면 자본의 노동자 착취를 객관 현실로 인정하여 노예적 처지를 벗어날 수 없듯이 한미동맹을 벗어날 수 없게 될 것이다. 이는 국민주권정부를 자처하는 이재명 정부 자신도, 지지자들도 망치게 하는 것이다. 미국을 맹종하는 이재명을 따라 지지자들도 맹종의 길을 따라가게 될 것이다.

미국 중심의 패권질서와 한미동맹을 타파할 때만이 분단질서를 깨고 전쟁이 없고 통일을 지향하는, 민중복지 사회와 민주주의가 빛나는 새로운 역사발전과 사회진보의 길이 열릴 수 있다.

세계화는 실은 자본에 따라 세계를 지배하는 것이다. 이는 제국주의 질서이다. 지배적인 세계화의 논리, 질서, 이에 따르는 미국에 종속된 노예적이고 반민중적 대외질서를 수출 중심의 경제라며 반민중적 자본질서를 자연의 질서로 간주하는 인식과 단절해야 한다.

우리 내부에서는 그동안 민중 중심의, 내수 중심의 경제, 외부 제국주의에 휘둘리지 않는 자력갱생 체제를 폐쇄경제니 고립경제니 하며 비아냥거리며 세계 자본주의 질서, 한미동맹을 추종해 왔다. 이러한 인식, 질서를 혁파해야 한다. 그것은 자연이 우리에게 부과한 것이 아니라 순응과 복종이 우리에게 강요한 것이기 때문이다.

5장

중국 전승절의 승리자들과 정신승리자들

2025년 80주년을 맞는 중국 '전승절'은 "중국인민 항일전쟁 및 세계 반파시스트 전쟁 승리"를 기념하는 대회로 말 그대로 승리자들의 대회다. 이번 대회에서는 조·중·러 세 나라가 주인공 역할을 하고 있다. 이 세 나라는 독일 파시스트, 일본 파시스트에 맞서 투쟁하며 승리를 거둔 나라다.

푸틴 역시 김정은 국무위원장과 조러정상 회담을 하며 두 나라는 반파시스트 투쟁의 역사를 공유하며 오늘날까지 이 투쟁이 (러우전에서) 이뤄지고 있다고 강조했다. 소련은 독일 파시즘에 맞서, 조선은 일본 파시즘에 맞서 싸운 경험도 있지만, 독일 파시스트와 소련의 투쟁 와중에 일제가 소련 배후를 치려고 하고 조선 항일유격대가 "소련을 무장으로 옹호하자"며 높은 수준의 국제연대를 한 공통의 반파시즘 경험도 있다.

중국과 조선은 만주 일대에서 항일무장투쟁을 하며 혈맹으로 맺어온 관계다. 이 점은 곧 있을 조중정상회담에서도 강조될 것이다. 이런 의미에서 조·중·러 세 나라는 추축국의 중심에 있던 독일, 일본에 맞서 승리한 반파시즘 승리국들이다.

     맑스주의와 포스트모더니즘 신좌파 다원주의 이데올로기 비판

전승절이 승리자들의 대회라는 규정은 역사적 의미에서만이 아니다. 현재적 의미로도 승리자들의 대회다. 중국 전승절에서 조중러 세 정상이 세계 앞에 나서는 장면은 과거 반파시즘 승리에 이어 현재 미국을 중심으로 하는 서방 제국주의에 맞서 승리하고 있는 역사적 격변을 상징하는 것이다.

1. 반(半)식민지에서 굴기로

중국은 1839년, 1856년 역사상 가장 파렴치한 전쟁인 영제(영국제국주의)가 자행한 두 차례의 아편전쟁을 치렀다. 이 전쟁은 전쟁이라기보다는 차라리 영제의 노쇠한 청나라에 대한 일방적인 침략과 국권침탈이었다. 이미 인도를 침략·지배하고 있는 "신사의 나라" 영국은 인도 벵갈에서 재배한 아편을 중국으로 수출하는 국가 범죄 마약상이었다. 아편을 중지시킨 것에 대한 보복으로 개시된 국제 마약상의 침략·침탈로 거대 제국 청나라는 굴욕적인 난징조약을 맺고 홍콩을 영국에 강탈당했으며, 중국은 외세의 놀이터가 되었다.

더욱이 중국은 1894년 청일전쟁에서의 치욕적인 패배로 시모노세키 조약을 맺으면서 일본에 대만을 합병당했다. 이후 일본은 1937년 7월 7일 노구교 사건을 조작하여 중일전쟁을 일으키고 이 와중에 그해 12월 30만이 학살당하는 역사상 가장 잔학한 난징대학살을 겪으면서 일본 제국주의의 반식민지로 전락했다. 그러나 중국은 1945년 9월 3일 일제에 맞서 승리하고 1949년에는 내전을 거쳐 중국 공산당이 승리했다. 중국 공산당은 항일대전의 진정한 승리자였다. 마오쩌둥은 1949년 9월 21일 전국정치협상회의 개막식에서 마오는 "우리 민족은 앞으로 다시는 치욕을 당하는 민족이 되지는 않을 것이다"라고 선언했다.

2025년 전승절 80주년은 미제의 일극 지배체제에 맞서 은인자중 도광양회(韜光養晦)[37]했던 중국은 이제 굴기(崛起)[38]하고 있다. 미제국주의의 중국에 대한 압력과 횡포에 정면으로 당당히 맞서고 있다.

트럼프의 최대 145%의 관세 부과에 대해서도 중국도 125% 보복관세

---

37 원래는 "어둠 속에서 칼을 갈 때 칼 가는 빛이 드러나지 않게 하라"는 뜻으로, "자신을 드러내지 않고 때를 기다리며 실력을 기른다"는 의미로 사용하며 덩샤오핑이 천명한 중국 외교정책 기조다.

38 '굴기'는 '산봉우리처럼 솟아오르다'라는 뜻으로 도광양회한 중국이 국제사회에서 강국으로 떨쳐 일어나는 것을 의미한다(역주).

  맑스주의와 포스트모더니즘 신좌파 다원주의 이데올로기 비판

로 맞서면서 "싸우기를 원하지는 않지만, 두려워하지도 않는다"며 미국에 강한 경고를 보내기도 했다. 결국 영국 주간지 이코노미스트는 2025년 4월 2일 "트럼프, 중국을 다시 위대하게 만드는가?"라는 제목의 기사에서 "중국은 34% 관세 인상으로 인해 경제적 충격이 불가피하지만, 미국의 고립주의적 행보가 중국에 아시아 지도 재편과 글로벌 무역 주도권 장악의 기회를 제공하고 있다", "중국이 '100년 만의 대변국'을 언급하며 미국 주도의 세계 질서 종말을 예고한 발언이 트럼프 시대에 현실로 나타나고 있다"는 기사를 쓰기도 하였다.

중국은 우주산업, 무기산업, 인공지능, 철도산업, 반도체, 전기차, 재생에너지 등 모든 생산분야에서 미국을 앞지르거나 추격하면서 고도의 기술발전을 이룩하고 있다. 침략적인 미제와 달리 중국은 평화와 내정간섭 존중을 기치로 이러한 발전을 이룩하고 있다. 중국의 발전은 사회주의 생산관계의 덕분이기도 하다.

> 우주개발과 함께 AI 기술발전도 중국의 생산력 발전의 승리인데 이에 대해 흑묘백묘 생산력 발전의 도모만 볼 것이 아니라 다당제 사유화로 해체된 소련과 달리 당의 사회 전반에 대한 지도성을 유지하고 시장경제를 활용하지만 조화사회 생태문명을 추구하는 사회주의 계획체제하에서 국가의 전면적 기술지원 인재양성 등의 성과 측면도 간과해서는 안 될 것입니다(중국의 기술발전에서 간과해서는 안 되는 것, 2025.1.31. 노동자정치신문).

재생에너지 사업을 필두로 생태환경 부분에서 중국의 괄목할만한 성과 역시 계획경제 없이는 이룩할 수 없다.

2. 망국의 설움에서 자주대국으로

러시아는 소비에트 망국으로 태어난 나라이다. 후르시초프로부터 시작된 수정주의는 고르바초프 때 절정에 달해 급기야 소련은 개혁·개방 쇄신이라는 명목으로 다당제를 도입하고 사유화 단행과 무상 복지체제 붕괴, 민족갈등으로 해체를 맞았다.

고르바초프는 서방 제국주의의 노예가 되어 부르주아 신사고로 무장하였는데 이는 실제로는 소비에트 무장을 해체하는 것이었다.

고르바초프가 평화공존과 냉전종식을 외쳤으나 미제국주의자들은 소련 해체 이후 아프가니스탄, 유고슬라비아, 이라크, 시리아, 리비아에서 새로운 전쟁을 벌이고 나토를 확대하도록 했다. 이것이 미국을 중심으로 한 서방 제국주의 일극 지배체제로 이어졌다. 소비에트 인민들은 70% 이상 반대로 해체를 반대했으나 망국을 피하지 못했다.

시진핑(習近平) 주석은 2013년 소련 해체에 대해 다음과 같이 평가했다.

> 쏘련은 왜 붕괴되었습니까? 쏘련 공산당이 산산조각난 이유는 무엇입니까? 중요한 이유는 사상 영역에서 경쟁이 치열하기 때문입니다! 쏘련의 역사적 경험을 완전히 부정하는 것, 레닌을 부정하는 것, 스탈린을 부정하는 것은 소비에트 이데올로기에 혼란을 일으키고 역사 허무주의에 가담하는 것이었습니다. 그것은 모든 수준의 당 조직이 거의 기능을 수행하지 못하게 했습니다. 당의 군에 대한 지도력을 강탈했습니다. 종국에는 위대한 당이었던 쏘련 공산당이 겁먹은 짐승 떼처럼 흩어지게 되는데…. 이것이 과거의 교훈입니다![로저 키란(Roger Keeran), "고르바초프와 소

   맑스주의와 포스트모더니즘 신좌파 다원주의 이데올로기 비판

소련 해체 이후 고르바초프에 이어 자본주의 러시아에서 권력에 오른 옐친은 러시아를 경제적, 정치적, 문화적, 정신적 노예로 헌납했다. 중국이 아편으로 인민들의 몸과 마음이 피폐화됐다면, 러시아 인민들 내에서는 술주정뱅이 옐친을 따라 알콜, 마약중독자들이 급증했다. 러시아 인민들은 망국을 설움을 뼛속 깊이 느끼며 부강하고 진보적이었던 소련과 인민들의 자산을 서방제국주의와 올리가르히에게 넘겨준 고르바초프와 옐친도당을 지금까지도 증오하고 있다.

결국 옐친은 푸틴에게 권력을 이양하게 되었다. 푸틴은 소비에트 복귀를 반대하는 자본주의 정치적 신념을 가지고 있지만 그럼에도 반파시스트 전쟁 같은 소련 시절 역사를 부정하지 않고, 망국의 설움과 인민들의 열망을 잘 이해하고, 여기에 직접적인 영향을 받고 있다.

푸틴은 서방에 종속된 러시아를 물려받아 초기에는 나토 가입, 유럽연합 편입 시도 등 친서방 노선을 계속했으나 점차 러시아 인민의 민족적 자부심을 고취하고 자립적 발전을 도모하는 것으로 변모했다. 푸틴은 2024년 3월 5선이 확정된 뒤 가진 기자회견에서 "나는 강하고 독립적이며 주권적인 러시아를 꿈꿨다. 그리고 나는 이번 선거 결과가 국민들과 함께 이런 목표를 달성하도록 하게 할 것이라고 희망한다"고 함으로써 자신의 정치적 목표를 다시금 확인했다.

1992년 인민들의 자산을 강탈하고 핵심 산업을 장악했던 올리가르히는 러시아 검찰이 첼랴빈 전기금속연합(CEMC)의 자산을 '불법 소유'에서 국가 소유로 이전(국유화)해 달라는 신청을 받아들이면서 모회사인

CEMC와 자회사인 세로프 탄약공장이 국유화됐다. 또한 쿠즈네츠 페로로이, 최롤프, 볼지스키 오르그신츠, 우랄바이오파브름, 메타프락스 케미칼스, TGK-2, 러스-오일, 칼리닌그라드 항구, 콘티-루스, 뱌티치 등이 국유화됐다.

더욱이 푸틴은 러우전 이후 서방의 제재에 참여했던 애플, 폭스바겐(폴크스바겐), 이케아, 마이크로소프트, IBM, 셸, 맥도날드, 포르셰, 도요타 등 러시아 내 기업들. 일부에 대한 국유화 조치를 단행하기도 했다.

서방은 소련 해체에도 불구하고 여전히 소비에트의 역사적 경험과 전통을 가지고 있던 러시아를 해체시키고 서방의 식민지로 삼으려 했다.

1989년 베를린 장벽의 붕괴와 1991년 미하일 고르바초프의 소련 대통령 사임은 소련 붕괴의 시작을 의미했지만 붕괴 자체는 아니었다. 비록 쏘련이라는 법인격(legal personality)은 1991년 이후에 사라졌지만, 소련 붕괴는 오늘날에도 여전히 진행 중이다. 두 차례의 체첸 전쟁, 2008년 러시아의 조지아 침공, 2014년 러시아의 크림반도 합병, 휴전과 교전이 교차하는 키르기스스탄과 타지키스탄의 국경 분쟁, 2020년 아르메니아와 아제르바이잔의 제2차 카라바흐 전쟁 등이 바로 그 예이다. 소련은 오늘날에도 여전히 붕괴하고 있다["서방 제국주의자들은 왜 러시아를 적대하는가?", 튀르키예 공산주의노동자당(레닌주의)].

나토의 동진은 결국 우크라이나를 대리인으로 앞세운 서방과 러시아 간의 전쟁을 낳았다.

　　맑스주의와 포스트모더니즘 신좌파 다원주의 이데올로기 비판

　　그러나 미래의 역사가들은 2022년 2월 러시아의 우크라이나 침공을 소련 붕괴의 마지막은 아니더라도 가장 중요한 순간으로 묘사할 가능성이 높다. 우크라이나에서의 전쟁이 언제 끝날지는 모르지만, 아마도 오늘날 알려진 것처럼 러시아연방(소련의 법적 계승자)의 해체를 기념할 것이다. 러시아 경제가 큰 타격을 입었고, 군사력이 파괴되었으며, 한때 영향력을 행사했던 지역에서의 영향력이 감소했다는 것은 명백한 사실이다(같은 기사).

러시아의 승리가 확연해진 지금 미국과 유럽 나라들이 우크라이나 의사와 상관없이 전쟁의 향배를 결정지으려는 것을 볼 때, 이 전쟁의 성격이 우크라이나를 앞세운 서방의 대리전이라는 것을 다시금 분명히 확인할 수 있다.

러시아에 대한 서방세계 전체의 포위 말살책과 심리적, 정치적 공세에도 불구하고 전쟁 발발 3년이 넘는 지금 러시아는 전쟁 승리를 눈앞에 두고 있다. 트럼프는 이 패배의 후유증을 최소화하고 미국의 힘을 과시하며 질서 있게 마무리하려고 하지만 이 전쟁을 종식시킬 수 있는 것은 특별군사작전의 목표를 최종 달성하고 난 뒤 러시아밖에 없다. 유럽 국가들은 전쟁 지속을 외치지만 트럼프의 의사와도 다르고, 대리전을 치렀던 우크라이나를 대신해 자신들이 이 전쟁에 직접 참여할 의지도, 방안도 없다.

러우전은 미제를 위시한 서방 제국주의 일극 지배체제의 심대한 약화와 분열과 러시아, 중국, 조선, 이란, 인도, 브라질 등 남반구 국가들의 다극화 세계 부상의 중대한 변곡점이 되고 있다.

3. 자주성을 끝까지 옹호하는 것으로부터 핵무력 완성으로

조선은 자주성 철학, 가치를 중심에 두는 나라다. 국제관계에서도 사회주의 나라든, 서방의 나라이든, 남반구의 나라이든 자주적 호혜 평등의 외교관계 수립을 기치로 내걸고 있다. 사회주의 나라들 내부에서의 대국주의를 비판하고 자주적 관계에 바탕을 둔 국제주의를 주창했고 반둥회의(또는 아시아 아프리카 회의)에서도 자주성을 바탕으로 민족해방투쟁을 주창해왔다.

> 매개 나라 혁명의 주인은 그 나라 당이며 그 나라 인민이다. 따라서 혁명을 수행하고 새 사회를 건설하는 데서 공산주의자들은 주인 된 입장에 서야 하며 우선 자기의 힘을 믿어야 한다. 남에게 의존하여서는 혁명도 건설도 할 수 없다.
>
> 자립적 민족경제의 건설은 사회주의 나라들 사이의 호상협조를 배제하는 것이 아니다. 이것은 문을 닫아걸고 남의 것을 전혀 받아들이지 않으려는 쇄국주의도 관문주의도 아니다.
>
> 사회주의 나라들은 호상협조관계를 발전시켜야 하며 서로 유무상통(有無相通)하여야 한다. 이것은 매개 나라의 사회주의 건설을 촉진하는 데 있어서 중요한 의의를 가진다. 그러나 사회주의 나라들의 호상협조는 매개 나라들의 자립적 발전을 강화하는 방향에서 진행되어야 한다. 형제 나라들 사이에서는 협조를 구실로 매개 나라의 자주성을 침해하며 자립적 민족경제의 건설을 방해하는 일이 있어서는 안된다("자주성을 옹호하자", 노동신문 사설, 1966.8.12, 《중소대립과 북한》, 나라사랑, 1988년).

　　　맑스주의와 포스트모더니즘 신좌파 다원주의 이데올로기 비판

소비에트와 동유럽 해체로 진보적 인류는 크나큰 타격을 받았다. 전 세계 진보운동은 혼란과 패배주의에 빠져들었다. 북은 사회주의권의 해체에 대해 다음과 같이 평가하며 부동의 사회주의 신념을 고수했다.

사회주의의 길은 전인미답의 길이며 따라서 전진도상에 난관과 시련이 없을 수 없다. 일부 나라들에서 사회주의가 좌절되고 자본주의가 복귀된 것은 사회주의 위업 실현에서 큰 손실로 되지만 그것이 결코 사회주의의 우월성과 자본주의의 반동성을 부정하는 것으로는 될 수 없다("사회주의 위업을 옹호하고 전진시키자", 1992.4.20).

그러나 이 확고한 '평양선언'에도 불구하고 북은 사회주의권 붕괴로 인한 철저한 고립과 제국주의 진영의 한층 더 가중된 말살책, 여기에 자연재해까지 겹쳐 산업은 마비되고 전 인민이 굶주림에 시달리고 아사자가 속출하면서 고난의 행군을 했다. 그러나 북 내부는 고난의 행군 속에서도 당과 인민의 확고한 단결을 유지했고, 제국주의의 군사적 공세에 맞서 선군정책을 지속했다. 붕괴 직전의 경제는 정상화 되고 자동화된 공작기계(CNC) 산업을 통해 비약적인 기술발전을 도모했다.

북의 우주산업 발전은 이러한 기술발전의 덕분이고 이 군사우주 산업은 민간산업을 추동하는 계기가 되었다. 대북 적대정책은 미국과 서방의 일관된 정책이었다. 민주당 정권의 햇볕정책도 정도의 차이는 있으나 대북적대 붕괴를 염두에 둔 적대정책의 일환이었다. 결국 판문점선언의 일시적인 조미, 남북 간 화해와 평화는 흡수통일론과 북비핵화라는 강대강을 바탕으로 한 가장 극렬한 대북적대 정책을 예비한 것이기도 했다. 하노이 정상회담의 무산은 잠재된 강대강을 전면화하는 계기가 되었다.

북은 조미정상회담의 무산 이후 핵무력을 완성했다. 이는 자주적 사회주의 발전전략, 자력갱생의 성공과 함께 가는 것이었다. 북의 핵무력 완성과 헌법으로 법제화는 조미정상회담 시절의 단계적 비핵화와 제재의 단계적 완화와 적대정책 철회라는 전략이 수정됐다는 것을 보여준다. 단계적 비핵화와 인민경제에 영향을 끼치는 민간산업의 제재 완화는 핵무력 완성과 강성대국 건설에 비해 수세적인 요구였다.

북비핵화와 적대정책 철회를 맞바꾸는 요구로 6자회담에 참여하고 미국의 대북제재에 동참하기도 했던 중국과 러시아의 시진핑, 푸틴이 김정은 국무위원장과 어깨를 나란히 하며 트로이카로 국제사회에 나섰다는 것은 북의 핵무력을 인정하는 가운데 달라진 힘의 관계 속에서 새로운 국제질서를 세우겠다는 공식 입장을 표명한 것이다.

이미 그 이전에 중국 시진핑 주석은 김정은 국무위원장과 5차례 정상회담을 하며 항일무장투쟁부터 곡절을 겪으면서 다져온 전통적인 우호관계를 확인하였다. 북은 2023년 11월 민족·동족관계인 남북관계를 적대적 두 국가 관계로 전환한다는 발표를 했다. 이 선언으로 인해 남북이 적대관계로 전환된 것이 아니었다. 이 선언은 대북 적대관계를 지속하고, 특히 2017년 판문점선언과 평양공동선언으로 발전하던 남북관계가 적대관계로 전환된 현실을 있는 그대로 표현한 것이었다.

북은 이 선언과 함께 사회주의 지방발전 전략으로 "지방의 세기적 낙후성"을 극복하고 공산주의의 전면적 발전을 도모하고 있다. 2024년 6월 조미 간 전략적 동반자 협정 체결과 북의 쿠르스크 병력 파병은 러시아가 사회주의는 아니지만 스탈린 김일성 당시 조소 사회주의 혈맹을 맺었던 당시 이상으로 조러관계가 전략적 우호관계로 발전하고 있다는 것을 보여준다.

4. 21세기 아Q, 정신 승리자들

2025년 중국 전승절은 역사적 격변 속에 승리자들의 대회이면서 조중러 동맹과 다극화된 신세계 질서의 부상을 과시하는 대회이기도 하다.

이 대회는 국제 깡패 트럼프를 앞세워 미국의 갱스터 제국주의 면모가 극단화되는 한가운데서 개최되고 있다. 그러나 미국의 갱스터 제국주의는 2차 세계대전 후 세계 경제 질서를 재편하기 위해 1944년 미국에서 개최되어 새로운 국제 통화 체제를 연 브레튼우즈 체제와 1951년 8월 태평양 전쟁의 전후 국제 정치질서를 재편하기 위한 샌프란시스코 조약같이 영국제국주의에서 미국제국주의로 욱일승천하며 일극지배 체제를 선언한 시점과 전혀 다른 시점에서 나타나고 있다.

트럼프가 제창하는 "미국을 다시 위대하게(마가)"는 미국이 과거와 같은 영광스러운 위치에 있지 않다는 것을 전제하고 있다. 마가는 쇠퇴하는 미국을 다시 일으켜 세워 패권국가 미국을 지속, 강화하려는 목표로 제시되고 있는 것이다.

영제를 대신해 세계 제국주의 패권을 구가하던 시절에 미국은 마샬플랜처럼 소련과 동유럽 공산주의 체제에 맞서 유럽을 미국의 관할 하에 두면서도 유럽을 부흥 자본주의에 막대한 지원을 하기도 하였다. 동북아시아에서도 일본을 미국 통제에 두면서도 다시 제국주의로 부흥시켜 반공 선봉장 역할을 맡기려 했다.

미국은 한국을 수탈, 종속시키면서도 동시에 반공 자본주의로 발전시키려 지원을 하기도 했다. 그러나 쇠퇴하는 미국이 전개하는 마가 시대는 '동맹' 전체를 희생양으로 삼아 미국 부흥의 발판으로 삼는 동맹 피폐화 전략을 근간으로 하고 있다. 한국처럼 미국 숭배 일변도인 충성국가에 대해서는 브레이크 없이 약탈을 자행하고 있다. 유럽은 이미 러우전에서 미국의 대리전에 참여한 대가로 에너지 위기 등 혹독한 위기를 겪어야 했다.

한국에 대해서는 통상약탈뿐만 아니라 주둔비 약탈, 한미동맹 현대화 같은 대중 위협 참여 강요 등으로 이중삼중의 공세를 취하고 있다.

반면 인도는 미국의 협박에 맞서 대중, 대러관계를 강화하면서 트럼프가 오히려 인도의 독자행보에 대해 전전긍긍하고 있다. 20세기 아Q는 반식민지로 전락했으면서도 정신승리로 이를 위무하는 중국이었지만, 21세기 아Q는 한국과 미국을 위시한 서방 나라들이다.

이재명은 "한미동맹의 황금시대"를 소망하지만 이는 피약탈국의 정신승리에 불과하다. "가난하지만 사나운 이웃"을 잘 관리해야 한다는 이재명의 인식도 정신승리법이다. 잘 관리해야 하는 가난하고 사나운 이웃이 천안문 성루에서 중러와 어깨를 나란히 하며 새로운 세계질서를 여는 트로이카의 일원으로 대우받고 있다. 이재명의 정신승리는 "남북 간 체제경쟁은 오래전에 끝났다"는 문재인의 정신승리와 비등하다.

"한국에는 우리 국가를 중심으로 전개되는 지역 외교 무대에서 잡역조차 차례지지 않을 것"이라는 김여정 부부장의 성명은 친미·친일 숭배로 일관하고 민족적대에 사무친 한국에 대한 서늘한 경고이기도 하다.

이재명의 실용외교가 미국 숭배로 일관하며 국제정세의 새로운 도도한 흐름에 역행하고 실용외교의 상징적 표현이었던 "안미경중(안보는 미국 경제는 중국)"조차도 미국의 불승인에 막혀 "안미경미"해야 하고, 선진국이 다 됐다는 착각으로 G7 주변을 배회하며 브릭스와 상하이협력기구는 멀리하는 상황에서 저 경고가 점점 더 현실화되고 있다.

북을 적으로 간주하는 국가보안법은 승리자의 법이 아니라 상대에 대한 적대감, 친일·친미역사에 대한 체제의 열등감의 표현과 다름없다. 단계적 비핵화와 제재 완화를 교환하는 단계가 종료되고, 핵무기 법제화를 명시한 북을 전략적 축으로 인정한 중러의 입장을 볼 때도, 북비핵화를 남북 교류·협력, 조미정상회담의 전제로 내걸고 있는 한미 역시 정신적 승리에 취해 있는 것이다.

"시진핑 주석은 나의 친구지만, 미국이 그 전쟁에서 중국을 매우 많이 도왔다는 사실이 언급됐어야 한다고 생각한다"는 트럼프의 언급은 미국이 도운 대상이 중국 공산당을 격멸하려 했던 국민당이었고, 미국은 중화인민공화국의 수립 이후 대만을 반중 요새로 만들과 만주에 핵공격을 계획하기도 하고 중국을 무너뜨리려 한 제국주의였다는 점에서 이는 트럼프의 망상적 정신승리와 다름없다.

"미국을 상대로 음모를 꾸미는 블라디미르 푸틴 러시아 대통령과 김정은 북한 국무위원장에게 따뜻한 안부를 전해 달라."는 트럼프의 냉소는 현실의 패배를 위무하기 위한 정신승리자의 심리의 한 표현이었다.

이번 중국 열병식은 조중러가 트로이카 중심국이 되면서 동북아에서 미일한 동맹과 대비되고 있다. 그러나 그 동맹의 성격은 판이하게 다르다. 시진핑 주석은 9월 3일 톈안먼 광장에서 열린 전승절 열병식 기념사에서

"역사는 인류의 운명이 서로 밀접하게 연결돼 있음을 경고한다, 인류는 다시 평화와 전쟁, 대화와 대결, 윈-윈(Win-win) 협력과 제로섬 게임 중 하나를 선택해야 하는 상황에 직면해 있다, 모든 국가와 민족이 서로를 평등하게 대하고 화합하며 서로 도울 때만 공동의 안보를 유지하고, 전쟁의 근본원인을 제거하며, 역사적 비극의 반복을 막을 수 있다"는 점을 강조했다. 중국은 대체로 이러한 입장대로 국제무대에서 내정간섭을 반대하고 전쟁과 대결 대신 평화와 협력을 실천해 왔다.

미일한 대 조중러 동맹은 일각의 종파주의자들이 내세우는 논리처럼 제국주의 간 패권경쟁이 아니다. 미일한 동맹은 전쟁동맹으로 미국은 일본을 전쟁국가로 내세우고 한국과 대만을 우크라이나와 같은 전쟁돌격대로 내세워 전쟁위기를 조장하고 있다. 게다가 중국과 러시아, 중국과 조선, 러시아와 조선 사이의 외교는 철저하게 주권존중을 바탕으로 이루어지고 있다. 이들 나라에는 단 한 명의 외국군도 진주하지 않고 있다. 중국과 러시아가 조선에 대해 관세폭탄을 안기고 자기 나라 원료와 첨단무기를 강제 구입토록 한 전례가 있는가?

한국에서 이러한 양비론을 펼치는 세력들은 국제정세의 실제 흐름과는 담을 쌓는 것이며 기회주의적이고 종파주의적 입장으로 미제국주의를 위시한 서방 제국주의에 놀아나는 것이다.

이러한 양비론적 입장은 통상압력과 주둔비 인상과 중국봉쇄와 전쟁위기 격화 등 제국주의 공세를 일삼는 미국과 전쟁국가로 변모하는 일본의 침략적·약탈적 공세에 대한 집중적 투쟁을 혼란하게 하고 회피하게 하고 있다. 오직 중국 인민, 러시아 인민, 조선 인민들과만 연대를 하겠다는 것을 국제주의로 사고하는 이들 역시 정신승리자들인데, 이는 실제로

는 미제를 위시로 제국주의가 다른 나라들을 레짐 체인지(정권교체)하는
데 봉사하게 되는 논리이다. 이들의 주관적 정신승리는 실제로는 제국주
의의 승리를 의미한다.

항일전쟁 반파시즘 전쟁 승리 80주년은 우리에게는 미군 강점 80년이
기도 하다. 2025년은 국가보안법 제정 77년이 되는 해이기도 하다.

국제문제가 국내문제의 연장인 것처럼, 국제정세에 진보세력이 당파적
입장을 취하고 국제정세를 변화시키기 위해 투쟁하는 것은 적대화된 남
북관계를 민족관계로 복원시켜 자주통일로 나아가고 그 걸림돌인 불평
등한 한미동맹을 분쇄하고 국가보안법을 철폐하는 우리 사회 내부에서
평화와 진보, 해방을 위한 투쟁이기도 하다.

"한미동맹 현대화"에 대한 반대는 "현대화"에 대한 반대가 아니라 한
미동맹에 대한 반대이다. 미군강점이 전쟁동맹 불평등한 한미동맹을 낳
고 이것이 현대적으로 발전하여 반중 현대화로 진화하는 것이다. 내란세
력 완전 척결은 국내적 반파시즘 투쟁이자 외환의 배후인 미제를 몰아내
는 투쟁이기도 하다. 이는 내란세력 척결을 정치적 필요에 따라 선택적으
로 외치며 국가보안법 철폐를 외면하고 한미동맹을 숭배하는 정권에 대
한 투쟁으로 현대화되어야 한다.

6장

무엇을 하지 말아야 할 것인가?

민족관계의 파탄으로부터 남북은 원래부터 하나의 민족이 아니었다는 명제를 끌어내는 노사과연의 극단적 교조주의

'우리민족끼리 반미자주 하자'는 주장과 실천을 계급협조도 모자라 '범죄'라고까지 극단적으로 비난했던 노동사회과학연구소(이하 노사과연)가 북의 남북관계의 적대관계로의 전환선언 이후에 진상은 필명으로 "'우리민족끼리'니, '남북은 하나'니 하는 환상을 청산하고, 현실을 있는 그대로 직시해야 할 것이다"(이에 대해서는 '민족·동족관계의 파탄 앞에서 태연자약한 계급성은 무엇의 발로인가?'라는 우리의 글을 보기 바란다)라고 주장한 데 이어, 이현숙 필명으로 우리가 그동안 〈민족과 계급〉이라는 제목으로 제출했던 민족론에 대해 전면 비판하는 입장을 발표했다.

이 주장은 먼저 민족주의는 서구에서 자본주의 발전의 산물로 만들어졌으며 다른 민족을 적대하고 민족 간 분열하는 반동적이고 배타적인 부르주아 민족주의밖에 없다고 주장한다. 그러면서 민족주의는 부르주아 민족주의만 있는 게 아니라 부르주아 민족주의의 배타적, 배외적, 침략적 성격에 맞서는 식민지·반식민지 등지에서의 진보적이고 저항적 민족주의가 있으며 이는 자결권을 주장하는 프롤레타리아 국제주의와 대립되는 명제가 아니라는 우리의 주장에 대해 반동적 부르주아 민족주의에 절충적으로 진보적 색채를 씌우고 있다고 격렬하게 비난하고 있다. 그런데 이는 식민지·반식민지 민족투쟁 전사로부터 이론적, 현실적으로 부정되는 것이다.

코민테른 초기 대회에서도 부르주아 민족주의에 대비해 혁명적 민족주의, 민족혁명, 민족해방 노선을 적극 지지하고 지원해야 한다고 주장함으로써 위 주장이 전혀 근거가 없음을 보여주고 있다.

북에서도 민족주의에 대한 교조주의적 인식으로 수많은 편향을 일으켰던 교조주의자들을 비판하며 저항적 민족주의, 진보적 민족주의의 정당성을 주장함으로써 다시 이 주장이 무근거함을 확인해주고 있다. 게다가 북의 민족이론에서 제기하듯이, 유럽의 민족형성론, 민족론을 우리한테 교조주의적으로 대입하면 일제의 식민지배를 계기로 민족이 형성되고 민족의식이 발전했다고 하여 제국주의 지배를 정당화하게 될 수 있다. 게다가 지역적 공통성, 경제적 공통성이 없다는 것을 근거로 분열된 남과 북을 민족이 아니었다고 하여 분단을 영속화하고 부르주아의 두 개의 국가이론마저 정당화하게 될 수 있다.

노사과연은 북의 민족·동족관계의 적대관계로 전환선언 이후에 민족관계의 파탄자들인 미제와 그 주구들을 단죄하여 민족관계를 복원하려는 대신에 봐라, 남북은 원래 단일민족이 아니었던 게 이번에 확인되지 않았느냐며 자신의 명제를 정당화하려 하고 있다.

파탄된 것은 미제와 그 주구들에 의해 관계인 것이지 민족 자체가 아니다. 관계의 파탄을 근거로 애초부터 남북은 두 개의 서로 다른 민족이라면 형제·자매 관계의 파탄으로부터 애초부터 저들은 형제도 아니고 자매도 아니었다는 황당한 논리와 무엇이 다르겠는가?

이는 파리꼬뮌 이후 총을 들지 말았어야 한다는 플레하노프식 패배 청산주의와 소련 해체 이후 이는 자본주의 해체로 환영한다는 노동자연대의 좌익 청산주의와 다를 바 없는 주장이다.

제국주의자들이 세계화 논리로 제국주의적 통합을 주장하며 민족허무주의를 조장하고 있는데 여기에 좌익적 외피를 씌워 민족허무주의, 민족 자체에 대한 적대감을 조장하게 된다. 민족문제에 대한 관심을 불러일으키는 대신 우리 운동의 무관심을 조장하고 분열상을 깊게 한다.

더욱이 노사과연 필자는 1980년대 불타올랐던 반미운동에 대해 부르주아 민족주의로 부정적으로 규정함으로써 지금 우리가 극복해야 할 친미숭배와 미제국주의 지배 청산 과제를 외면하게 한다. 이에 대한 전면 비판은 필수적이다.

♿ 어느 완고한 교조주의자의 인식에 대하여

> 북이 남을 적대국으로 대한다고 해서 놀랄 일도 아니다.
>
> 오래전부터 남북(북남)은 세계에서 가장 서로 간 적대하는 국가였다.
>
> '노동자 인민의 독재국가'와 '자본가 계급의 독재국가'로….
>
> 국가란 지배계급의 권력기구이다.
>
> 노동자계급(+피억압 인민)은 북과의 관계에서도 국제주의적 관점을 확고히 가지고 국내 지배계급과의 투쟁에 임하면 된다. 민족적 관점이 아니라 계급적 관점이 포인트다(박문석, 1월 16일 페이스북).

페이스북의 짧은 개인 글이지만, 남북관계의 파탄 이후 나온 글 중에서 우리 사회의 특정 정파들의 경향성을 뚜렷하게 보여주고 〈민족과 계급〉 연속 글의 비판점이 됐던 지점, 즉 "계급투쟁을 통한 사회혁명"을 위해서 "남쪽 내부의 계급모순을 타파하는 문제가 선차적"이며, "계급적 성격이 전혀 다른 또 하나의 국가인 북은 남쪽에 있어서는 '외부'일 수밖에 없"기 때문에 "외부모순인 남북 간 모순은 노동자계급의 국제적인 연대의 관점에서 대할 수밖에 없다"(박문석 연구위원, '민족문제에 대한 계급적 접근을 위하여', 〈노동사회과학〉, 2020.12.5), "민족과 계급2 남북 민족문제의 특수성을 국제주의 일반으로 해소하는가?", 〈노동자정치신문〉, 2021.1.26.)는 글의 필자이기도 하기 때문에 여기서 인용하여 비판한다.

한국사회 자주파들이 북의 동족·민족관계 파탄과 적대관계로의 전환 발표 이후 이 격변적 선언에 충격을 받고 이를 발본적으로 분석하여 대비하려고 부심한 상황에서 계급모순을 중심에 두는 좌파들은 대개 이 문제에 관심을 두지 않고 있다. 추측건대, 민족문제에 그다지 관심을 두고 있지 않을 뿐만 아니라 일촉즉발의 전쟁위기에 대해 늘 있는 문제 정도로 취급하기 때문이다.

박문석의 짧은 글도 그 이유를 잘 설명해주고 있다. 박문석에게 남북관계의 파탄과 적대국가로의 전환은 그다지 놀랄 일이 아니다. 남과 북은 원래 사회성격이 판이하게 다른 "세계에서 가장 서로 간 적대하는 국가였"기 때문이다. 그리고 남북문제는 외부 모순이기 때문에 남쪽의 계급투쟁을 우선시해야 하며 남북문제는 "노동자계급의 국제적인 연대의 관점에서 대할 수밖에 없"기 때문이다.

비변증법적인 형이상학적 사고도 놀랍지만 이런 관점으로 최근의 상황에 대해 태연자약한 태도와 근본주의적 태도 또한 놀랍다. 정치노선이 다르다는 것이 남북의 사회 성격 차이만큼이나 남쪽 내부 정파에 따라 이렇게 판이한 인식의 차이를 나타내게 하였다. 기이한 일이며 개탄할 따름이다.

정치노선이 진보세력을 이렇게 인식과 실천을 분열시켰다는 것이 개탄스럽고 그 차이에 따라 정치노선과 상관없이 이 땅에서 살아가는 모든 사람들의 중대한 삶과 죽음을 결정할 전쟁위기의 고조와 하나의 민족이 동족·민족 관계가 파탄에 이르러 상호 적대국으로 규정하게 된 현실에 대해 무관심한 태도도 개탄스럽다.

북의 동족·민족관계의 전환 이후 진보진영이 그동안 자기운동에 대한 전면적인 재평가와 전환, 쇄신을 고민하고 있는 시점이므로 우리 운동의 분열상을 극복하고 우리 사회를 변화, 개조시키기 위해 이러한 지점에 대한 분석과 비판도 수행되어야 한다. 남북의 분단을 해결하기 위해서라도 남쪽 진보진영의 분단·분열을 극복하고 통일로 나아갈 때만이 민족·동족관계를 복원하고 남북의 통일도 나아가는 것이 가능하다는 점에서는 남쪽 내부의 모순을 우선적으로 해결해야 한다는 주장이 한편으로는 필요하다. 물론 그것은 형이상학적이지 않게 민족·동족관계의 복원이라는 과제를 수행하면서 해결해나가야 하는 과정이지만 말이다.

그런데 민족·동족관계의 파탄이 미제와 윤석열 파쇼정권은 물론이고 외세의존 흡수통일 세력들의 반민족·반동족 작태에 있다는 것을 폭로, 규탄하는 것이 아니라, 북남은 원래 상호 적대국가였기 때문에 북이 남을 적대적으로 대하는 것이 놀랄 일도 아니라는 인식은 이 사태를 필연이라는 명목으로 그것을 왜곡해서 초월적이고 평론적인 객관주의로 보는 것이다.

왜냐하면 박분석에게는 민족문제 해결이라는 단계를 넘어 프롤레타리아 계급독재만이 지상과제이기 때문이다. 마오쩌둥이 《모순론》에서 주장한 것처럼, 맑스주의 변증법적 유물론의 인식에 따라 역사발전의 긴 과정 속에서는 반드시 단계가 있고 그 단계성에 유의해야지만 특수성에 주목하며 역사와 사물의 모순을 제대로 인식하고 처리할 수 있다. 가령 역사를 원시 공산주의, 고대노예제, 중세봉건제, 자본주의, 사회주의(낮은 수준의 공산주의)/공산주의(높은 수준의 공산주의) 단계로 나누지 않고 인류사 전체를 하나의 긴 과정으로만 인식한다면 각 시대를 구분해 그 시대의 특수성을 제대로 인식하고 각각의 모순을 제대로 처리할 수 없음이 자명해진다. 레닌이 자본주의를 자유경쟁 시대와 독점자본주의 시대로 나누어 후자의 상부구조에 제국주의가 있다는 분석을 함으로써 우리는 이 시대의 특성을 제대로 인식하고 타도 제국주의 과제를 수행할 수 있었다.

현대사를 제대로 인식하면 외세(일제의 식민지배와 미제의 신식민지배)의 지배로 인해 분단이 생기고 민족모순이 생겼다는 것을 분명하게 알 수 있다. 이는 일제로부터 해방 이후에 어떤 사회를 건설할지 둘러싸고 벌어진 계급투쟁이기도 했다. 그러나 이를 계급투쟁으로만 인식하고 1948년 이남만의 단정(단독정부)·단선(단독선거) 이후 분단문제가 불거지고 제주 4.3, 10월 여순항쟁과 전국적 항쟁에서 분단반대 통일조국 건설이라는 민족적 과제 해결을 위해 싸웠던 역사적 문제를 인식하지 못한다면, 그야말로 단계성에 유의하지 못하는 교조주의에 빠져 이후 민족·동족관계의 회복이라는 역사적 과제를 무시하게 된다.

박문석의 인식은 노사과연의 인식이기도 한데, 이들은 남과 북이 계급적대 사회이기 때문에 이 양자 간 외세 배격 민족공존, 연방제적 평화통일은 결코 추구해서는 안 되고 이뤄질 수 없는 주관주의 타협이고 야합이라고 본다.

이들에게 6.15, 10.4 그리고 4.27, 9.19 등 남북의 화해와 협력, 자결과 통일 추구는 어차피 체제가 다른 세력들이 불가능한 시도, 헛된 공존을 모색하는 것에 불과하다.

> 이 의미는 오직 "각자의 사회운동법칙에 따라서 발전해 갈 수 있는 조건을 형성하는 것이다. 따라서 그만큼 그것은 긍정적 의의를 가지고 있"을 뿐이고, "'6.15선언'('7.4공동선언'도 물론)과 이른바 "민족 대단결"의 원칙의 분단과 적대를 절대적으로 규정하고 있는 '계급', '계급적 분열', '계급적 적대'에 대해서 일언반구 언급하고 있지 않을 뿐만 아니라, 사실상은, 물론 바로 그 '침묵'이라는 소극적인 방법을 통해서이지만, 분단과 적대의 기초에 있는 계급적 분열과 적대를 은폐하고, 그 문제의식조차 기각하고 있기 때문이다"(채만수, 《피억압의 정치학(상)》, 노사과연, p.102).

민족대단결 선언이 미제의 민족분열 책동과 남의 통치세력들의 굴종적 태도로 인해 번번이 깨지고 오늘날 민족·동족관계의 공공연한 적대관계로 파국을 맞았지만, 그 선언의 본래 정신이 "각자의 사회운동법칙에 따라서 발전해 갈 수 있는 조건을 형성하는 것"은 아니다. 서로 다른 체제를 존중하면서 통일로 나아가지 말고 각자 가자는 것은 평화공존하며 분단체제를 영속화하자는 것인데, 이는 이 선언의 성격을 심각하게 왜곡하

　　맑스주의와 포스트모더니즘 신좌파 다원주의 이데올로기 비판

는 것이며 민족자결과 통일 추구가 민족모순을 해결하면서 변혁으로 나아갈 수 있는 돌파구가 될 수 있다는 점을 무시하는 것이다.

이러한 불변의 교조주의 관점으로부터 오늘날 민족·동족관계의 파탄은 앞서 봤던 것처럼, 생산양식이 전연 다른 남북의 성격상 당연한 것이며, 민족·동족관계의 복원보다는 남쪽 내부에서 계급투쟁에만 매진하고 북에 대해서는 노동자국제주의 관점으로 대하면 된다는 인식이 나오게 된 것이다.

채만수 소장과 노사과연이 우리민족끼리 반미자주 하자는 주장을 계급협조 심지어 범죄라고 보는 것은 우연이 아니다. "민족문제는 계급문제의 외연"에 불과하다는 주장은 민족문제와 계급문제가 긴밀하게 연결돼 있다는 점에서는 맞지만, 이것이 계급문제가 본질이고 민족문제는 그 본질의 현상에 불과하다는 인식이라면 잘못된 것이다.

유럽의 민족문제와 남북이 분단된 사회에서 민족문제를 그대로 적용할 수 없다. 유럽의 민족문제는 자본주의 발전 시기에 생겨나 부르주아 혁명과 함께 민족적 통일로 해결됐다. 유럽에서 민족은 단일한 경제적 지역적 언어적 역사적 공동체로 보지만 우리의 민족문제는 위를 포함하면서도 혈연적(확대된 혈연적 의미) 공통 기반으로 해외에 산재한 500만 동포들을 포함하고 있다. 남과 북이 분단되어 남은 자본주의 북은 사회주의라는 상반된 경제적 기반을 가지고 있어 경제적 통일성이 없더라도 하나의 민족으로 구성되어 있고 경제적 통일성 이전에도 민족이 통일될 수 있다.

계급문제 해결로 일거에 민족문제가 해결될 가능성을 전면 배제할 수 없으나 이는 실제로 당면 집중 모순해결의 단계와 방식, 절차를 건너뛰는 비약이며 민족문제의 상대적 독자성을 외면하고 계급문제 해결로 환원하는 주장이다.

"민족적 관점이 아니라 계급적 관점이 포인트다"(박문석, 같은 글)라는 주장은 마치 '일국혁명이 아니라 세계혁명이다', '민족관계가 아니라 오직 국제주의다', '분단 해결 과제가 아니라 오직 계급혁명이다'와 같은 트로츠키주의의 형이상학적 사고에 빠진 결과로 나왔다.

이처럼 계급 대 계급의 모순만 강조하며 트로츠키주의적 사고와 방식으로 조직화된 맑스레닌주의 표방자들에게는 오직 계급대립, 피티독재만 있을 뿐이다. 궁극목표만 있을 뿐 그를 쟁취하기 위한 단계도 수단도 방법도 없이 사물발전에 대한 인식도, 그 특수한 조건에 대한 인식도 없이 비월하고 초월함으로써 당면 투쟁에 무기력하거나 기권하는 것이 바로 트로츠키주의 기회주의의 모습인데 딱 그 짝이다.

동족·민족관계의 파산은 계급대립의 필연적 발로에 불과하다는 사고는 "죄는 생산력에 있다"는 카우츠키처럼 필연성을 객관주의 평론으로 왜곡한다. 1차 세계대전은 발전된 생산력에 따른 것이지만 그 죄는 생산력에 있는 것이 아니다. 전쟁은 제국주의에 의해 벌어졌고 전쟁을 지휘하고 수천만 인민을 살상하고 전 인류를 비극으로 몰아가면서 전쟁의 이익을 얻는 한 줌도 안 되는 독점자본가들과 정치모리배들과 그 일파들에게 있다. 발전한 생산력에 죄를 묻는 것은 누구에게도 죄를 묻는 게 아니다. 생산력이 죄를 묻는 게 아니라 타도 제국주의로 단죄해야만 하는 것이다.

북에서 선언한 민족·동족관계의 파탄과 적대시는 그것이 바람직한 당위가 아니라 미제와 전쟁 추동자들에 의해 파탄된 현실을 보여주고 그것을 극복하겠다는 다짐과 결의를 보여주는 것이다.

차제에 "북과의 관계에서도 국제주의적 관점을 확고히 가지고 국내 지

   맑스주의와 포스트모더니즘 신좌파 다원주의 이데올로기 비판

배계급과의 투쟁에 임하면" 되는 것이 아니라 미제와 윤석열 정권의 전쟁 책동을 분쇄해야 한다. 지배계급의 사상인 반북반공 이데올로기를 척결해야 한다. 동족·민족관계의 파괴자들을 축출, 타도하고 자주적, 진보적 권력을 세워 파산된 동족·민족관계를 복원시키고 평화적 통일로 나아가야 한다.

교조·계급환원주의는 중·러 신흥제국주의론으로 나타나 미제의 신흥 프로파간다에 복무

남북문제를 오로지 "노동자계급의 국제적인 연대의 관점에서 대"하는 교조주의적이고 계급환원주의적 인식은 한(조선)반도와 동북아에서 격화되는 대립과 대결, 전쟁위기 고조에 대해서는 더욱 심각한 파탄된 인식을 보여주고 있다.

> "어쩌면 조만간 미제를 중심으로 한 서방 제국주의와 중·러를 중심으로 한 후발 제국주의의 패권경쟁 속에서 배치되는 한(조선)반도에서의 크고 작은 군사적 충돌이 수시로 전개될 가능성도 배제할 수 없을 것이다"(〈정세〉 파쇼 권력에 맞서 국가보안법 철폐 투쟁을 전면화하자, 박문석 연구위원, 부산지회 운영위원).

파쇼 권력의 국가보안법 철폐 투쟁을 전면화하자는 다짐은 좋다. 그런데 반공주의 백색테러 국가보안법은 우리의 합리적이고 이성적인 사고 체제를 마비시켜 왔다. 반공 백색테러의 공포에 굴복하지 않고 투쟁했던

이들은 학살만행에 대다수 희생되고 살아남은 이들은 침묵을 강요당했다. 대신 국가보안법의 등에 업은 극우적 사고의 광기가 우리 사회를 지배하고 있다.

국가보안법은 다종다양한 언론기구, 교육기구, 종교기관, 문화기구 등을 통해 지배계급의 사상을 유포하고 있는데 이것이 대중의 사고를 마비시켰다. 지배계급이 유포하는 반북 적대감은 오늘날 대중들에게 반중혐오(짱깨주의), 반러혐오(루소포비아)를 이어지고 있다.

이로써 맹목적인 친미 숭배의식에 반해 반북, 반중, 반러혐오는 점점 더 극심해지고 있다. 이는 이러한 대중들의 인식 뒤에는 미제와 반공 부르주아가 있다는 것을 보여준다. 민주주의 대 독재, 민주주의 대 권위주의, 인도주의 대 인권말살 체제, 다원주의 대 전체주의….

이런 인식은 미제를 위시로 한 서방 현대제국주의자들이 유포하는 최신의 프로파간다이다. 미제의 가치동맹은 바로 반북, 반중, 반러를 기치로 내건 신냉전이다. 이 신냉전 이데올로기와 그 폭력체제에 맞서 투쟁하는 것이 전쟁을 막고 극우 파쇼 체제를 타도하는 데 있어 중대한 과제다. 그런데 미제와 서방 제국주의는 선발 제국주의고 중·러는 후발 제국주의라면 이것이 과거 영국제국주의에서 미국제국주의로의 전환과 같다는 의미이다. 이는 박문석 개인뿐만 아니라 노사과연의 공식 입장이기도 하다.

중·러가 제국주의라는 선전은 미제와 서방 제국주의자들이 아프리카, 중동, 동남북 아시아, 남미 등 전 세계에서 자신들이 자행하는 제국주의 침략과 약탈, 반동성을 은폐, 전가하기 위해 사용하는 신종 이데올로기다. 힐러리 클린턴이 대표적인 인사다. 2011년 6월 힐러리 클린턴 당시 미국 국무장관은 아프리카를 순방하던 중 잠비아에서 아프리카 대륙을

　　　맑스주의와 포스트모더니즘 신좌파 다원주의 이데올로기 비판

위협하는 중국의 '신제국주의'에 대해 경고하는 연설을 했다.

네오콘의 상징적 정치인이 존 볼튼(John Bolton)은 중국이 아프리카의 성장을 방해하기 위해 "약탈 행위"를 자행하고 있다고 주장했다. 렉스 틸러슨 미 국무장관은 중국의 남미 진출을 겨냥해 자국의 이익만을 추구하는 '신제국주의 열강'이라고 비난했다. 2023년 11월 칼슨은 트럼프와의 인터뷰를 공개했는데, 두 사람 모두 베이징에 대해 우려를 표명했다.

트럼프는 "왜 중국은 우리 영역에서 제국주의 행위를 하도록 내버려 둡니까?"라는 극우 언론인 터커 칼슨의 질문에 대해 "그렇습니다. 그리고 그것은 쿠바를 훨씬 넘어서는 것이에요. 중국은 남아메리카 전역에 걸쳐 그렇게 하고 있습니다"라고 답변했다. 그러나 중국은 미제가 그런 것처럼, 이들 나라에 군사기지를 가지고 내정에 간섭하고 정권교체(레짐체인지)를 시도하고 침략을 자행한 적이 한 번도 없었다.

이스라엘의 팔레스타인 침략과 학살을 지원하는 미제와 서방제국주의자들의 제국주의 행보에 비춰볼 때도 러시아, 중국은 팔레스타인의 주권을 존중하고 있다. 아프리카, 남미 등지에서 중국과 러시아는 이들 나라의 주권을 존중하고 약탈이 아닌 이 나라들의 발전에 도움이 되는 교역으로 민중의 지지를 받고 있다. 그런데 러우전을 제국주의 간 전쟁으로 보는 것을 넘어 이곳에서의 분쟁과 대결이 선발 제국주의와 후발 제국주의와의 투쟁이라는데 이러한 인식이 맞는다면 우리 남쪽의 진보세력, 활동가, 인민대중은 중국, 러시아 제국주의에 맞서 무슨 반제투쟁의 과제를 수행하자는 말인가?

이들은 중러가 미제의 제재를 뚫고 북과 경제 교역을 확대하는 것은 자본수출의 강화로 제국주의 행보라고 보는데 그렇게 되면 이를 반대하는 것이 반제투쟁의 과제가 된다. 가중되는 중국혐오, 러시아혐오에 편승해 중러 제국주의에 맞서 투쟁하자는 것이 반제의 과제가 된다.

이들은 남북을 오로지 프롤레타리아 국제주의 관점으로 봐야 한다고 했는데, 중국이 제국주의면 중국에서 프롤레타리아혁명을 요구하며 중국 인민과 국제협력을 해야 한다. 대만 인근에서 고조되는 위기는 미제와 중제가 대만 자결권을 압살하며 싸우는 제국주의 간 대립에 불과한 것이 된다. 실제 이들이 일방 추종하는 그리스공산당은 이렇게 인식하고 있다. 이들에게 미일한 동맹과 조중러 동맹은 선발 제국주의 동맹과 후발 제국주의 동맹에 불과한 것이 된다.

그렇다면 양 동맹의 대립이 제국주의 간 대립이니 노동자 민중은 오불관언(吾不關焉)해야 하는가. 기계적 중립을 지키고 제국주의 양자의 패배를 도모해야 하는가. 북(조선)은 중러 신흥 제국주의 축과 야합하여 싸우는 제국주의 들러리로 전락하게 되는 것인가. 논리적 일관성을 유지한다면 북이 미제와 싸우는 것은 영제에서 미제 패권 교체기에 영제에 맞서 신흥 제국주의 중심축과 손잡는 것밖에 안 되기 때문에 그렇게 될 수밖에 없다. 북이 수행하는 반제의 전략적 의의는 심각하게 훼손되고 이로써 조미 대결 와중에 남에서 수행하는 반미반제 투쟁도 그 의의가 없어지게 된다.

"모스크바도 아니고 워싱턴도 아니다." 트로츠키주의자들의 구호가 그랬던 것처럼, 도대체 남과 북, 동북아에서 대결과 전쟁위기 고조를 맞아 이런 양비론적 구호로 어떻게 이 위기를 주체적으로 헤쳐 나갈 수 있는 것인가.

러-우전, 이-팔전, 대만해역 위기, 그리고 이곳 반도에서의 전쟁위기

  맑스주의와 포스트모더니즘 신좌파 다원주의 이데올로기 비판

는 그 역사적 배경은 다르다 하더라도 공통으로 관통하는 성격이 있다. 바로 이 분쟁, 전쟁의 원인, 침략자, 학살자들은 미제와 서방 제국주의자들이라는 것이다. 서방 제국주의자들이 현지의 파쇼 나찌 극우 현지 권력을 내세워 제국주의 침략을 자행하는 것이다.

남과 북, 동북아에서 대결과 전쟁위기 고조를 맞아 하는 도대체 그 역사적, 정치적 원인이 무엇인지 규정하지 못하고 그럼으로써 우리가 싸워야 할 적들이 누군지도 모르고, 이 적들과 싸우고 이 위기를 헤쳐나가 승리할 수는 없다.

이는 지배계급이 미제와 서방 제국주의자들에 대한 민중의 분노를 물타기, 전가하기 위해 러시아 혐오증, 중국혐오증을 유발하는 것을 폭로하기는커녕 여기에 부응하는 짓이다. 또한 이는 미제침략자, 도발자, 그 추종자들과의 투쟁에 심각한 혼선을 가져오고 민족적·동족적 과제의 복원이라는 정치적 과제를 회피하게 만든다.

이래 놓고 국가보안법에 맞서 싸우고 지배계급의 사상과 맞서 싸우자고 하는 게 말이 되는가?

중·러가 후발 제국주의 국가들이라는 인식은 인식상의 오류인 동시에 여기에 멈추지 않고 실천적으로는 미제와 제국주의자들의 이해에 봉사하는 심각한 정치적 탈선인 것이다.

고조되는 전쟁위기를 외면하고 민족문제에 기권하며 중·러 패권주의론으로 미제와의 결전을 혼란, 회피케 하는 진보진영 내에 침투한 제국주의, 부르주아 신종 프로파간다를 척결해야 한다.

7장

민족·동족관계의 파탄 앞에서
태연자약한 '계급성'은 무엇의 발로인가?

1. 게으른 권리?

> 우리의 교조주의자들은 게으르고 나태한 사람들이어서 구체적 사물에 대한 어떠한 면밀한 연구도 거절하며 일반적인 진리를 허공에서 떨어지는 어떤 것으로 보고 그것을 파악할 수 없는 순전히 추상적인 공식으로 만들어 버려 인류가 진리를 인식하는 이 정상적인 순서를 완전히 부인하며 또 그것을 전도시키곤 한다. 그들은 인류 인식의 두 과정의 상호연관—특수로부터 일반에 이르고 일반으로부터 특수에 이르는—도 모르고 있다. 그들은 마르크스주의의 인식론을 전혀 모른다(마오쩌둥, 《모순론》).

교조주의를 비판하는 마오쩌둥의 《모순론》 한 문장을 인용했는데 교조주의자들의 특성은 게으르다는 것이다. 여기서 게으르다는 말은 무슨 의미인가?

마오는 객관 사물을 제대로 인식하기 위해서는 연관된 사물의 상호관계의 공통 특성, 즉 보편성을 인식하면서도 그 사물의 차이를 드러내는 특수성에 주목해야 한다고 강조했다. 그렇지 않으면 "구체적 사물에 대한 어떠한 면밀한 연구도 거절하며 일반적인 진리를 허공에서 떨어지는 어떤 것으로 보고 그것을 파악할 수 없는 순전히 추상적인 공식으로 만들어 버려 인류가 진리를 인식"하지 못하도록 하기 때문이다. 이는 인식상의 오류일 뿐만 아니라 사물의 모순을 제대로 처리할 수 없게 한다. 심지어 변혁에 심각한 해를 끼치기도 한다.

이러한 교조주의적 사고는 맑스주의가 혁명적으로 인식하고 실천하는 무한하게 열려 있는 방법이라는 원칙 대신에 애초에 만들어 놓은 경직된 원리 틀을 만들어놓고 그 틀에 변화 발전하고 생생하고 구체적인 현실을 가두는 것이다. 이로써 구체적 현실이 그 틀에 갇히는 순간 현실은 질식되고 박제를 면치 못한다.

레닌의 "진리는 언제나 구체적이다"라고 했다. 진리는 객관 사물과 법칙을 옳게 인식하고 시행착오를 거치면서도 실천을 통해 검증됐을 때 획득된다. 이 진리는 구체적으로 인식할 때 획득할 수 있다는 말이다. 이는 구체적 현실을 구체적으로 생생하게 인식하지 못하고 추상적인 인식으로 현실을 제대로 파악하지 못하게 될 수 있음을 경고한 것이다.

교조주의자들은 단계성에 유의하지 않고 궁극목표만을 내세운다는 점은 여러 차례 강조했다. 마오는 단계성에 유의해야 한다고 했다. 주지하듯 사물의 긴 발전과정에는 각 단계가 있고 이 단계성에 주목할 때 각 단계의 구별되는 특수성을 인식하여 모순을 제대로 처리할 수 있다는 말이다.

레닌은 "어떠한 타협도 없다"는 블랑끼주의자들의 극단주의를 비판한 엥겔스의 주장을 인용하여 이 단계성을 인식하지 못하는 좌익 공산주의자들의 교조주의를 비판하였다.

블랑끼파 꼬뮈나르들은 자신들의 선언에서 다음과 같이 썼다.

<blockquote>

우리는 공산주의자들이다. 왜냐하면 우리는 중간역에 머무르지 않고, 승리의 날을 미루고 노예시대를 연장시킬 뿐인 타협을 거부한 채, 우리의 목표를 달성하고자 하기 때문이다.

독일 공산주의자들은 공산주의자이다. 왜냐하면 그들은 자신들이 만들어낸 것이 아니라 역사발전 과정으로서 나타난 모든 중간역과 모든 타협들을 통해서 **최종 목표**—계급의 폐지, 그리고 토지와 모든 생산수단의 사적 소유가 더 이상 없는 사회구조의 창조—를 **명확하게 인식하고 끊임없이 추구하기 때문이다. 블랑끼파 33인은 공산주의자다. 왜냐하면 그들은 자신들이 일단 중간역과 타협을 뛰어넘겠다고 마음먹기만 하면 그대로 만사형통이라고 생각하기 때문에, 그리고 만약**—그들은 굳게 믿고 있다—**오늘내일 중에 일을 '시작하여' 권력이 자신들 손아귀에 떨어지면 모레에는 '공산주의가 도입될 것'이라고 생각하기 때문이다. 따라서 이런 일을 당장 수행할 수 없다면, 이들은 공산주의가 아닌 것이다**(《좌익공산주의 소아병》).

</blockquote>

긴 "역사발전 과정"에는 "모든 중간역"으로서의 단계가 있고 "최종 목표, 계급의 폐지, 그리고 토지와 모든 생산수단의 사적 소유가 더 이상 없는 사회구조"를 위해서는 각 특수한 단계에 대한 구체적 인식이 필요하며 여기서 나타난 모순들을 해결하는 데서는 우회와 타협이 있는 것이다. 다만 그것은 모두 최종 목표를 확고히 하고 그것을 위한 것이다. 이것을 외면하고 "일단 중간역과 타협을 뛰어넘겠다고 마음먹기만 하면 그대

로 만사형통이라"고 주관적으로 생각하면 "권력이 자신들 손아귀에 떨어지면 모레에는 '공산주의가 도입될 것'"이라는 생각은 유치한 사고이며 반드시 일을 그르치게 된다.

레닌은 뒤에서 각국 공산주의자들은 기회주의와 "좌익" 교조주의자와 투쟁하면서 "구체적인 특성들, 다시 말해서 각국의 경제, 정치, 문화, 민족 구성(아일랜드 등), 식민지, 종교분열 등등의 특정한 성격을 아주 의식적으로 고려하"는 것이 중요하다고 강조했다.

이것이 마오쩌둥이 강조한 단계성에 유의하는 것인데, 레닌은 "그 단계란 프롤레타리아 혁명으로의 이행이나 접근 형태들을 모색하는 것이다."라고 강조했다. 이 이행형태의 특수성을 고려하지 않고 궁극목표만 강조하면 평생 프롤레타리아 혁명을 볼 수 없다고도 했다.

게오르기 디미트로프는 코민테른 7차 당대회에서 반파쇼 통일전선을 위한 레닌의 이 말에 주목하며 특수한 현실을 주목하지 못하고 궁극목표만 강조하며 통일전선을 부정하는 혈기왕성한 젊은 공산주의자들을 신랄하게 비판했다.

혈기왕성한 '좌익'공산주의자는 비단 나이만을 의미하는 것은 아니다. "좌익"적 오류는 엘리트주의에 빠져 자신들의 인식 오류와 실천의 해악을 교정하지 못하고, 교조주의적 사고에서 벗어나지 못하여 러시아식 모델을 그대로 답습하며 자본주의와 분단이라는 구체적인 이 땅의 역사적 현실을 인식하지 못하기 때문에 생긴다.

교조주의자들은 자본주의에서 노자 간의 대립과 적대라는 기본원칙으로부터 자본주의와 사회주의 국가는 항상 적대할 수밖에 없으며 이로써 남북의 화해와 평화도 불가능하다는 교조주의 원리를 끌어냈다. 민족모순의 해결이라는 당면한 과제를 부정하거나 민족문제의 (상대적) 고유한 특성에 주목하지 않고 계급해방이라는 궁극목표만 외치고 있다.

분단으로 인해 생긴 민족문제에 대한 "어떠한 면밀한 연구도 거절하며", 계급성이라는 "일반적인 진리를" 반복적으로 내세움으로로써 "순전히 추상적인 공식으로 만들어" 역사적 문제를 제대로 인식하지 못하게 하고 있다.

폴 라파르그는 생명력을 고갈시키고 지적퇴화를 가져오는 자본주의 과도노동의 현실 앞에서 "게으를 권리"를 주장했는데 우리는 진리추구 앞에 게으를 권리가 전혀 없다. 이 교조주의적 권리를 남용하는 것은 생명력과 지적퇴화를 가져올 뿐만 아니라 해결해야 할 당면 과제를 앞에 두고 우리의 운동의 진전과 역사발전을 심각하게 가로막기 때문이다.

2. 여기 '최완고'한 교조주의 공식을 보라!

지난번 동족관계의 전환에 대해 어느 완고한 교조주의자의 인식에 대한 비판 글을 썼다. 그런데 이 글을 다시 뒷받침하는 완고의 스승이라 할 수 있는 '최완고'한 글이 발표됐다. 필명이지만 조금만 주의 깊게 살펴보면 누구인지 금방 알 수 있는 이 글의 저자는 마오쩌둥이 비판한 추상적 공식을 내세우는 게으른 교조주의의 표상이다.

> 상당수 사람들이, "남북관계의 근본적 변화" 운운하며, 꽤 놀라고 있는 것 같다.

　　맑스주의와 포스트모더니즘 신좌파 다원주의 이데올로기 비판

무리도 아니다. 적어도 외교적 혹은 수사적으로는 "자주·평화통일, 민족대단결"을 추구해 왔던 종래와는 사뭇 다른 선언을 하고 나섰기 때문이다.

그러나 사실은 남북관계 혹은 북남관계에는 아무런 근본적 변화도 없다. 사실상 누구나 내심으로는 인정하면서도, 정치적·외교적 필요에서든, 그 '분위기'에 뇌동하거나 억눌려서든, 겉으로는 인정하지 않던, 현실을 사실로서 공인한 것일 뿐이다. 사실, 계급적 성격이 전혀 다른, 아니 극히 적대적인 두 사회체제가, '연방제'든, '국가연합'이든, 소위 일국양제(一國兩制)의 한 국가를 이룬다는 것 자체가 환상일 뿐이 아니던가?(진상은, "적대적인 두 국가, 그리고' …", 노사과연 정세와 노동 제199호, 2024.2.)

교조주의자들에게 남북·동족관계의 적대적 국가로의 전환은 "놀랄 일도 아"닌데 "남북관계 혹은 북남관계에는 아무런 근본적 변화도 없"기 때문이다. 교조주의자들이 격변적 사태에 대해 이토록 담담한 것은 "계급적 성격이 전혀 다른, 아니 극히 적대적인 두 사회체제"는 언제나 적대적일 수밖에 없다고 보기 때문이다. 따라서 남북 간의 "자주·평화통일, 민족대단결"이라는 기치는 "정치적·외교적" 책략의 일환일 따름이고, 현실의 계급적대를 은폐하는 허위적 인식이자 "수사적"인 것에 불과하다고 본다. '연방제'든 '국가연합'이든 '일국양제'든 이들에게는 마찬가지다. 이러한 근본주의적 사고에 사로잡혀 있다 보니 동족·민족관계의 적대관계로의 전환선언은 단지 원래부터 적대적이었던 "현실을 사실로서 공인한 것"이 될 뿐이다.

노사과연 편집위원장은 '편집자의 글'에서 "남북관계, 민족 문제 등에서 많은 이들이 놓치고 있는 바를 계급적 관점에서 지적하고 있는 글이"라고 소개하고 있다. 이것이 "계급적 관점"이라면 계급적 관점은 얼마나 협소한 관점이며 얼마나 배타적이고 종파주의적이며 얼마나 나태하고 역사의식이 없는 빈약한 사고인가?

남과 북은 "계급적 성격이 전혀 다른, 아니 극히 적대적인 두 사회체제"이기 때문에 언제나, 필연적으로 적대적일 수밖에 없는가? 그리고 민족 간 교류와 화해와 통일을 추구한다는 것은 계급적대를 인식하지 못하는 환상적 사고에 불과한 것인가?

과연 계급적 성격이 다른 국가들끼리는 항상 적대할 수밖에 없는가? 그렇다면 사회주의 국가는 언제나 자본주의 국가와 대립하고 적대할 수밖에 없다는 말인가? 이는 전혀 사실이 아니다. 사회 성격이 다르다 해도 서로 자주권을 존중한다면 얼마든지 교류, 협력하고 심지어 선린우호 관계를 형성해 나갈 수 있다. 과거 소련도 주권을 인정하는 국가들과 이런 상호관계를 발전시켜 나갔다. 심지어 조선은 제국주의 강권과 횡포에 맞서 비동맹국가들과는 자본주의 국가들이라 할지라도 전략적 동맹을 맺을 수 있었고 지금도 마찬가지다. 조선은 소련 해체 이후 사회성격이 판이하게 다르지만 러시아와 신뢰관계를 유지해 왔고 최근에 와서는 서방 제국주의에 맞서 더 굳건한 전략적 동맹자 관계로 발전하고 있다.

쿠바 미겔 디아스카넬 주석이 앙골라, 모잠비크, 나미비아 등 아프리카 3개국을 순방하며 "모든 시련 속에서 우리와 연대한 자매국"이라 표현하고 77개 개도국 모임(G77)+중국 의장국 정부 수반 자격으로 브릭스 정상회의에 참여한 것도 다 이런 원칙을 바탕으로 한 것이다.

    맑스주의와 포스트모더니즘 신좌파 다원주의 이데올로기 비판

2023.8.21. 아프리카 순방길에 앙골라 수도 루안다에 도착해 환대를 받고 있는 미겔 디아스카넬 쿠바 대통령(가운데)

미제와 서방 제국주의자들은 국가 간 주권존중과 선린우애 관계를 맺는 것을 훼방 놓고 제재에 동참할 것을 강권해왔다. 교조주의자들은 중국을 자본주의, 심지어 "강도 같은 제국주의"라 규정하지만 일국양제는 얼마든지 현실화될 수 있고 지향하는 가치가 될 수 있다. 홍콩이 일국양제의 사례고, 중국과 대만과의 관계도 제국주의자들과 그 추종자들의 방해가 없다면 일국양제가 될 수 있다.

최근 체제가 상반되지만 한국은 조선을 견제하고 고립시키기 위해, 쿠바는 제재를 돌파하기 위해 정식 외교관계를 수립했다. 이것이 이례적인 것이 아니라 남미에서 쿠바가 마지막 남은 미수교 국가였다는 점이 오히려 이례적인 것이다.

이처럼 사회주의 국가와 자본주의 국가는 기본 원칙을 준수한다면 얼마든지 선린 우호관계를 유지할 수 있다. 반대로 같은 사회주의 국가 간이라 할지라도 대국주의가 자리 잡고 중소분쟁처럼 프롤레타리아 국제주의가 무너지면 적대관계로 전락할 수도 있다.

민족을 "상상의 공동체"라고 간주하지 않는 한 남북이 하나의 민족이라는 것은 주지의 사실이다. 경제적 생산양식이 서로 상반된다 하더라도 하나의 민족이라는 사실은 바뀌지 않는다. 그렇기 때문에 다른 민족, 국가 간 관계보다 더 우호적인 관계를 유지할 수 있고, 통일로 나아갈 수 있다. 다만 남과 북이 "하나의 민족"임에도 불구하고 적대적인 관계로 되었던 것은 외세, 특히 미제국주의가 남을 반공주의 보루로 삼고 영구 분단 책동과 대북 적대시 정책을 펼치고 여기에 남의 외세 추종 반민족적인 정치세력들, 자본이 동조했기 때문이다.

진상은은 "적어도 외교적 혹은 수사적으로는 '자주·평화통일, 민족대단결'을 추구해 왔던 종래와는 사뭇 다른 선언을 하고 나섰기 때문이다"라고 하는데, "종래와는 사뭇 다른 선언"을 한 주체는 북인데, 그렇다면 남의 정권은 물론이고 북조차도 그동안 내심과 달리 '자주·평화통일, 민족대단결'을 단지 "외교적 혹은 수사적으로" 해 왔다는 말이 된다. 한국의 통치자들과 조선일보도 북이 언제나 "화전양면전술"로 "위장 평화 공세"를 해왔다는 반공주의 악선전을 일삼지 않았는가. 만약 이것이 아니라면 수십 년 동안 적대적인 체제 간 '자주·평화통일, 민족대단결'이 가능하다고 환상을 가지거나 허위의식에 사로잡혀 있었던 것이 된다. 게다가 "하나의 조국"을 열망하며 '자주·평화통일, 민족대단결'을 기치로 주한 미군 철수와 평화협정 체결, 분단 반대 조국통일을 외쳤던 남의 진보세력들과 민중의 노력과 열망, 투쟁은 다 "계급적 관점"을 상실하고 환상과 허위에 빠져 있었던 것이 된다.

이러한 종파주의적 사고에 의하면 "권력의 눈앞에서 양키 점령군의 총구 앞에서 자본가 개들의 이빨 앞에서" "조국은 하나다"를 외쳤던 김남주 시인은 필시 "계급적 관점"을 상실하고 환상이나 허위의식에 빠지거나 좋게 봐야 그저 낭만주의적인 시적 수사를 사용했던 인사에 불과하게 된다.

교조주의자들은 "계급적 성격이 전혀 다른, 아니 극히 적대적인 두 사회체제"이기 적대가 필연적이라고 간주하고 "남북관계 혹은 북남관계에는 아무런 근본적 변화도 없"다고 하지만 이는 최근 몇 년간의 정세변화를 분석하지 못하거나 교조적 사고에 현실을 꿰어 맞추기 위해서 현실을 외면하는 것이다.

최근 몇 년 만 보더라도 남북, 조미관계에서 "선대선"에서 "강대강"으로 극단적인 변화가 있었다. 2018년을 기점으로 한 4.27선언, 9.19평양공동선언과 조미정상회담은 "선대선"의 정점이었다. 남과 북, 해외의 수천만 민족 구성원들은 남북 간 화해와 협력, 자결선언과 군사적 충돌의 방지 등 통일로 가는 여정에 대해 열렬하게 환호했다. 그러나 주지하듯, 미제의 군산복합체를 비롯한 전쟁광들은 조미정상회담을 파탄시켰고 문재인 정권은 "운전자론" 운운하면서 미국 눈치를 보다가 스스로 합의했던 역사적 선언들을 물거품으로 만들었다. 미일은 다시 대북 침략 훈련을 재개했고 윤석열 정권은 북한 주적론, 선제타격론을 외치며 호전적 공세를 계속했다.

북은 이에 맞서 "강대강"으로 전환을 선언하고 핵무력을 고도화하고 연일 탄도미사일을 쏘아대며 맞공세를 취했다. 결국 그 이후 9.19 남북군사합의도 파기되었다. 2023년 12월 조선로동당 중앙위 전원회의에서 동족·민족관계의 적대관계로의 전환은 남과 북, 조미 간 선대선에서 그 정반대인 강대강 충돌의 결과로 생겨났다.

과연 이러한 전환이 "아무런 근본적 변화도 없"는 것이고 적대관계로의 전환은 체제가 다른 나라들 간 필연적으로 벌어질 수밖에 없는 일인가? 그러나 "아무런 근본적 변화가 없"는 것은 현실이 아니라 추상적 공식에 사로잡혀 변화무쌍한 현실을 무시하고 외면하는 교조·종파주의자들의 불변의 관념뿐이다.

근본주의, 교조주의로 현실 변화에 눈감고 정세에 기권하는 것은 전형적인 트로츠키주의자들의 사고이다. 진상은 식대로 하면, 4.27판문점선언이나 9.19평양공동선언도 아무런 "근본적 변화도 없"는 것이고, 반대로 민족·동족관계의 파탄도 아무런 "근본적 변화도 없"는 것이다. 이런 태연자약(泰然自若)한 고약한 사람들을 다 봤나! 이러니 박근혜 퇴진 투쟁도 "재벌이 기획, 연출"한 투쟁이고 "노동자들은 동원되었을 뿐"이라며 이 투쟁에 전면 기권했던 것이 아닌가?

촛불투쟁에 대해 평론가들처럼 재벌기획론을 주장할 것이 아니라 정권퇴진 투쟁에 적극 개입하여 정권을 퇴진시키고 노동자계급이 주도성을 발휘하여 이 투쟁이 민주당으로의 정권교체가 아니라 이 사회를 전면적으로, 부분적으로 변화할 수 있도록 투쟁하는 것이 우리들의 과제가 아닌가?

마찬가지로 남북관계의 대전환 시기에는 이러한 격동적 정세에 전면 개입하여 남북 간 적대관계의 청산과 대북 적대시 정책의 철회, 평화협정 체결, 이를 가로막고 있는 주한미군 철수와 한미동맹 해체, 국가보안법 철폐 및 각종 반민주, 반노동 악법 철폐, 군사비의 민중복지로의 전환 등

 맑스주의와 포스트모더니즘 신좌파 다원주의 이데올로기 비판

을 요구하며 투쟁해야 하는 것 아닌가? 그러나 이들에게는 이러한 사태 변화도 "아무런 근본적 변화도 없"는 것이니 도대체 근본변화라는 것을 어떻게 성취할 것인가?

태만한 교조주의자는 "현실을 있는 대로 반영하는 정명(正名)"을 말하는데, 사태를 구체적으로 인식하지 못할뿐더러 심지어 전도되어 인식하면서 정명이 될 수는 없다.

게으른 교조주의자는 남북의 적대관계로의 전환선언이 과거와 "아무런 근본적 변화도 없"는 것이고 "'종전협정'에 이르지 못하고 있는 상황을 가리킬 뿐"이고, 심지어 "그 자체로서는 평화를 향한 일보전진이"라고 인식한다. 그러나 북의 적대관계로의 전환선언은 현상유지도 "평화를 위한 일보전진"도 아니고 "언제든지 전쟁이 터질 수밖에 없는 상황", "전쟁이 터지지 않으면 오히려 이상한 상황"을 반영하는 것이다.

2023년 한 해에만 한미합동 군사훈련이 42회나 실시됐으며 여기에 일본도 10회가 넘게 참여했다. 여기에 아시아판 나토 정책의 일환으로 필히 대북 적대로 연결될 수밖에 없는 반중 포위를 위한 호주의 탈리스만 세이버 훈련, 태국의 코브라 골드 훈련 등 미국과 한국이 동북아 밖에서 진행한 훈련도 있다. 2024년에는 더욱더 일촉즉발의 전쟁책동이 자행되고 있으며 전쟁위기가 더욱 고조될 것으로 전망하고 있다.

> 한미연합훈련이 오늘까지 총 13차례, 48일 동안 진행된 것으로 확인됐다. 2월 24일까지의 통계이니, 56일 가운데 한미, 한미일 군사훈련이 48일 실시된 것이다. 한미군사연습이 10회, 한미일 군사연습이 1회, 한미일 포함 다국적군 훈련이 2회였다…. 한편 올해 한미연합군사훈련은 최소 130여 차례 기획되고 있는 것으로 확인되었다. 1월 30일 미2사단과 한미연합사단은 경기도 평택 캠프험프리스에서 '연합훈련 협조회의'를 진행했다. 올해 한미연합훈련에 대한 소요를 종합하고 훈련 내용을 조율하는 회의였다. 한국과 미국의 군 주요 작전 계획 담당자 80여 명이 참여한 이 날 회의에서 한미는 올해 계획된 130여 건의 연합훈련 일정을 조율했다.(장창준 객원기자, 〈전쟁-워치콘〉 "올 들어 한미연합훈련 벌써 13회, 48일 진행", 현장언론 민플러스, 2024.02.26.)

2024년에는 그 전해보다 야외기동훈련이 2배 넘게 늘었는데, 3월 4일부터 11일 동안 자유의 방패(Freedom Shield)라는 이름으로 한미군사

  맑스주의와 포스트모더니즘 신좌파 다원주의 이데올로기 비판

훈련이 실시되었다.

이러한 상황에서 북은 그동안 민족·동족관계로 이해하고 인내해 왔던 조치들을 전면 재검토하고 적대국가로 대하겠다는 선언을 한 것이다. 이 선언은 심지어 "한반도에서 전쟁이 일어나는 경우에는 대한민국을 완전히 점령·평정·수복하고 공화국 영역에 편입시키는" 내용도 담겨 있다.

"한반도와 그 부속도서를 영토로 한다"는 한국의 헌법 조항에 대응하여 북에서는 헌법에 북반부 규정을 삭제하고 주권행사 영역을 합법적으로 정확히 규정해야 한다고 선언했다. 이는 미국이 임의로 그은 해상 북방경계선(NLL)을 불법·무법으로 규정하고 "영토·영공·영해를 0.001㎜라도 침범하면 그것은 곧 전쟁 도발로 간주될 것"이라는 선언이다. 과거 남북 간에 북방경계선을 둘러싸고 충돌이 일어났는데, 이제는 이러한 충돌이 곧바로 전면전을 초래하는 계기가 될 수 있는 것이다.

3. "남북관계의 진실"은 무엇이고 노동자·인민은 무엇을 할 것 인가?

과연 역사적으로 "남북관계의 진실"은 무엇이고 "우리 노동자·인민은, 특히 노동자계급은 무엇을 어떻게 해야 할까?"

남과 북이 체제를 달리한다 하더라도 민족자주, 민족자결의 관점에 서면 통일이 가능하다. 연방제 통일의 조건은 이남에서는 통일을 가로막는 외세를 척결하고 북을 적으로 규정하는 국가보안법을 철폐하고 민주주의를 보장하는 것이다. 역사적으로도 단독선거, 단독정부 시도에 맞서 외국군의 철수와 통일조국을 외치며 제주 4.3에서, 여순을 비롯해 전국적인 민중항쟁이 전개됐다. 민족자주의 관점은 이러한 역사적 열망의 연장선에 있는 것이다. 연방제는 당면한 민족모순의 해결 과정이기 때문에 당장 남과 북 어느 한쪽으로의 흡수통일을 전제한 것이 아니다. 양 체제가 민족적 관점으로 외세를 척결하고 "민족대단결"의 기치에 충실하면 체제가 다르더라도 통일할 수 있다.

물론 남의 역대 권력은 제국주의를 추종해 왔고 재벌들은 "미제의 보호령" 아래 반공반북으로 노동자들을 억압하며 성장해 왔다. 그렇기 때문에 친미 호전주의자들인 국민의힘은 물론이고 입으로는 평화를 떠들어대지만 흡수통일주의자들인 민주당이 일관된 '자주·평화통일, 민족대단결' 기치하에 연방제 실현의 주체가 될 수는 없다. 일관되게 연방제를 추구하고 민족대단결과 통일의 기치를 실현할 수 있는 세력은 분단에 고통을 받고 억압과 착취를 당해온 노동자계급과 기층 민중이다. 이로써 노동자계급과 기층 민중이 분단모순을 해결할 진보적 주체가 되는 것이다. 더욱이 연방제가 남과 북 체제를 인정하고 실현되는 것이라 하더라도 남에서 그것의 실현조건은 철저한 민주주의와 외국군의 철수이고 이를 실행할 수 있는 진보적인 권력이기 때문에 연방제는 궁극적인 계급해방으로 나아갈 수 있는 결정적인 단초가 될 수밖에 없다.

남북관계가 평화적 발전을 추구하던 시기이든, 지금처럼 민족관계가 파탄에 이르고 적대적 관계로 충돌하는 지금 시기이든 이러한 과제는 역사를 이끌어가는 노동자계급과 민중이 언제나 추구해야 하는 진보적인 과제이다. 과연 "계급적 관점"은 이와 달라야 하는 것인가?

"극우적 허위 선전·선동과 '언론'에 놀아나지 않고 우리 현대사와 현실을 직시하도록" 요구하면서도 정작 "'우리민족끼리'니, '남북은 하나'" 같은 절박한 민족적 요구를 "환상"으로 규정하고 "철저히 청산"할 것을 요구하는 것은 도리어 극우들의 허위 선전에 놀아나고 우리 현대사의 진실로부터 멀어지게 하는 것이다.

우리 사회에서 "극우적 허위 선전·선동"은 분단을 해결하기 위해 내거는 '우리민족끼리'니, '남북은 하나' 같은 구호와 요구에 있는 것이 아니라 반대로 자본주의 착취와 계급지배를 인식하지 못하게 하고 이를 위해 분단을 이용한 반공주의 종북몰이이다. 이는 이 사회의 모순과 억압구조를 인식하지 못하게 할 뿐만 아니라 새로운 사회로 나아가려는 전망을 포기하게 만든다.

> '소비에트는 이미 망했고 북은 3대 세습의 독재사회로 배고픈 인민들의 반란으로 붕괴할 것이다. 그러니 한국사회가 아무리 문제가 많아도 현실을 감내하자.'

이것이 바로 우리 사회의 진보적 변화와 변혁을 가로막는 제국주의와 지배계급의 사상이다. 이러한 이데올로기가 노동자 민중이 이 사회가 아무리 고통스럽고 불만족스러워도 체념하거나 참고 견디게 한다. 심지어 진보세력 내에서조차도 상당수가 반공반북주의에 빠져 있다. 국가보안법은 북에 대해 알지 못하게 하고 "우리 현대사와 현실을 직시하"지 못하도록 하고 진실을 추구하는 이들을 잔혹한 간첩조작으로 학살하고 짓밟아 왔다.

도대체 진상은의 글에서 우리가 무슨 실오라기만 한 진실이라도 얻을 수 있을 것이며 당면한 정세에 필요한 과제를 얻을 수 있는 것인가?

이러한 교조·종파주의 태도는 고조되는 전쟁위기 앞에서도 아랑곳하지 않고 늘 있는 정세라며 전쟁반대 투쟁에서 기권하게 만들 것이다. 이는 동족·민족관계의 파괴자들을 준엄하게 규탄하고 단죄하는 대신에 필

　　맑스주의와 포스트모더니즘 신좌파 다원주의 이데올로기 비판

연적이라는 이름으로 이러한 사태를 인정, 방조하게 할 것이고 이로써 동족·민족관계의 파탄 원인을 규명하고 이를 복원하기 위한 과제들을 회피하게 할 것이다.

레닌은 파리꼬뮌에 대한 맑스와 엥겔스의 태도와 비교하며 "총을 들지 말았어야 한다."는 플레하노프의 관조적, 평론적 태도를 규탄하였다. 남북·동족관계의 적대관계로의 전환에 대해 '우리민족끼리'나 '남북은 하나'는 허위이고 환상이라는 진상은의 태도 역시 이에 못지않게 규탄받아야 하는 태도다. 남북관계가 파탄에 이르렀다고 해서 하나의 조국을 위한 투쟁의 정당성과 목표가 사라지는 것은 아니다. 오히려 그 투쟁이 파탄에 이르렀던 점을 근본적으로 평가하고 하나의 조국을 위한 투쟁에 매진해야 한다.

"노동자계급으로서의 그 역사적 사명을 인식하고, 그 사명 수행에 나설 수 있도록 추동하는 선진노동자들의 각별한 노력"은 이 지배계급의 사상과 허위의식과 투쟁하는 것이다

레닌은 "노동자들이 구체적인, 게다가 항상 절박한(당면한) 정치적 사건과 사례들을 통해 다른 사회 계급들의 지적, 도덕적, 정치적 생활이 표출되는 모든 현상에 걸쳐 그것들 각각을 관찰하는 법을 배우지 않는다면, 그리고 모든 계급, 계층, 집단의 생활과 활동의 모든 측면에 대해 유물론적 분석과 유물론적 평가를 실천적으로 적용하는 법을 배우지 않는다면, 노동자 계급의 의식은 진정한 계급의식이 될 수 없다"고《무엇을 할 것인가?》강조했다. 하물며 분단문제와 그것이 오늘날 남북관계의 적대관계로의 전환과 일촉즉발의 전쟁위기를 낳았는데도 불구하고 그 역사적 원인을 인식하지 못하고 "아무런 근본적 변화도 없다"고 태연자약한

다면 "진정한 계급의식"은커녕 노동자들의 계급의식을 한참을 후퇴시키고 당면 과제에 기권하게 만드는 것이다.

한국의 "노동자는 아직까지 별다른 혁명적 활동성을 보이지 않고 있는가?" 직접적인 자기 문제에만 협소하게 매몰되었기 때문이다. 정치적 운동의 토대가 약하기 때문이다. 계급의식과 역사의식이 빈약하기 때문이다. 이제 우리에게 무엇을 하고 무엇을 하지 말아야 할지, 어떻게 인식하고 어떻게 인식하지 말아야 할지 진상은 분명하지 않은가!

"삼팔선은 삼팔선에만 있는 것이 아니다."

"계급적 관점"이라는 명목으로 진정한 계급성을 호도하고 분단문제와 시시각각 고조되는 전쟁위기에 눈감음으로써 한 치 앞도 내다볼 수 없는 "관점"으로 "침묵의 벽을 쌓는 그대 가슴에도 있다.

 맑스주의와 포스트모더니즘 신좌파 다원주의 이데올로기 비판

맑스
주의와
포스트모더니즘
신좌파 다원주의 이데올로기
비판

펴낸날 2026년 2월 11일

지은이 전국노동자정치협회
펴낸이 주계수 | **편집책임** 이슬기 | **꾸민이** 전은정

펴낸곳 밥북 | **출판등록** 제 2014- 000085 호
주소 서울특별시 마포구 양화로 156 LG팰리스빌딩 917호
전화 02- 6925- 0370 | **팩스** 02- 6925- 0380
홈페이지 www.bobbook.co.kr | **이메일** bobbook@hanmail.net